中國學術思想 研究輯刊

二三編

林慶彰 主編

第 22 冊

澄觀《華嚴經疏·十地品》之研究（上）

釋正持 著

花木蘭文化出版社

國家圖書館出版品預行編目資料

澄觀《華嚴經疏‧十地品》之研究（上）／釋正持 著 — 初
版 — 新北市：花木蘭文化出版社，2016〔民 105〕
序 2+ 目 8+200 面；19×26 公分
（中國學術思想研究輯刊 二三編；第 22 冊）
ISBN 978-986-404-573-0（精裝）
1. 華嚴部 2. 研究考訂
030.8   105002157

ISBN-978-986-404-573-0

中國學術思想研究輯刊
二三編　第二二冊　　　　　　　ISBN：978-986-404-573-0

澄觀《華嚴經疏‧十地品》之研究（上）

作　　者　釋正持
主　　編　林慶彰
總 編 輯　杜潔祥
副總編輯　楊嘉樂
編　　輯　許郁翎
出　　版　花木蘭文化出版社
社　　長　高小娟
聯絡地址　235 新北市中和區中安街七二號十三樓
　　　　　電話：02-2923-1455 ／傳真：02-2923-1452
網　　址　http://www.huamulan.tw 信箱 hml 810518@gmail.com
印　　刷　普羅文化出版廣告事業
封面設計　劉開工作室
初　　版　2016 年 3 月
全書字數　407229 字
定　　價　二三編 24 冊（精裝）新台幣 46,000 元

澄觀《華嚴經疏・十地品》之研究（上）

釋正持　著

作者簡介

姓名：釋正持（鄭素如）

出生：1968 年

籍貫：台灣省雲林縣

學歷：彰化師範大學國文學系博士

現職：南華大學宗教學研究所博士後研究員、
　　　弘光科技大學通識學院兼任助理教授

著作：《天台化法四教之研究——以智顗、智旭的論述為主》，2006 年。
　　　《慧思禪觀思想之研究》，2008 年。
　　　《澄觀《華嚴經疏・十地品》之研究》，2014 年。

提　要

　　《華嚴經》可分為晉譯與唐譯兩種漢譯本，本文是以唐譯本為主。素有「華嚴疏主」之稱的澄觀，曾為唐譯八十《華嚴》，撰寫六十卷《華嚴經疏》，以及九十卷《演義鈔》，本論文則是對澄觀《華嚴經疏・十地品》做深入研究，從其注疏中發掘其對〈十地品〉的特殊洞見與貢獻，是否異於其他祖師之處。

　　本論文主要探討「澄觀《華嚴經疏・十地品》之研究」，大致分為三大部分。首先考察澄觀的學思歷程及佛教當時的時代環境，包括澄觀的生平傳記、事蹟，以及隋唐時期八大宗派與澄觀、《華嚴經疏・十地品》的關涉情形。接著介紹〈十地品〉之傳譯過程及其對華嚴宗的影響，〈十地品〉之論書有二部，對華嚴學的發展影響較大的是《十地經論》，不僅造就了一批「地論師」，更催生了中國地論學派的誕生，並孕育出中國佛教八宗之一的華嚴宗。在進入論文主軸前，先對《華嚴經疏・十地品》之科判進行探析，從而了解〈十地品〉之整體組織架構；再對《華嚴經疏・十地品》釋經方法進行說明，從而了解其詮釋文句的方法。

　　其次，為論文研究之主軸「《華嚴經疏・十地品》菩薩之修行特色」，集中在第五至七章，將分為四個部分來說明。「通釋六門」，是指來意、釋名、斷障、證理、成行、得果。澄觀在每一地釋文前，皆先說明此六門，即是對每一地做一個概略性的介紹。「遠離二障、體障及治想」，即入地前，或初入地的障道法，包括初至三地遠離煩惱障，四至七地遠離所知障及其對治法門，八至十地遠離體障及治想。「精勤修行」，包括勤修十大願、十善、八定、三十七菩提分、四諦、十二因緣、一切菩提分法、淨佛國土、說法行、受位行。菩薩已歷經了入地心、住地心的階段，接著還要精勤修行，才能證得佛果。「圓修十波羅蜜」，包括布施、持戒等十波羅蜜，所代表的為出地心的調柔果。

　　最後，則是探討六地的「三界唯心」與「一心緣起」中，抽象概念的「心」，將依照時代的先後次序，分別從〈十地品〉、《十地經論》這二部經論，以及法藏、澄觀二位祖師之說法進行討論，此一心是真心或妄心，以及兩者是同或異的關係。在結論中，則對澄觀《華嚴經疏・十地品》之研究，做一概括性的總結，包括《華嚴經疏・十地品》所呈顯的思想特色，以及注疏之特色。

序

　　正持法師曾就讀於圓光佛學研究所，畢業論文爲《天台化法四教之研究——以智顗、智旭的論述爲主》；之後又攻讀南華大學宗教所佛學組，碩士論文爲《慧思禪觀思想之研究》，在碩士班期間研究的領域，主要以天台思想爲主，奠定了紮實的佛學基礎。

　　碩士畢業之後，正持不畏艱難，又跨領域兼研中國文學，於民國九十八年考取彰化師範大學國文學系博士班。就學期間，除了繼續深入佛學研究，此外並修讀多門中國思想與文學方面之課程，積極用心，專志於學術研究。也因此獲得多種佛學論文獎學金，發表了多篇研討會、期刊論文。觀其發表報告，無論歸納或演繹能力，表現均是同儕中之翹楚，確爲不可多得之佛學研究人才。

　　這篇博士論文係以華嚴宗四祖澄觀的十地思想爲研究主題，以正持對天台教理的紮實基礎轉爲華嚴經教之鑽研，其中所要具備的基礎功夫，包括文本的詳密研讀、版本間的比較分析、華嚴教理的探索深究，困難度堪稱甚高。所幸正持於碩士班期間，已具備梵文及哲學之基本素養，就讀博士班期間又加強漢語語言學的訓練，所以能對華嚴宗唯心與緣起的開展做出深入的解讀與分析。加上多年來學術訓練的良好根基，對此論題的處理已能駕輕就熟。經過幾番深入探索，終亦有所創獲，其見解與貢獻俱如書中所言，此不贅述。本人忝任其指導教授，於論文撰寫過程中，也只能就架構安排、資料處理、行文表達等給予建議，其餘教理的歸納分析全賴正持自己的戮力鑽研，幸得初審與口試諸多委員共同襄閱提供意見，俾使論文更趨完善，終以五年光陰完成此作，順利畢業。

　　頃聞花木蘭出版社即將爲其付梓，個人樂見優秀論文能夠印行以廣流傳，實乃學界之喜，教內之慶！爰誌數語，以表欣喜，並致賀忱！

張清泉 謹誌

民國 104 年 9 月 28 日

誌 謝 辭

「法不孤起，仗境方生」，在眾緣和合之下，這本博士論文終於順利誕生了。就讀博士班期間，感謝上果下眞法師，提供一個幽靜寬敞的讀書環境，更由衷致謝佛教各單位團體贊助論文獎學金，讓學生在經濟上無後顧之憂，能專心於論文的寫作，包括：華嚴蓮社「趙氏慈孝大專學生佛學獎學金」、慧炬機構「大學院校佛學論文徵文獎學金」、元亨寺「演培長老佛教論文獎勵會獎學金」、中華佛教僧伽會「論文徵選獎學金及僧伽助學金」、佛光山《普門學報》、現代佛教學會「2010 天台與禪學術研討會」、圓融文教基金會徵文比賽、南華大學宗教所「第 22 屆全國佛學論文聯合發表會」、桃園佛教蓮社「慧印老和尚暨法空老和尚僧青年獎助學金」及「慧印老和尚育僧獎學金」、法鼓山《中華佛學研究》、靈山寺「悲廣文教基金會論文獎學金」，以及擔任南華大學宗教所黃國清教授之國科會助理、彰化師範大學國文學系研究生獎學金之教學助理等職。

博士班的求學歷程能如此順遂，首先感謝指導教授——張清泉教授，於剛踏入陌生的彰化師大博班之際，與老師晤談間，想聘請老師擔任指導教授之職，老師毫不猶豫的答應，就這樣一開學就順利的找到指導教授，而且論文題目也已確定，少走了許多冤枉路，而能快速的進入軌道。這五年來，指導教授總是第一個看到學生不成熟的作品，並提供相關的修改意見，對論文大原則的把關，小細節則沒有太多的設限，給學生有更多自由揮灑與思惟的空間。其次，感謝初審委員鄧克銘教授，口試委員劉榮賢教授、楊菁教授、黃國清教授、林文彬教授，於百忙中抽空閱讀學生的拙作，提供了許多寶貴的意見以及論文疏略與不足之處，做為日後修改的方向與指標，學生獲益匪

淺，謹此致上最深忱的謝意。

　　最後，感謝清華大學退休物理學教授王智益居士，於論文寫作期間，時時分享出版著作與修行心得，鼓勵我在菩提道上不斷的精進。以及南華大學宗教所學長天宏法師、証煜法師，時常加油打氣，予以精神上的支柱。師母謝美霜居士，更是護持法師讀書的大善知識；以及家中二位老菩薩、家人的護持；還有博班同學趙詠寬、洪靜芳，於口考時熱心的幫忙。要感謝的人太多了，無法一一列舉，祈求佛光普照護法檀越，令其身心自在，法喜充滿，早證菩提。

　　　　　　　　釋正持　謹識民國一〇三年六月　於彰化菩提院

目

次

第一章　緒　論

在部派佛教時期，聲聞乘者聽聞佛陀的教法而覺悟，其修行以證得阿羅漢爲目的；到了初期大乘佛教時期，菩薩乘者發菩提心，修六波羅蜜行，則是以成佛爲目的。〔註1〕所以，菩薩是大乘佛教的實踐者，其從初發心至成佛的修行歷程，是大乘行者所關切的議題，也是本文所要探討的核心。

菩薩十地思想，可追溯至部派佛教時期，從以下三部不明部派的佛傳中，就已提到了「十地」一詞。《修行本起經》云：「積德無限，累劫勤苦，通十地行，在一生補處。」〔註2〕《太子瑞應本起經》云：「修道德，學佛意，通十地行，在一生補處。」〔註3〕《過去現在因果經》云：「功行滿足，位登十地，在一生補處。」〔註4〕以上三部佛傳，還沒有明確指出十地中每一地的名稱，但在說出世部的梵文《大事》中，則已詳列了十地的名稱：難登（durārohā）、結慢（baddhamānā）、華莊嚴（puṣpamaṇḍitā）、明輝（rucirā）、廣心（cittavistarā）、妙相具足（rūpavatī）、難勝（durjayā）、生誕因緣（janmanideśa）、王子位（yauvarājya）、灌頂（abhiṣeka），這十地是指一般菩薩的修行階位。

十地思想發展至初期大乘佛教時期，則以大品系的「無名十地」、「三乘共通十地」，〔註5〕以及「華嚴十地」爲主，這三種大乘十地中，最廣爲後世

〔註1〕 參見水野弘元著，香光書鄉編譯組譯：《佛教的眞髓》（嘉義：香光書鄉出版社，2002 年 11 月），頁 317～318。

〔註2〕 《修行本起經》卷上，《大正藏》冊 3，頁 463 上。

〔註3〕 《太子瑞應本起經》卷上，《大正藏》冊 3，頁 473 中。

〔註4〕 《過去現在因果經》卷 1，《大正藏》冊 3，頁 623 上。

〔註5〕 參見水野弘元著，香光書鄉編譯組譯：《佛教的眞髓》，頁 375。

所採用的是華嚴十地。《大方廣佛華嚴經》（以下簡稱《華嚴經》）又可分為晉譯與唐譯兩種漢譯本，本文是以唐譯本為主。素有「華嚴疏主」之稱的澄觀，曾為唐譯八十《華嚴》，撰寫六十卷《大方廣佛華嚴經疏》（以下簡稱《華嚴經疏》），以及九十卷《大方廣佛華嚴經隨疏演義鈔》（以下簡稱《演義鈔》），本論文則是對澄觀《華嚴經疏・十地品》做深入研究，從其注疏中發掘其對〈十地品〉的特殊洞見與貢獻，是否異於其他祖師之處。

　　本章是全篇論文的導論，共分三節：第一節「本文研究旨趣」，說明研究動機與目的、當代研究成果之評介、研究方法、全文結構述要。第二節「澄觀的生平」，考察澄觀相關的傳記，十四部中以〈妙覺塔記〉、《宋高僧傳》為主，以及將其生平分為四個階段來探討。第三節「澄觀及《華嚴經疏・十地品》與中唐時期八宗之關涉」，隋代智顗創立天台宗，是中國佛教第一個宗派，繼之各宗派紛紛成立，至唐代已形成了大乘八大宗派，澄觀處於中唐時期與八大宗派有所關涉，以及探討《華嚴經疏・十地品》與八宗之交涉情形。

第一節　本文研究旨趣

　　本文研究旨趣，分為四個部分來論述：「研究動機與目的」，說明研究《華嚴經疏・十地品》之原因，以及欲達成的目的；「當代研究成果之評介」，介紹目前學界對於《華嚴經疏・十地品》研究之概況，以及研究之成果與不足之處；「研究方法」，藉由文獻學方法、歷史考據法、思想研究法、哲學方法的進路，達到預期的目標；「全文結構述要」，是對於本論文之章節做一簡要的概述。

一、研究動機與目的

（一）研究動機

　　大乘佛教之興起約在西元前一世紀，繼之而起的是大乘經典的成立，依其年代的先後，可分為三個時期：初期大乘經典（西元前一世紀至西元二、三世紀）；中期大乘經典（西元四世紀以後）；後期大乘經典（西元七世紀以後）。〔註6〕其中初期的大乘經典，包括：《般若經》、《法華經》、《維摩詰

〔註6〕參見菅野博史著，釋孝順譯：《法華經——永遠的菩薩道》（台北：靈鷲山般若文教基金會附設出版社，2005 年 1 月），頁 16～17。

經》、《無量壽經》、《阿彌陀經》，以及《華嚴經》之單行品《十地經》。所
以，《華嚴經·十地品》是屬於初期的大乘經典之一，其修行的主要內容為十
波羅蜜，修行過程為十地，表示菩薩的智慧與能力，於每一地與每一地之
間，是有次第地向上提昇，邁向成佛之道。所以方東美曾云：《華嚴經》本身
是圓教、頓教，但是在修行方面卻有一個「漸」字訣。在《華嚴經》中最重
要的是按步就班的〈十地品〉，由凡轉聖之後，仍然要努力精修，從初地、二
地、三地，循著這個精神的階梯，逐漸一層一層的爬上去。〔註7〕〈十地品〉
是華嚴圓教之別教一乘，又分為次第行布門、圓融相攝門等二門。行布門是
初後次第，屬於縱向，立有十信、十住、十行、十迴向、十地、等覺、妙覺
等五十二階位，是由淺至深漸進至佛果位。圓融門是初後相即，屬於橫向，
一位中具足一切位，不論其位次之高低，一切悉皆圓滿具足。所以行布門乃
是教相之施設，圓融門是理性之德用。約相即性，行布無礙圓融；約性即
相，圓融當下就是行布，這是華嚴一乘圓教的根本立場。〔註8〕

　　十地是菩薩修行的德目之一，也是一切佛法的根本，《華嚴經》云：「一
切佛法，皆以十地為本。十地究竟，修行成就，得一切智。」〔註9〕佛教修行
的最終目的，是證得一切智而成佛，所以〈十地品〉是一切佛法的根本義
理。華嚴十地，是菩薩修行成佛的歷程，它比「大事十地」與「般若十地」
之凡夫成佛，不離人間成佛的形式，更具有殊勝性，〔註10〕也廣為後世所採
用。所以，〈十地品〉的特質是殊勝性、流通性，它是《華嚴經》的核心部分，
更是一切佛法的根本。

　　此外，在《華嚴經》的單行品中，影響力最大的是《十地經》，世親曾為
它作注釋書，名為《十地經論》，相當具有權威性，漢譯之後出現了一批「地
論師」，也催生了中國地論學派的誕生，更造成了華嚴宗派的成立，可見此經
受到漢地的關注。故《華嚴經·十地品》對漢地來說，具有重大的影響力，
值得深入探討。

〔註7〕參見方東美：《中國大乘佛學》（台北：黎明文化事業股份有限公司，1984年
　　　　7月），頁248。

〔註8〕參見龜川教信著，釋印海譯：《華嚴學》（台北：佛光文化事業有限公司，2000
　　　　年11月），頁302。

〔註9〕八十《華嚴》卷34，《大正藏》冊10，頁180上～中。

〔註10〕參見釋印順：《初期大乘佛教之起源與開展》（台北：正聞出版社，1994年7
　　　　月），頁1084。

　　已經選定以《華嚴經・十地品》作爲論文之主題，接著又對晉譯本與唐譯本兩種漢譯本進行抉擇，這兩種漢譯本中，因爲唐譯本文義暢達，品目也較完備，在漢地流傳最廣，故以唐譯八十卷本爲主。其次，唐譯本的注疏，有慧苑的《續華嚴經略疏刊定記》（以下簡稱《刊定記》）、李通玄的《新華嚴經論》、澄觀的《華嚴經疏》三種版本。在唐譯本的三種注疏中，採用澄觀之注疏，而不採用其餘兩種注疏，有四項原因：一爲慧苑的《刊定記》，和法藏的宗旨大異其趣，而被視爲異端；二爲慧苑《刊定記・十地品》的部分，並非法藏所撰寫部分，而是慧苑續寫的部分，故非法藏之原作；三爲李通玄的注疏，與傳統的華嚴學說有不少變更；四爲兩者之判教思想皆與法藏不同。而〈十地品〉的部分涉及到判教問題，澄觀與法藏的判教思想較爲相近，可說是一脈相傳，故採取澄觀之注疏爲主。

　　澄觀撰述《華嚴經疏》、《演義鈔》，是爲了發揚賢首法藏的華嚴正統，並反駁慧苑的邪說異議，故以批判邪說來突顯其承襲華嚴正統，而被尊稱爲華嚴宗的第四代祖師，在他出生時，三祖法藏（643～712）已圓寂了二十六年，故他並未親承法藏之傳授，而且也未曾受教於法藏的弟子。所以，澄觀爲華嚴宗四祖的地位，不是由於師承關係而來，而是在於他對華嚴學的創發、詮釋，獲得後人一致推崇而來。〔註11〕可見澄觀在華嚴學方面，有其特殊的創見與貢獻，並以恢復法藏的學說有功，而使得華嚴學再度成爲顯學，才會獲得華嚴宗四祖之地位。

　　至於澄觀《華嚴經疏》對後代的影響，主要有元代普瑞之《華嚴懸談會玄記》四十卷，會釋澄觀的《懸談》、《疏》、《鈔》；明代德清之《華嚴綱要》八十卷，其寫作的目的，並非發揮華嚴之獨特的見解，而是擔心當時的華嚴宗即將失傳，〔註12〕故節錄《華嚴經疏》之要義，配合八十《華嚴》之經文，而總成一部，並以「補義曰」或「補義云」，附上自己的解釋，以補澄觀之不足。

　　綜觀澄觀的《華嚴經疏》是一部有系統且完整的八十《華嚴》注疏，

〔註11〕　參見郭朝順：《湛然與澄觀佛性思想之研究》（台北：文化大學哲學研究所博士論文，1995 年），頁 23。

〔註12〕　《憨山老人夢遊集》卷 54 云：「每念華嚴一宗將失傳，清涼《疏鈔》皆懼其繁廣，心智不及，故世多置之，但宗《合論》，因思清涼，乃此方撰述之祖，苟棄之則失其宗矣。志欲但明疏文，提挈大旨，使觀者易了，題曰《綱要》。」《卍續藏》冊 73，頁 845 中。

與法藏之傳統華嚴學說相近，對後代的影響甚鉅，故有其研究的價值，但為何學界對於澄觀之《華嚴經疏》研究者甚少呢？澄觀之《華嚴經疏》，是一本六十卷大部頭的注疏，雖然本論文只是研究其中〈十地品〉的部分，但仍須整本的閱讀，才能將散落於各品的前後思想做個有機的連結。《華嚴經疏》中，又以〈十地品〉最為重要，且分量最多占了 22.8%，又比其它各品之文義更加難讀與細密，再加上〈十地品〉是屬於高層次的菩薩行，雖有次第性，但閱讀時看不出其次第，如何經過爬梳而呈顯其條理，確實有其困難度。

基於以上的關聯，於是引發筆者想要以澄觀的注疏做為研究對象，來考察十地思想，並從其釋經方法中去尋找澄觀承襲法藏的部分，及其著作中所展現的開創性與特殊性。

（二）研究目的

本論文是對澄觀的《華嚴經疏‧十地品》做研究，擬在當代的研究成果之上，進一步詳密的對《華嚴經‧十地品》之傳譯過程進行考察，以及對澄觀《華嚴經疏‧十地品》的科判、釋經方法、修行特色等問題加以闡發。希望藉由《華嚴經疏‧十地品》的研讀，了解其思想特色、義理解明及特殊創見，進而探討澄觀的注疏，只是承襲世親《十地經論》、法藏《華嚴經探玄記‧十地品》（以下簡稱《探玄記‧十地品》）呢？還是另有其特殊的發明與貢獻。

茲將本論文所要探討的相關課題說明如下：

1. 考察〈十地品〉之傳譯過程，以及〈十地品〉與論書對後代之影響。
2. 說明南道地論師對華嚴宗的影響。
3. 分析《華嚴經疏‧十地品》的科判方式。
4. 介紹澄觀釋經的方法，以及引用經論的情形。
5. 論述《華嚴經疏‧十地品》菩薩之修行特色。
6. 探究〈十地品〉與《十地經論》二部經論，及法藏、澄觀二位祖師，對「唯心」與「緣起」的看法。

二、當代研究成果之評介

目前學界對於〈十地品〉或澄觀的相關研究，大約可分為四類：《華嚴經‧十地品》相關著作、《華嚴經疏‧十地品》相關著作、澄觀生平及著作、

澄觀思想研究。

（一）《華嚴經・十地品》相關著作

1. 釋印順《初期大乘佛教之起源與開展》，第十三章「華嚴法門」，論述華嚴經的部類與集成、毘盧遮那佛與華嚴莊嚴世界海、菩薩本業、菩薩行位、善財南參、普賢行願。〔註13〕

2. 伊藤瑞叡《華嚴菩薩道の基礎的研究》其中「本論」為「華嚴・十地菩薩思想之展開」，是此書之主要部分，分為七章：十地經之概觀、十地思想基礎概念之研究、十地思想構成內容之研究、十地思想內容構造之研究、十地思想關連問題之研究、十地經思想史上諸問題之研究、菩薩道的華嚴思想與法華思想。〔註14〕

3. 釋觀慧《華嚴經十地品研究》，介紹華嚴經思想源流略考、華嚴經現存梵文資料簡介、十地品之別譯與注疏探究、十地名目要義、聞十地一品即可通前貫後試探、十地階位的人間菩薩行。〔註15〕

4. 釋演廣《《華嚴經・十地品》的菩薩思想與實踐觀行之研究》，探討《華嚴經・十地品》的背景介紹、《華嚴經・十地品》菩薩思想與實踐的關係、《華嚴經・十地品》的菩薩思想與實踐觀行（一）（二）。〔註16〕

5. 李玲《華嚴十地修行體系》，論述十地的淵源、發展與成熟，華嚴十地修行體系的主要內容，華嚴集成本與十地修行體系，大乘諸經典與華嚴十地修行體系，大乘諸論師與華嚴十地修行體系等五方面。〔註17〕

6. 神林隆淨著・許洋主譯《菩薩思想的研究》（下），第六章「華嚴經中的菩薩思想」，說明新舊兩譯的華嚴經、華嚴經中的類書、華嚴經與十地經、十地經、菩薩十地的概說、十地思想的內容、對十地品與華嚴

〔註13〕釋印順：《初期大乘佛教之起源與開展》，頁999～1150。

〔註14〕伊藤瑞叡：《華嚴菩薩道の基礎的研究》（京都：平樂寺書店，1988年2月），頁35～965。

〔註15〕釋觀慧：《華嚴經十地品研究》（台北：華嚴專宗學院研究所第一屆畢業論文，1986年），http://www.huayencollege.org/graduates/grad_thesis/PDF_format/101.pdf，2012.08.21。

〔註16〕釋演廣：《《華嚴經・十地品》的菩薩思想與實踐觀行之研究》（新竹：玄奘大學宗教學系碩士論文，2008年6月），頁1～230。

〔註17〕李玲：《華嚴十地修行體系》（北京：宗教文化出版社，2012年1月），頁1～301。

教學的批判等七項內容。〔註18〕

7. 《華嚴經・十地品》單地之論文，主要為初地至九地，其中探討的主
題以二地及六地居多，茲說明如下：

(1) 初地：釋天演《〈華嚴經〉〈十地品〉布施波羅蜜之研究》。

(2) 二地：釋天戒《〈華嚴經〉戒波羅蜜之探討》、釋慈汶《〈華嚴經・
十地品〉離垢地戒度之研究》、釋通是《〈華嚴經〉五重十善之研究
——以〈十地品〉離垢地為主》、釋傳智《〈華嚴經〉〈十地品〉「離
垢地」戒的殊勝性》。

(3) 三地：釋天喜《〈華嚴經〉發光地禪波羅密之研究》、釋慈汶《〈華
嚴經〉〈十地品〉發光地之研究》、高淑慧《〈華嚴經〉明地菩薩之
禪定修行——以華嚴宗之思想為主》。〔註19〕

(4) 四地：釋隆運〈精進波羅蜜之研究——以《華嚴經》焰慧地為主〉、
釋天行《燄慧地與精進波羅蜜之交涉》。

(5) 五地：釋明達《〈華嚴經〉難勝地菩薩行與五明之關係》、釋禪祥《〈華
嚴經〉四聖諦思想初探——以〈四聖諦品〉及〈十地品〉「難勝地」
為中心》。

(6) 六地：陳法娟《華嚴思想中的唯心說——以「三界一心」為中心》、
《華嚴學對十二緣起之解明——以「一心所攝門」為中心》、釋慧
本《〈華嚴經〉般若波羅蜜行之研究》、釋隆運《十地菩薩道與般若
智慧的關係》。

(7) 七地：江隆真《〈華嚴經〉方便波羅蜜行之研究》、釋覺清《華嚴方
便思想之研究》。

(8) 八地：釋性禪《第八地菩薩嚴土熟生之探究——以《華嚴經》為
主》、于慈嚴《無生法忍之研究——以《華嚴經》不動地為主》、于
珮珍《〈華嚴經・十地品〉不動地菩薩無功用行之研究》。

(9) 九地：釋天聞：《〈華嚴經〉「法師」義研究》。〔註20〕

〔註18〕神林隆淨著，許洋主譯：《菩薩思想的研究・下》，收入藍吉富主編：《世界佛
學名著譯叢》66（台北：華宇出版社，1984 年 11 月），頁 237～305。

〔註19〕高淑慧：《〈華嚴經〉明地菩薩之禪定修行——以華嚴宗之思想為主》（新北
市：法鼓佛教學院佛教學系碩士論文，2011 年 7 月），頁 1～170。

〔註20〕以上《華嚴經・十地品》單獨一地的論文，除了高淑慧的論文外，其餘皆為
華嚴專宗學院的大學部、研究所畢業論文，或收入《大專學生佛學論文集》

以上七項著作中，第一項《初期大乘佛教之起源與開展》「菩薩行位」一節，屬於菩薩階位的考察，偏向文獻資料，於第二章說明華嚴十住與十地的關係，以及十地菩薩行位對後代的影響，可供參考。其餘六項，則偏向於義理方面的解明。《華嚴菩薩道の基礎的研究》第五章第三節十地法師之體系，於九地介紹「法師」時，可以運用；第六章第三節十地經心識說的意義、第四節中國華嚴教學至心識說的展開，於第八章探討心識時，可參考此資料。《華嚴經十地品研究》「十地名目要義」一章，主要解釋十地之名稱、斷障證眞、所寄乘位及果報，其中前二項屬於「六門」的釋名、斷障、證理；後二項所寄乘位及所得果報，將於「圓修波羅蜜」中介紹。故與本論文之部分主題相關，列爲研究之參考。《華嚴經·十地品》的菩薩思想與實踐觀行之研究》第四、五章「《華嚴經·十地品》的菩薩思想與實踐觀行（一）（二）」、《華嚴十地修行體系》第二章「華嚴十地修行體系的主要內容」、《菩薩思想的研究》第六節「十地思想的內容」，此三篇與本論文的主題較爲相近，但皆以《華嚴經》爲文本，本論文以《華嚴經疏》爲文本，則又使得內容的差距更大了，故可供參考的部分並不多。《華嚴經·十地品》單地之論文，只針對其中一地做探討，或一地中相關的主題做研究，而未全面對十地做整體討論，可以一地一地個別做參考。

（二）《華嚴經疏·十地品》相關著作

1. 釋賢度《華嚴經十地品淺釋》上下冊，從書名似乎看不出與澄觀的《華嚴經疏》有關，但作者於其「前言」中就點出，講解《華嚴經·十地品》將參考《華嚴經疏鈔會本》，亦即配合八十《華嚴》、《華嚴經疏》、《演義鈔》三者來解說。〔註21〕

2. 楊維中〈論《華嚴經·十地品》的佛學思想及其對中國佛學的影響〉，分三項加以論證，其中第二項的第二部分「〈十地品〉所言十地的修行諸行相」，是依據澄觀之注疏爲主，來說明十地的修行內容以及所證得的相狀。〔註22〕

3. 釋覺清〈《華嚴經》〈十地品〉難勝地之菩薩行——以澄觀疏解爲主〉，

的作品。

〔註21〕 參見釋賢度：《華嚴經十地品淺釋》（台北：華嚴蓮社，2002 年 4 月），頁 1。
〔註22〕 參見楊維中：《經典詮釋與中國佛學》（北京：宗教文化出版社，2006 年 8 月），頁 213～252。

主要是說明澄觀對五地菩薩修行內容之看法，亦即十地中只有介紹第五地。〔註23〕

以上三種著作，是與本論文題目較為相關者。《華嚴經十地品淺釋》，只是於《華嚴經》之後，羅列澄觀的《華嚴經疏》或《演義鈔》，加些作者隨文之釋義，屬於白話注釋書，可供參考的資料有限。〈論《華嚴經‧十地品》的佛學思想及其對中國佛學的影響〉，是唯一一篇較有參考價值的資料，將每一地分為約來意、約所證、約斷、約所修、約修成、約寄乘法、約寄位之行、約果等八種行、相來說明，再加上每一地之初的「釋名」，共九種行、相，相當於澄觀每一地釋文前的六門：來意、釋名、斷障、證理、成行、得果，再加上「約修成、約寄乘法、約寄位之行」三門。《《華嚴經》〈十地品〉難勝地之菩薩行──以澄觀疏解為主〉，只有其中一節「澄觀對〈十地品〉難勝地菩薩修行內容之看法」與澄觀的注疏有關，但只是引用澄觀的注疏，再予以解釋，並沒有新的創見。所以，以上三種著作中，只有〈論《華嚴經‧十地品》的佛學思想及其對中國佛學的影響〉，提供一些《華嚴經疏‧十地品》相關的資訊，其餘二者可供參考的資料不多。

（三）澄觀生平及著作

1. 屈大成〈澄觀的生平及著作〉，敘述澄觀生平文獻簡介、澄觀的生平、澄觀的著作三部分。〔註24〕
2. 鄭森〈清涼國師澄觀〉，探討學贍九流，貫通諸宗、膺服華嚴，駐錫五台、生歷九朝，七帝門師、著作宏富，風範永存等四方面。〔註25〕

澄觀之生平及著作，除了以上二篇論文之外，於「思想研究」的著作中，已有部分的章節已提到過，茲不再贅述。〈澄觀的生平及著作〉，其優點是掌握了〈妙覺塔記〉這一部重要的傳記資料，其缺點是參考太多鎌田茂雄《中國華嚴思想史の研究》的資料，但整體而言，其史料價值是值得參考的。〈清涼國師澄觀〉，其優點是將澄觀與七帝國師之因緣，敘述地較詳盡，並歸納出澄觀生卒年的六種說法。缺點是澄觀之生平未使用〈妙覺塔記〉之資料，但

〔註23〕釋覺清：《《華嚴經》〈十地品〉難勝地之菩薩行──以澄觀疏解為主〉，《大專學生佛學論文集》10（台北：華嚴蓮社，2000 年），頁 33～62。
〔註24〕屈大成：〈澄觀的生平及著作〉，《正觀雜誌》第 3 期（南投：正觀雜誌社，1997年 12 月），頁 95～118。
〔註25〕鄭森：〈清涼國師澄觀〉，《五台山研究》，1997 年第 2 期，頁 14～21。

有使用《華嚴懸談會玄記》的資料。

（四）澄觀思想研究

1. 大陸學者胡民眾之碩論爲〈澄觀及其佛學思想〉，以及博論〈澄觀佛學思想研究〉，主要集中在判教理論、性起思想、心性學說、佛性理論、四法界理論等五個方面。〔註 26〕

2. 東京大學張文良之博論爲《澄觀華嚴思想の研究——「心」の問題を中心に》，主要探討研究史概觀與澄觀的基本立場、唯心與一心、作爲心性的如來藏、轉換的論理——心和心性的通路、心性‧法性‧佛性、澄觀的禪思想‧關於念佛觀的「心」之思想、宗密受到澄觀「心」之思想的影響等七個方面。〔註 27〕

3. 日本學者鎌田茂雄《中國華嚴思想史の研究》，分爲二部分：第一部分爲〈華嚴思想の形成と展開——その社會史的考察〉共五章，其中第四章爲「清涼澄觀の社會的立場」，包括：澄觀傳記資料、思想形成、著作、社會地位；第二部分爲〈澄觀の宗教の思想史的考察〉共七章，分別爲：澄觀的華嚴與老莊思想、華嚴思想史受到僧肇的影響、道生的頓悟思想與華嚴思想的變化、華嚴思想與天台思想的交流、澄觀禪思想的形成、華嚴思想的特質、中國佛教思想史受到澄觀的影響。〔註 28〕整部書約有 72.3%以澄觀爲研究對象，其中又以澄觀與各宗思想的融合爲主。

4. 郭朝順《湛然與澄觀佛性思想之研究》，論述澄觀的生平、佛性思想、對華嚴學的影響。〔註 29〕

5. 韓煥忠《華嚴判教論》，第四章爲「華嚴判教的確立」，主要探討澄觀的生平、判教、批駁慧苑、思想特色：圓融三聖、判歸一心、辨析儒道。〔註 30〕

〔註 26〕胡民眾：〈澄觀及其佛學思想〉、〈澄觀佛學思想研究〉，《中國佛教學術論典》18（高雄：佛光山文教基金會，2004 年 4 月），頁 1～165。

〔註 27〕張文良：《澄觀華嚴思想の研究——「心」の問題を中心に》（東京：山喜房佛書林，2006 年），頁 1～252。

〔註 28〕鎌田茂雄：《中國華嚴思想史の研究》（東京：東京大學出版會，1978 年 10月），頁 151～233、253～618。

〔註 29〕郭朝順：《湛然與澄觀佛性思想之研究》，頁 20～23、155～211、230～231。

〔註 30〕韓煥忠：《華嚴判教論》（台北：空庭書苑有限公司，2008 年 12 月），頁 113

6. 魏道儒《中國華嚴宗通史》，第四章第二節「澄觀與華嚴學說的定型」，論述遊學經歷與著作、扶持正宗與諸宗融合、事理範疇與四法界。〔註31〕

7. 楊政河《華嚴哲學研究》，共分八章來詮釋，有三個主題：「華嚴經教」、「華嚴哲學」與「華嚴宗密大師學風研究」。此書對於澄觀思想的探討，主要有二個主題：華嚴經教部分的「澄觀的華嚴心要觀與三聖圓融觀」；華嚴哲學部分的「澄觀大師由三法界形成四法界說」、「澄觀大師的法性融通門」。〔註32〕

8. 鄧克銘《華嚴思想之心與法界》，第五章「澄觀之一心法界的意義」，說明澄觀對心之體用與法界的說明，及華嚴教學與禪宗之心的概念。〔註33〕

9. 桑大鵬《三種《華嚴》及其經典闡釋研究》，第六章「華嚴五祖研究（下）」，介紹澄觀的著述概要、理事範疇的深化與擴展。〔註34〕

10. 釋演智《華嚴宗四祖澄觀大師》，分別就生平、著作、三聖圓融觀等三方面來討論。〔註35〕

11. 高峰了州著‧釋慧嶽譯《華嚴思想史》，第十七章「澄觀大師之教學體系及其開展」，包括澄觀之時代背景、著作、對唐譯本組織的解釋、分科‧教體‧宗趣、教判論、四法界、性起思想的展開、對慧苑的批判。〔註36〕

12. 木村清孝著‧李惠英譯《中國華嚴思想史》，第七章「華嚴教學的革

～150。

〔註31〕 魏道儒：《中國華嚴宗通史》（南京：江蘇古籍出版社，2001 年 5 月），頁 185 ～197。

〔註32〕 楊政河：《華嚴哲學研究》（台北：慧炬出版社，1987 年 3 月），頁 277～284、345～348、439～446。

〔註33〕 鄧克銘：《華嚴思想之心與法界》（台北：文津出版社有限公司，1997 年 7 月），頁 97～131。

〔註34〕 桑大鵬：《三種《華嚴》及其經典闡釋研究》（武漢：華中師範大學出版社，2007 年 6 月），頁 130～140。

〔註35〕 釋演智：《華嚴宗四祖澄觀大師》（台北：華嚴專宗學院大學部第五屆畢業論文，1997 年），http://www.huayencollege.org/undergraduates/under_thesis/PDF_format/c501.pdf，2012.08.20。

〔註36〕 高峰了州著，釋慧嶽譯：《華嚴思想史》（台北：中華佛教文獻編撰社，1979 年 12 月），頁 197～212。

　　新」，探討澄觀之傳記、「心」的思想、四法界、三聖圓融觀。〔註37〕

13. 李世傑〈澄觀華嚴判教及其思想的特質〉、〔註38〕〈澄觀華嚴思想的特質〉，〔註39〕說明判教、四法界、性起、觀法，此兩篇名異而實同，只是〈澄觀華嚴判教及其思想的特質〉多了生平介紹而已。

14. 朱慧定〈澄觀華嚴思想〉，敘述澄觀的生平、華嚴思想、四法界等三個面向。〔註40〕

15. 玉城康四郎〈唯心的追究〉第四段「澄觀」，解釋唯心的兩個觀點、對應法藏見「澄觀的特質」、唯心的去向。〔註41〕

16. 吉津宜英〈華嚴と禪〉之二「澄觀における華嚴と禪」，包括澄觀的傳記、宗趣論、四法界說、與法界觀門的關係、禪的地位、頓漸觀、華嚴頓教說與禪的對比。〔註42〕

　　以上十六種著作中，對於澄觀的思想研究，歸納其議題主要集中於：四法界說、判教論、性起思想、三聖圓融觀、心性學說、佛性理論、諸宗融合、華嚴思想、宗趣論等九個方面，這九項是澄觀思想的特色，也是異於其他祖師之處。其中，〈澄觀及其佛學思想〉、〈澄觀佛學思想研究〉屬於二部專書，詳盡地介紹澄觀的五種思想；《澄觀華嚴思想の研究──「心」の問題を中心に》，把澄觀之諸思想皆歸於一切法之根源「心」，而法藏則是從理的立場，故兩者不同。《中國華嚴思想史の研究》雖非專書，但將近全書的四分之三的篇幅，論述澄觀的社會立場及對於佛道各宗派思想的融通；《湛然與澄觀佛性思想之研究》約 38%考察澄觀的生平、佛性思想，及與湛然之異同的比較。其餘十三種著作，有些是獨立的碩論，或是一書中的其中一篇，或一章，或一章的一節，探討澄觀的思想，但篇幅都不多。

〔註37〕木村清孝著，李惠英譯：《中國華嚴思想史》（台北：東大圖書股份有限公司，1996 年 2 月），頁 191～204。

〔註38〕李世傑：〈澄觀華嚴判教及其思想的特質〉，張曼濤主編：《現代佛教學術叢刊》34（台北：大乘文化出版社，1978 年元月），頁 125～132。

〔註39〕李世傑：《華嚴哲學要義》（台北：佛教出版社，1990 年），頁 157～163。

〔註40〕朱慧定：〈澄觀華嚴思想〉，《大專學生佛學論文集》8，
http://www.huayencollege.org/thesis/PDF_format/87_017.pdf，2012.08.20。

〔註41〕玉城康四郎：〈唯心的追究〉，收入川田熊太郎等著，李世傑譯：《華嚴思想》（台北：法爾出版社，2003 年 11 月），頁 425～444。

〔註42〕吉津宜英：〈華嚴と禪〉，收入平川彰等編：《華嚴思想》（東京：春秋社，1983 年 5 月），頁 298～308。

　　從上述當代研究成果之四個面向來看，學界間對於澄觀《華嚴經疏・十地品》的研究，幾乎是一鱗半爪，微乎其微。故當代研究成果中，可以運用於本論文之處，除了澄觀生平、著作，以及菩薩階位等文獻資料外，其餘的義理方面的資料極其有限，只能一再反覆閱讀文本，發現其注疏之特殊處及洞見。

三、研究方法

　　在學術的專業領域中，每一門學科都有其特殊或與其它學科共通的研究方法，佛學研究方法也不例外。若能善用研究方法，則能激發學術性的思維，達到預期的研究目標，故得門而入，則能達到事半功倍之效果；反之，若沒有善用適當的研究方法，則可能事倍功半，甚至徒勞無功。本節主要介紹本論文的研究方法，希望藉由文獻學方法、歷史考據法、思想研究法、哲學方法的進路，能夠進一步運用古代文獻資料、尋求歷史的事實與真相、掌握澄觀《華嚴經疏・十地品》的特色與核心、理解印度佛教哲學的思維模式，進而達到預期的目標。

　　吳汝鈞在其著作《佛學研究方法論》一書中，曾將佛學研究方法歸納為八種：文獻學方法、考據學方法、思想史方法、哲學方法、維也納學派方法、京都學派方法、實踐修行法、白描法。〔註 43〕在這八種研究方法當中，可以運用於本論文，而且能幫助達成研究目的之方法有四種：文獻學方法、歷史考據法、思想研究法、哲學方法。茲分述如下：

（一）文獻學方法

　　文獻學，又稱語言文獻學，或語文學（philology），它包括所有的歷史資料。杜澤遜云：「文獻學研究的範圍，涉及到各式各樣包羅古今的文獻。」〔註 44〕澄觀的著作屬於古代的文獻，亦在文獻學研究範圍內，故必須使用到文獻學的研究方法來處理。吳汝鈞指出廣義的文獻學方法：「文獻學是指文獻資料的研究，它包括原典的校訂整理、翻譯、註釋等。這註釋的內容，可以是多方面的，舉凡字義、文法、歷史、思想、文學等等皆包括在內。」〔註 45〕

〔註 43〕參見吳汝鈞：《佛學研究方法論》（台北：臺灣學生書局，1989 年 9 月），頁 93～157。
〔註 44〕參見杜澤遜：《文獻學概要》（北京：中華書局，2005 年 7 月），頁 5。
〔註 45〕參見吳汝鈞：《佛學研究方法論》，頁 97。

廣義的文獻學方法，其所含蓋的範圍甚廣，古今的文獻皆概括在內，而本論文所運用的文獻學方法是指典籍的考證與語義的解明，是指狹義的文獻學方法。研究者有了這些古代、當代的文獻資料之後，如何運用這些資料，使它成為有用的題材，文獻學方法佔著重要的地位。

　　在澄觀《華嚴經疏‧十地品》中，牽涉到文獻問題之處主要有：佛教經論的引用、詞義的解釋、版本的校勘等。〔註46〕今將本論文中運用到文獻學方法之處，說明如下：對於澄觀《華嚴經疏‧十地品》「經論的引用」，包括明引與暗用兩種。本論文主要考察明引部分，盡量找到原典的出處，澄觀明引的經論甚多，無法一一考察，只能從引用次數多，又具有系統性部分予以探討，再對照原文，更能理解澄觀所要表達的旨意。澄觀的《華嚴經疏》是隨文釋義的注疏，運用了中國傳統的訓詁學對經典進行解說，故有必要對詞義的解釋進行探討。詞義的解釋，主要分為三個面向：詞義的訓解、佛教名相的解釋、依相對概念釋義。詞義的訓解，包括個別字義，以及整句詞義的解釋；佛教名相的解釋，舉凡音譯詞、意譯詞、依六合釋解義、徵引經論解義等方式；依相對概念釋義，如能所、體用、可說不可說、行布圓融等。所以，澄觀對於「詞義的解釋」，乃是運用中國訓詁學的方式來解明。

（二）歷史考據法

　　在處理澄觀生平事蹟史實的考據、〈十地品〉相關的單品經考察、十住與十地之關係、菩薩階位的考察等，都必須運用到歷史考據法。歷史考據法也是以文獻學做為基礎，一般也有將其併入文獻學方法之內，〔註47〕所以考據學與文獻學有著密切的關係。歷史考據法是研究歷史、語言學的實證方法。「它主要通過搜集資料和證據，加以鑒定與分析，運用排比、分類、歸納、演繹等邏輯推理方法，判定事件、材料的真偽與是非，推求和印證某一現象

〔註46〕為了區分文獻學方法、考據學方法之不同，將採取「漢代經師注重訓詁注釋（文獻學方法），清代學者推崇考據辨偽（考據學方法）」二分法。參見王宏斌：〈歷史考據法探源〉，《史學理論研究》，2002年第3期，頁30。

〔註47〕杜澤遜在《文獻學概要》一書中，文獻的輯佚與辨偽是納入文獻學的範疇。頁218～274。蔡耀明在《佛教的研究方法與學術資訊‧文獻學方法及其在佛教研究的若干成果與反思》一文中，考證、辨偽、史料學亦在文獻學方法的範疇。（台北：法鼓文化，2006年6月），頁118～156。此外，杜維運在《史學方法論》一書中，辨偽書則是納入史料的考證中。（台北：三民書局，1983年12月），頁154～156。由上三個例證，一般對於歷史考證法，有將其納入文獻學方法之內；亦有另外獨立為一種研究方法二種。

與結論。」〔註 48〕所以歷史考據法，必須以客觀的歷史資料做爲基礎，再運用種種考證方法，才能尋求歷史的事實與眞相。

關於史料的考證，可分爲二種方式：外部考證、內部考證。外部考證，是指從外表衡量史料，以決定其眞僞以及時間、空間等問題；內部考證，是指考證史料的內容，從內容衡量是否與客觀的事實相符。〔註 49〕今將本論文中運用到歷史考據法之處，概略說明如下：關於澄觀生平事蹟的記載，參雜了許多不可信的神異色彩成分，本研究藉由可信史料爲主，其它相關史料爲輔，考證還原一些事實的眞相。十住與十地之關係，則要釐清爲何兩者混淆不清的原因，以及何時共通？何時區隔開來？這些都要以相關的史料爲依據，予以考證，才能還原歷史的眞相。

（三）思想研究法

思想研究法，其應用範圍很廣，凡是與思想有關之研究，皆需要使用思想研究法。〔註 50〕思想研究的主要目的，是爲了闡釋文本中特殊的思想，以及揭示澄觀十地注疏更深層的涵義。思想研究法，仍須以文獻學的研究爲基礎，故文獻學是一切研究之基礎。〔註 51〕本文透過文獻學的考察爲基礎來辨明古代資料；再通過義理的詮釋，更能掌握澄觀《華嚴經疏・十地品》的特色與核心。

澄觀的《華嚴經疏》，是解釋八十《華嚴》之文，後來又撰寫了《演義鈔》來解釋疏文，《華嚴經疏》並沒有祖師爲他做注釋書，所以欲對文本正確理解，只能透過第一手資料《華嚴經疏》、《演義鈔》，反覆不斷的閱讀與思惟。在中國闡釋學理論中，「熟讀深思」便是一種全面把握諸語境要素，從而把握整個特定語境，並獲得「原意」的方法。〔註 52〕所以，欲對文本正確理解，必須

〔註 48〕 參見王宏斌：〈歷史考據法探源〉，頁 30。
〔註 49〕 參見杜維運：《史學方法論》，頁 153。
〔註 50〕 參見王開府：〈思想研究法綜論──以中國哲學爲例〉，《國文學報》第 27 期，1998 年 6 月，http://web.cc.ntnu.edu.tw/~t21015/P-METHD3.doc，2007.08.02。
〔註 51〕 四種研究：文獻學的研究、史學（或考據學）與思想史的研究、哲學的研究、科際整合的研究。它們之間有層次性，須以文獻學的研究爲基礎，輔以史學、思想史的研究，進而哲學的研究，再擴大領域，作科際整合的研究，這是有先後次序的研究。王開府：〈思想研究法綜論──以中國哲學爲例〉，http://web.cc.ntnu.edu.tw/~t21015/P-METHD3.doc。
〔註 52〕 參見李清良：《中國闡釋學》（長沙：湖南師範大學出版社，2001 年），頁 439。

虛心且不厭其煩的不斷「熟讀與深思」，這樣才能把握作者所要表達的旨意，從而對文本之文句有所理解。在探討《華嚴經疏‧十地品》的過程中，欲了解十地思想的特色與內涵，先對科判進行考察，從而了解〈十地品〉之整體組織架構；其次，欲理解《華嚴經疏‧十地品》的義理，必先通盤掌握其詮釋文句的方法，故先對釋經方法進行探討；最後，再針對十地之修行特色予以闡發，則能對十地思想有深入的理解。

（四）哲學方法

中國傳統哲學與西方傳統哲學的模式有所不同，中國是求善的政治哲學，西方是求真的科學哲學，印度則是求善的宗教哲學，亦稱為佛教哲學。後來，印度佛教哲學傳到了中國，也成為中國傳統哲學的一個重要組成部分。〔註53〕哲學方法，即是透過哲學概念的分析來把握其思想的一種研究方法。這種方法所關注的，不是文獻本身的表面意義，而是它背後的哲學內涵。〔註54〕東西方對於哲學的詮釋方式有所不同，西方哲學側重於名辯，即概念的思辨與推演過程，強調由外至內，偏於感性方面；東方哲學不限於名辯，包括非語言的精神過程，如唯識中的末那識、阿賴耶識等，大多由內心出發，偏於理性方面。

在澄觀《華嚴經疏‧十地品》中，運用哲學方法的部分，主要為華嚴的圓教思想、六相說、唯心與緣起的開展。華嚴的圓教思想，指《華嚴經》是五教中最圓滿的教法，〈十地品〉為《華嚴經》的其中一品，屬於圓教之別教一乘，又分為次第行布門、圓融相攝門，其中的圓融相攝門如何展現圓教的最高真理。六相說，亦是圓滿的境界，六相間如何體現相即無礙的事事無礙法界。唯心與緣起的開展，指八十《華嚴‧十地品》第六地的「三界所有，唯是一心」的三界唯心，以及「十二有支，皆依一心」的一心緣起，皆將其本源歸結於一心，亦即從不同的面向來說明心體。第八章即是對於「心」這個抽象概念的探討，將依照時代的先後次序，分別從〈十地品〉、《十地經論》，以及法藏、澄觀二位中國祖師之注疏，共有四個版本，對於一心的詮釋是屬於真心或妄心呢？兩者是同或異的關係？以上之問題，都是以哲學的方法來分析，從中發現華嚴思想背後所蘊含的哲學義涵。

〔註53〕參見周桂鈿：《中國哲學研究方法論》（太原：山西教育出版社，2006 年 7 月），頁 183。

〔註54〕參見吳汝鈞：《佛學研究方法論》，頁 125。

四、全文結構述要

本論文之結構分為九章：第一章緒論，說明研究動機與目的、當代研究成果之評介、研究方法、全文結構述要。第二章考察〈十地品〉之傳譯及其對華嚴宗的影響。第三章探析《華嚴經疏‧十地品》之科判。第四章探討《華嚴經疏‧十地品》之釋經方法。第五章至第七章，分別論述十地菩薩之修行特色。第八章探討唯心與緣起的開展。第九章結論。

第一章〈緒論〉，共分三節。第一節「本文研究旨趣」，略述問題意識的產生及引發研究的動機與目的；列舉目前學界對於〈十地品〉或澄觀的相關研究；透過文獻學方法、歷史考據法、思想研究法、哲學方法等四種進路，幫助達成研究目的；以及「全文結構述要」四部分。第二節「澄觀的生平」，澄觀相關的傳記有十四部，其中〈妙覺塔記〉、《宋高僧傳》這二部傳記時間較早，記載較詳盡，被視為研究澄觀傳記的一手資料。生平考察，則分為四個時期來探討：青少年時期、遊學時期、遊五台山及撰述《華嚴經疏》時期、帝王禮遇時期。第三節「澄觀及《華嚴經疏‧十地品》與中唐時期八宗之關涉」，主要介紹隋唐時期中國佛教所成立的八大宗派，澄觀與八大宗派之關涉情形；以及《華嚴經疏‧十地品》與八宗之交涉情形。

第二章〈十地品〉之傳譯及其對華嚴宗的影響，共分五節。第一節「〈十地品〉相關的單品經考察及十住十地之關係」，考察〈十地品〉的相關單品經有七部，從中發現「十住」與「十地」之觀念，有共通的傾向，它們是何時共通？何時區隔開來？第二節「大乘十地思想先驅──十住說」，說明華嚴十住與諸菩薩行位之關係，及介紹華嚴十住之六種譯本間，譯法與內容之同異。第三節「大乘十地說」，探討《大智度論》、《大般若經》這二部經論，為何將「無名十地」詮釋為「華嚴十地」的原因。以及介紹華嚴十地的五種譯本間，譯法與內容之同異；並且探討晉譯本與唐譯本〈十地品〉的差異。第四節「〈十地品〉及論書對後代的影響」，〈十地品〉對後代的影響，包括華嚴十地菩薩行位、宇宙觀；〈十地品〉的論書有《十住毘婆沙論》、《十地經論》二本，以《十地經論》對後代影響較大，不僅造就了一批「地論師」，更催生了中國地論學派的誕生，以及孕育了華嚴宗的成立與發展。第五節「南道地論師對華嚴宗的影響」，包括闡述《華嚴經》教義經旨的宗趣論，判教思想的五教十宗，及根本教理的六相。

第三章《華嚴經疏‧十地品》科判探析，共分四節。第一節「科判的起

源」，說明印度與中國科判的發展情形。第二節「〈十地品〉在《華嚴經》的結構地位」，又可分爲二個面向：〈十地品〉在《華嚴經》三分科判的地位，包括《華嚴經》的三分科判、〈十地品〉的三分科判；〈十地品〉在四分五周的地位，《華嚴經》本身的文義豐富，而將其大綱改以四分、五周因果來分判，並說明〈十地品〉在四分及五周因果之位置。第三節「通論〈十地品〉之科文」，包括來意、釋名、宗趣三門。來意，爲了突顯〈十地品〉之十聖位較三賢位殊勝。釋名，藉由約人、約處、約法三義之闡明，彰顯十地法之殊勝。宗趣，顯示行布圓融二門的融通、因果爲宗趣、華嚴宗別教一乘的殊勝。第四節「〈十地品〉之十分科判」，包括：序分、三昧分、加分、起分、本分、請分、說分、地影像分、地利益分、地重頌分。前六分屬於初地，第七分「說分」，涵蓋十地階位，第八至十分，皆在十地法雲地。

第四章《華嚴經疏‧十地品》釋經方法，共分四節。第一節「釋經方式的承襲與開展」，主要是指承襲法藏《探玄記‧十地品》每一地釋文前的六門分別，以及補充古德釋經方式之四項不足。第二節「五部論書的引用及其影響」，澄觀引用的經論，包括明引與暗用兩種，本文只針對明引部分做分析，共超過四十部經論，太過於龐大，又抉擇以引用次數最多且具有系統性的五部論書進行考察。五部論書的引用情形，主要集中在四禪、十二緣起、四念處，即是每一地中要精勤修行才能得果，偏向於修行法門的部分。第三節「詞義的解釋」，澄觀的《華嚴經疏》是隨文釋義的注疏，運用了中國傳統的訓詁學對經典進行解說，分別從三個面向來釋義：詞義的訓解、佛教名相的解釋、依相對概念釋義。第四節「譬喻的運用」，澄觀在注疏《華嚴經》時，爲了讓信眾易於了解佛教義理，引用了許多譬喻法，分爲三項說明：解釋佛教名相、解釋佛教義理，及法喻合、法喻合結。

第五章初至三地菩薩之修行特色，共分四節。第一節「通釋六門」，包括來意、釋名、斷障、證理、成行、得果等六門。第二節「遠離煩惱障」，初地遠離世間的五種怖畏，二地遠離十惡業，此二地皆與身口意三業有關；三地遠離妄想因，則是厭離有爲法的煩惱行。煩惱障是進入前三地的障礙，故應遠離。第三節「精勤修行」，初地勤修十大願，是菩薩往昔所發的大願，於初地依願而行；二地勤修十善，即是攝善法戒；三地勤修八定，即色界天的四禪及無色界天的四無色定。前三地的菩薩已歷經了入地心、住地心的階段，接著還要精勤修行，才能證得佛果。第四節「圓修波羅蜜」，初地以施波羅蜜

增勝，包括財施、法施、無畏施等三施；二地以戒波羅蜜增勝，包括攝律儀戒、攝善法戒、攝眾生戒等三聚淨戒；三地以忍波羅蜜增勝，包括耐怨害忍、安受苦忍、諦察法忍等三忍。

　　第六章四至七地菩薩之修行特色，共分四節。第一節「四至七地之六門」，包括來意、釋名、斷障、證理、成行、得果等六門。第二節「遠離所知障及其對治法門」，四至六地的菩薩，遠離解法慢、身淨慢、染淨慢；七地菩薩，遠離細相現行障，是進入四至七地的障礙，能障菩提妙智，於入地時斷除。其對治的方法，為十智、如道行、十種平等法、十種方便慧。第三節「精勤修行」，四地菩薩勤修三十七菩提分，五地菩薩勤修四諦，六地菩薩勤修十二因緣，七地菩薩圓修一切菩提分法。第四節「圓修波羅蜜」，四地以精進波羅蜜增勝，包括攝善精進、利樂精進、被甲精進等三種精進；五地以禪波羅蜜增勝，包括安住靜慮、引發靜慮、辦事靜慮等三種靜慮；六地以般若波羅蜜增勝，包括生空無分別慧、法空無分別慧、俱空無分別慧等三種般若；七地以方便波羅蜜增勝，包括迴向方便善巧、拔濟方便善巧等二種方便。

　　第七章八至十地菩薩之修行特色，共分四節。第一節「八至十地之六門」，包括來意、釋名、斷障、證理、成行、得果等六門。第二節「遠離體障及治想」，八地遠離心意識分別想，包括遠離八識的異熟識、七識的末那識、六識的意識；九地遠離四無礙障，能障礙四無礙解；十地遠離煩惱垢，斷除於諸法中未得自在障。第三節「精勤修行」，八地菩薩勤修淨佛國土，九地菩薩勤修說法行，十地菩薩勤修受位行。第四節「圓修波羅蜜」，八地以願波羅蜜增勝，包括求菩提願、利樂他願等二種願；九地以力波羅蜜增勝，包括思擇力、修習力等二種力；十地以智波羅蜜增勝，包括受用法樂智、成熟有情智等二種智。

　　第八章唯心與緣起的開展，共分四節。第一節「〈十地品〉的唯心與緣起」，先介紹〈十地品〉的唯心，分為三界的起源、〈十地品〉的四種心；以及〈十地品〉的緣起，分為十二緣起的起源、〈十地品〉的十二緣起。第二節「《十地經論》的唯心與緣起」，先探討《十地經論》之心識說，分為心意識與阿梨耶識兩部分；《十地經論》的十二緣起，即成答相差別、第一義諦差別、世諦差別三種觀門。第三節「法藏的唯心與緣起」，先說明法藏之唯心觀，分為染法緣起、十重唯識；其次法藏的緣起觀，分為〈十地品〉之「依持門」、依據《十地經論》之詮釋。第四節「澄觀的唯心與緣起」，唯心觀，

從法相宗的相應心、不相應心，與法性宗的十重一心兩個立場來探討；緣起觀，則是從一念心頓具十二因緣來談。

第九章結論，針對本論文「澄觀《華嚴經疏‧十地品》之研究」之整體研究做一概括性的討論，分為二節。第一節「《華嚴經疏‧十地品》思想之特色」，分為十住與十地之會通、大量採用唯識思想、如來藏與唯心思想、六相圓融之運用、採取大乘之戒律觀、融通大小乘禪法等六項。第二節「《華嚴經疏‧十地品》注疏之特色」，分為視野更寬廣、文義完整性、注重系統性、修行次第性、能所之運用等五項。

第二節　澄觀的生平

澄觀的生平事蹟，除了裴休的〈妙覺塔記〉之外，還有贊寧的《宋高僧傳》，這二部傳記時間較早，記載較詳盡，被視為研究澄觀傳記的一手資料。其餘的資料，大致參考〈妙覺塔記〉、《宋高僧傳》而成，且多數的文獻增添了許多新的敘事，神異色彩濃厚，在使用上必須審慎考辨。茲依照撰述年代列示相關傳記及其內容：

（一）唐‧裴休〈妙覺塔記〉，是澄觀圓寂之後，唐文宗（826～840）命裴休撰寫，澄觀與裴休是同一時代的人，其傳記史料之可信度極高，被視為研究澄觀生平最重要的材料。〈妙覺塔記〉有二個版本：一為〈大元華嚴寺重修大唐華嚴新舊兩經疏主翻經大教授充上都僧統清涼國師妙覺塔記〉（以下簡稱〈拓本妙覺塔記〉），目前收入於鎌田茂雄的《中國華嚴思想史の研究》；〔註55〕一為收入於元‧普瑞《華嚴懸談會玄記》。〔註56〕兩個版本間，有所差異，本文之澄觀生平則以〈拓本妙覺塔記〉為主，而以《華嚴懸談會玄記》為輔。〈妙覺塔記〉主要敘述澄觀出家、講經、受戒、參學諸宗、遊五台山及撰述《華嚴經疏》、帝王禮遇、圓寂等過程。澄觀示寂時間：開成四年（839）三月六日，俗壽一○二歲，僧臘八十三。

（二）北宋‧贊寧《宋高僧傳‧澄觀傳》（988），增添了參學諸宗、講演新疏、詔令著疏《四十華嚴》、參與《守護國界主陀羅尼經》翻譯等資料。與

〔註55〕根據鎌田茂雄的說法，結城令聞所收藏的〈拓本妙覺塔記〉，乃是他到長安華嚴寺巡訪佛教史蹟時，果安和尚所贈予。《中國華嚴思想史の研究》，頁155。

〔註56〕《華嚴懸談會玄記》卷1，《卍續藏》冊8，頁93上～94上。

〈拓本妙覺塔記〉有出入的資料：出家得度時間、研習中印典籍時間、圓寂時間；與《華嚴懸談會玄記》有出入部分：十誓與十願的內容。所以，普瑞曾批評：「又《大宋高僧傳》中，有贊寧僧統所述之傳，事多錯謬，不須繁引。」〔註57〕普瑞批評贊寧的《宋高僧傳‧澄觀傳》有甚多錯誤，可惜未加以指正出來，故引用增添資料時須審慎考察。澄觀示寂時間：元和年，春秋七十餘。

（三）北宋‧延一《廣清涼傳》（1060），〔註58〕增添澄觀要求大華嚴寺寺主賢林，為他建閣一座來造疏。與前二部傳記不同處：俗姓戴氏；唐肅宗時，年十三出家；撰寫《華嚴經疏》時間，從興元元四月八日，至貞元三年十一月五日。〔註59〕

（四）南宋‧祖琇《隆興佛教編年通論》（1164），卷18〈澄觀傳〉無新資料，但卷25則記載，澄觀於開成三年三月六日示寂，春秋一百有二，僧臘八十有三。〔註60〕

（五）南宋‧宗鑑《釋門正統》（1233），增添「鎧云」等小字注釋，〔註61〕以及「荊溪與江淮四十僧禮五臺，師領徒萬指，郊迎尊師」等。〔註62〕澄觀示寂時間：開成二年三月六日。

（六）南宋‧志磐《佛祖統紀》（1269），無新資料。

（七）元‧念常《佛祖歷代通載》（1341），與前二部傳記不同處：建中四年（783）下筆著疏。〔註63〕

（八）元‧覺岸《釋氏稽古略》（1354），於傳記末記載，是依據贊寧《宋高僧傳》，但其內容有誤。〔註64〕

〔註57〕《華嚴懸談會玄記》卷1，《卍續藏》冊8，頁94上。

〔註58〕根據《廣清涼傳‧序》的記載，鄭濟川請延一法師重編慧祥之《古清涼傳》，費三個月而完成《廣清涼傳》三卷，於序末有記載寫序時間為「聖宋嘉祐紀號龍集庚子（1060年）正月望日謹序」。

〔註59〕《廣清涼傳》卷3，《大正藏》冊51，頁1120上～中。

〔註60〕參見《隆興佛教編年通論》卷25，《卍續藏》冊75，頁232下～233上。

〔註61〕《釋門正統》最初由鎧庵吳克己執筆，然事未竣而逝世，其後由宗鑑增續完成。故「鎧云」即是吳克己的注釋。

〔註62〕《釋門正統》卷8，《卍續藏》冊75，頁358下～359上。

〔註63〕《佛祖歷代通載》卷14，《大正藏》冊49，頁601上。

〔註64〕《釋氏稽古略》卷3：「僅二十年，就蘇州從湛然法師習天台止觀、《法華》、《雜（維）摩》等經疏解。」《大正藏》冊49，頁821中。僅二十年，正確應為「十年」，即大曆十年（775）三十八歲，而不是二十歲就學習天台學。

（九）元・曇噩《新修科分六學僧傳》（1366），與《宋高僧傳》雷同。

（十）明・明成祖《神僧傳》，與《宋高僧傳》雷同。

（十一）明・袾宏《華嚴經感應略記》，與前二部傳記不同處：德宗建中二年（781），下筆著疏；僧臘八十有八。〔註65〕

（十二）明・瞿汝稷《指月錄》（1602），增添《答順宗心要法門》（以下簡稱《心要法門》）之原文。〔註66〕與前二部傳記不同處：金甲神人，東取華嚴菩薩之二牙回國供養，〔註67〕其它傳記，皆爲北印度文殊堂神，取大牙供養。

（十三）清・續法《法界宗五祖略記》（1680），增添了與七代國君之因緣及開示；爲大眾講《華嚴經疏》，感景雲凝停空中，逾時不散。〔註68〕

（十四）清・弘璧《華嚴感應緣起傳》，與前二部傳記不同處：春秋一百有一。〔註69〕

上述所列十四部傳記資料所述內容參差不同，本文主要依據較可採信的史料來考察其生平事蹟，故以〈妙覺塔記〉、《宋高僧傳》爲主，至於澄觀爲七帝之師的緣由，再配合《法界宗五祖略記》說明，其它相關的文獻則爲輔助之用。澄觀示寂的時間，有四種說法，開成二、三、四、元和年，後世大多採用〈妙覺塔記〉的開成四年的說法。至於澄觀出生的時間，除了上文《釋門正統》之唐玄宗開元二十四年（736）、《隆興佛教編年通論》之開元二十五年（737）、〈妙覺塔記〉之開元二十六年（738）之外，還有二種說法：《釋氏稽古略》記載，澄觀生於則天萬歲通天元年（696），於開成三年入寂，享壽爲一百四十三歲。〔註70〕以及明代朱時恩撰《佛祖綱目》，澄觀於開成三年示寂，享壽一百二十歲，若往前推，則澄觀生於唐玄宗開元七年（719）。〔註71〕所以，澄觀出生之時間，共有開元七、二十四、二十五、二十六、通天元年等五種說法，後世大多採用〈妙覺塔記〉的開元二十六年的說法。

〔註65〕《華嚴經感應略記》，《卍續藏》冊77，頁633下。
〔註66〕《指月錄》卷2，《卍續藏》冊83，頁424中～下。
〔註67〕《指月錄》卷2，《卍續藏》冊83，頁424中。
〔註68〕《法界宗五祖略記》，《卍續藏》冊77，頁623上～624上。
〔註69〕《華嚴感應緣起傳》卷1，《卍續藏》冊77，頁642中。
〔註70〕《釋氏稽古略》卷3，《大正藏》冊49，頁833中～下。
〔註71〕《佛祖綱目》卷32，《卍續藏》冊85，頁647中。

澄觀的生平，大致可分爲四個階段：一、青少年時期：誕生（1歲）至受具足戒（19歲）之前。二、遊學時期：受具足戒（20歲）至參訪禪宗（38歲）。三、遊五台山及撰述《華嚴經疏》時期：遊五台山（39歲）至《華嚴經疏》完成（50歲）。四、帝王禮遇時期：宣講新疏（51歲）至圓寂（102歲）。茲說明如下：

一、青少年時期

澄觀於唐玄宗開元二十六年（738），生於越州會稽（今浙江紹興縣），[註72]俗姓夏侯，字大休，[註73]號清涼國師、華嚴菩薩、華嚴疏主。其幼年之事蹟，只有記載於《華嚴懸談會玄記》引用〈妙覺塔記〉云：「稚歲趨庭，厥考授與〈六月〉之詩，即曰：可畏而敬。每童戲聚沙建塔，或誠之：汝聚沙安避塵垢染？即鞠躬對曰：沙無自性，攬眞而成眞，豈染矣！」[註74]幼年時期，澄觀已接觸儒家的典籍及佛教。其父親開始教導他儒家的經典《詩經》，並且他於孩童嬉戲時，就喜歡聚沙爲佛塔，對佛教已產生了深刻的體悟。

澄觀於幼年時期，即已出家修行，〈拓本妙覺塔記〉云：「年九歲，禮本州寶林寺禪德體眞大師爲師，甫越一期，解通三藏，十有一歲蒙恩得度。」[註75]澄觀九歲時，禮寶林寺體眞禪師爲師，並在一年期間研讀三藏通達理解，故能於唐玄宗天寶七年（748）十一歲，參加國家試經度僧考試合格，[註76]而正式披剃出家，成爲沙彌。[註77]若依《宋高僧傳》的說法，澄觀

〔註72〕《宋高僧傳》卷5：「越州山陰人也。」《大正藏》冊50，頁737上。〈紹興歷史〉：山陰、會稽兩縣時而分置，時而合併。自南朝後期250餘年間，山陰縣七度置廢。唐元和十年（815）再置，山陰、會稽兩縣並設，始長期穩定，隸屬越州。故山陰、會稽隸屬同一地區。參見 http://www.shaoxing-hotels.com/big5/history.html，2012.08.02。

〔註73〕《華嚴懸談會玄記》卷1引〈妙覺塔記〉云：「澄觀，字大體。」《卍續藏》冊8，頁93上。其餘的傳記，皆記載澄觀字「大休」。

〔註74〕《華嚴懸談會玄記》卷1，《卍續藏》冊8，頁93上。

〔註75〕鎌田茂雄：〈拓本妙覺塔記〉，《中國華嚴思想史の研究》，頁157。

〔註76〕唐代度僧的方式有三種：試經度僧、特恩度僧、香水度僧（進納度僧）。澄觀的出家，是屬於試經度僧，指初入佛門者稱爲童行，在勤學佛典、精修佛道後，經師父推舉，通過國家考試，始正式披剃成爲沙彌或比丘。

〔註77〕《宋高僧傳》卷5，對於澄觀的出家時間，則有不同的說法：「年甫十一，依寶林寺（今應天山）霈禪師出家，誦《法華經》，十四遇恩得度，便隸此寺。」《大正藏》冊50，頁737上。

當時試經度僧的考試科目為背誦《法華經》，所以有可能從唐中宗至玄宗期間，考試科目皆為《法華經》。〔註78〕澄觀出家之後至受戒前，仍不斷研讀各種經論，並開始講經說法：

> 心冥理觀，乃講《般若》、《涅槃》、《淨名》、《圓覺》等一十四經，《起信》、《瑜伽》、《因明》、《唯識》等九論，其他長安《四絕論》、生公《十四科》、終南《法界觀》、天台《止觀》、康藏《還源觀》，耽玩不捨，如龍戲珠也。〔註79〕

澄觀不僅能講說三藏中的十四部經、九部論，還對於祖師之著作專心研習，包括：僧肇的《四絕論》，即《物不遷論》、《不真空論》、《般若無知論》、《涅槃無名論》等四論；竺道生之《十四科義》；杜順的《法界觀門》；智顗的《摩訶止觀》；法藏的《妄盡還源觀》。由此可知，澄觀在出家之後，對三論宗、涅槃學派、華嚴宗、天台宗等各個宗派的典籍皆有所關注，可謂之涉獵範圍甚廣。

二、遊學時期

澄觀從唐肅宗至德二年（757）二十歲受具足戒，一直到唐代宗大曆十年（775）三十八歲，共十九年間，為遊學時期，總共參訪了五個宗派，包括律宗、三論宗、華嚴宗、天台宗、禪宗，這也是他一生中四處遊學，並學習各個宗派教義最活躍的時期。

（一）律宗

澄觀於唐肅宗至德二年，在曇一律師門下受具足戒，學習南山律的行事止作，並為大眾講解三藏中的律藏；又於常照禪師門下受菩薩戒，同時發十種弘誓以自勵，〔註80〕成為一名大乘佛教的菩薩僧。此外，澄觀於乾元年間

〔註78〕依據《佛祖統紀》卷51，每一位帝王試經科目有所不同：唐中宗時的考試科目為背誦《法華經》，唐肅宗時則背誦經文五百紙，唐代宗改為經律論三科為試題，唐敬宗又改回背誦經文，唐宣宗歷經武宗滅佛，其度僧資格更加嚴苛了，須在戒定慧三學中，具有道性且通法門者，並附帶規定禁止其他一切雜藝。參見《大正藏》冊49，頁452下。

〔註79〕鎌田茂雄：〈拓本妙覺塔記〉，《中國華嚴思想史の研究》，頁157。

〔註80〕《華嚴懸談會玄記》之「十誓」，與《宋高僧傳》之「十願」內容稍有不同。《華嚴懸談會玄記》卷1：「啟厥十誓：體不損沙門之表、心不違如來之制、坐不背法界之經、性不染情礙之境、足不履尼寺之塵、脅不觸居士之榻、目不視非儀之彩、舌不味過午之餚、手不釋圓明之珠、宿不離衣鉢之則。」《卍

（758～759）二十一歲至二十二歲，依潤州棲霞寺體律師，學相部宗。〔註81〕
澄觀於學律過程，已涉獵了四分律三派之南山宗與相部宗兩家。再者，澄觀
於大曆年間（766～779），曾爲釋志鴻的二十卷《四分律行事鈔搜玄錄》作序，
〔註82〕可見澄觀當時在律學界已享有盛名。綜觀澄觀之一生，學習了道宣的
南山宗、法礪的相部宗，又宣講南山律，且發十種弘誓，一生嚴持戒律，可
見其對戒學的重視。

表1-1：律宗傳承

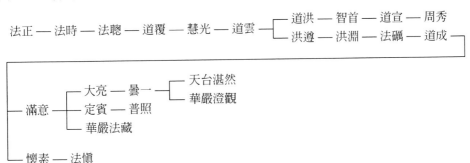

（二）三論宗

　　澄觀曾二度參訪學習三論宗，《宋高僧傳》云：「詣金陵玄璧法師傳關河
三論，三論之盛于江表，觀之力也。……七年，往剡溪，從成都慧量法師
覆尋三論。」〔註83〕澄觀第一次參訪三論宗，是在乾元年間，前往金陵追隨
玄璧，學習鳩摩羅什所翻譯的三論，也因爲澄觀的大力弘揚，而使得三論
宗盛行於長江以南地區。第二次參訪三論宗，是在唐代宗大曆七年（772）三
十五歲，澄觀又前往剡溪，跟隨慧量研習三論宗。三論宗的教說，是基於
破邪顯正的主張，由於澄觀的二度學習，爲他日後華嚴理論奠定了良好的
基礎。

續藏》冊8，頁93中。《宋高僧傳》卷5：「觀恒發十願：一、長止方丈，但
三衣鉢，不畜長；二、當代名利，棄之如遺；三、目不視女人；四、身影不
落俗家；五、未捨執受，長誦《法華經》；六、長讀大乘經典，普施含靈；七、
長講《華嚴》大經；八、一生晝夜不臥；九、不邀名惑眾伐善；十、不退大
慈悲，普救法界。」《大正藏》冊50，頁737下。
〔註81〕　《宋高僧傳》卷5，《大正藏》冊50，頁737上。
〔註82〕　參見《宋高僧傳》卷15，《大正藏》冊50，頁801中～下。
〔註83〕　《宋高僧傳》卷5，《大正藏》冊50，頁737上。

（三）華嚴宗

澄觀華嚴學說的師承關係，根據〈拓本妙覺塔記〉云：「仍依東京大詵和尚，聽受玄旨，一歷耳根，再周能演。詵曰：法界盡在汝矣！」〔註84〕《宋高僧傳》則云：「大曆中，……卻復天竺詵法師門，溫習《華嚴》大經。」〔註85〕澄觀於唐代宗大曆年間（766～767）學習華嚴思想，其華嚴之師應是「大詵」或是「詵」法師，兩者是否同一人呢？在《宋高僧傳‧唐錢塘天竺寺法詵傳》，法詵（718～778）：「詵初講天竺寺，盛闡《華嚴》，時越僧澄觀，就席決疑，深得幽趣。」〔註86〕以及〈塔銘〉之全名為：〈唐杭州靈隱山天竺寺大德詵法師塔銘并序〉，〔註87〕可見「天竺寺法詵」、「天竺寺大德詵法師」皆是指澄觀的華嚴之師，天竺寺的法詵。

此外，法詵的師承關係，〈法詵傳〉云：「故地恩貞大師，囑之以《華嚴經》、《菩薩戒》、《起信論》。」〔註88〕其中「故地恩貞大師」，究竟是指何人呢？根據日本凝然《華嚴法界義鏡‧澄觀傳》：「第四清涼山澄觀大師，……乃依東都法詵大師，習學《華嚴》，詵是慧苑大師門人。」〔註89〕以及《孔目章發悟記》卷一云：「賢首上足有靜法寺慧苑，苑之弟子有天竺寺法銑（詵）。今澄觀師承于法銑。」〔註90〕從凝然的二部著作中，可推出華嚴之傳承關係：法藏－慧苑－法詵－澄觀，所以〈法詵傳〉的「恩貞大師」即是指慧苑。

表1-2：華嚴宗傳承

杜順 — 智儼 — 法藏 ┌ 慧苑 — 法詵 ┐
                                                    └ 澄觀 — 宗密

〔註84〕 鎌田茂雄：〈拓本妙覺塔記〉，《中國華嚴思想史の研究》，頁157。
〔註85〕 《宋高僧傳》卷5，《大正藏》冊50，頁737上。
〔註86〕 《宋高僧傳》卷5，《大正藏》冊50，頁736中。
〔註87〕 董誥等編：《全唐文》卷918，（北京：中華書局，1996年7月），第10冊，頁9564。
〔註88〕 《宋高僧傳》卷5，《大正藏》冊50，頁736上。《全唐文》卷918也有類似的記載：「故地思貞大師，囑我以《華嚴經》、《菩薩戒》、《起信論》。」只是「恩」與「思」不同，大概是撰刻碑銘之筆誤。
〔註89〕 《日本佛教全書》冊13，頁203上。
〔註90〕 《日本佛教全書》冊7，頁251下。

（四）天台宗

澄觀於青少年時期就已學習智顗的《摩訶止觀》，又於大曆十年（775）三十八歲，至蘇州跟隨天台宗九祖湛然學習天台止觀法門、《法華經》、《維摩經》等經疏。〔註91〕澄觀在湛然座下學習，深得其天台的法要，被視為十大弟子之一，《宋高僧傳・元浩傳》云：「浩與上都雲華寺華嚴澄觀法師，若孔門之游夏焉。」〔註92〕天台九祖湛然門下，有元浩與澄觀，猶如孔門弟子之子游、子夏，兩人皆精通天台學，澄觀被視為能夠傳承湛然天台學的弟子。澄觀自我研習天台學，以及追隨湛然學習天台法門，對於日後注疏中廣引天台宗的觀法，以及於判教中批判式地吸收天台宗起了重大的作用。

（五）禪宗

澄觀於唐代宗大曆十年，又參訪諸位禪師，其禪法包括牛頭禪、南宗禪、北宗禪三種，《宋高僧傳》云：「又謁牛頭山忠師、徑山欽師、洛陽無名師，咨決南宗禪法，復見慧雲禪師，了北宗玄理。」〔註93〕澄觀先去參訪牛頭宗的六祖慧忠禪師，以及五祖智威的再傳弟子道欽（法欽）禪師，以探究牛頭宗的禪法；接著又到洛陽拜見荷澤宗神會的弟子無名禪師，以研習荷澤宗的禪法；最後則到慧雲禪師處，了解北宗禪的禪法。

澄觀晉見諸位禪師的用意，於〈拓本妙覺塔記〉云：「又參無名大師，印可融宗。宗說兼通，理之必至，審觀稱性，無越華嚴。」〔註94〕澄觀參訪荷澤宗的無名禪師，是為了印證禪教各宗的融會。而在遊學參訪諸宗之後，他予以抉擇，認為華嚴學說具有宗通與說通兩者兼備，可把修證與經教結合起來，故超越諸宗。由於澄觀曾參學於禪宗諸位禪師，嘗試把華嚴學說與禪宗思想融合，被視為「華嚴禪」思想的先驅。〔註95〕

〔註91〕《宋高僧傳》卷5，《大正藏》冊50，頁737上。

〔註92〕《宋高僧傳》卷6，《大正藏》冊50，頁740中。

〔註93〕《宋高僧傳》卷5，《大正藏》冊50，頁737上。

〔註94〕鎌田茂雄：〈拓本妙覺塔記〉，《中國華嚴思想史の研究》，頁157。

〔註95〕參見劉貴傑：《華嚴宗入門》（台北：東大圖書股份有限公司，2002年5月），頁155～156。

表1-3：禪宗傳承

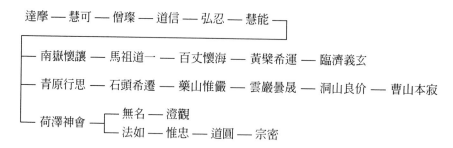

澄觀於遊學時期，參訪了五個宗派，也可看出其師承關係。在天台宗方面，曾跟隨湛然學習止觀，湛然於天寶七年（748）三十八歲出家，並前往會稽依曇一律師學南山律。〔註96〕由此可知，湛然於 748 年學南山律，澄觀於 757 年學南山律，兩者之師皆為曇一律師，故在南山律學習方面，兩者是師兄弟的關係；但在天台止觀的學習，湛然是老師，澄觀是學生，兩者是師生關係。此外，在華嚴宗的正式師承關係上：法藏－慧苑－法詵－澄觀。法詵與澄觀，皆有相關的著作對慧苑的異說進行指摘，法詵有《刊定記纂釋》二十一卷（或十三卷），〔註97〕澄觀則有《華嚴經疏》六十卷和《演義鈔》九十卷，力破慧苑的邪說異議，〔註98〕以恢復法藏的思想。澄觀企圖恢復法藏的學說有功，而使得華嚴學再度成為顯學，故被尊稱為華嚴宗的第四代祖師。

三、遊五台山及撰述《華嚴經疏》時期

欲介紹澄觀遊五台山之前，先說明其遊五台山之緣由。澄觀於遊學時期，曾在代宗大曆三年（768）至大曆六年（771）期間，奉詔至長安大興善寺，擔任不空三藏譯場的潤文大德。在大曆五年（770）夏秋之間，代宗詔請不空前往五台山修功德，因為當時有彗星出現，被視為重大災難的預兆，法事結束，彗星亦消失。〔註99〕而且這一年，也是文殊道場金閣寺之落成。不空返回譯場後，應有向澄觀傳達五台山文殊道場之佛教盛況，所以讓他興起

〔註96〕參見《宋高僧傳》卷6，《大正藏》冊50，頁739中。
〔註97〕《新編諸宗教藏總錄》卷1，《大正藏》冊55，頁1166上。
〔註98〕澄觀指責慧苑「今判聖教，那參邪說」，認為其四教說未為允當。參見《華嚴經疏》卷2，《大正藏》冊35，頁510中。《演義鈔》卷3：「破五教而立四教，雜以邪宗，使權實不分，漸頓安辨。」《大正藏》冊36，頁17上。
〔註99〕參見《大唐故大德贈司空大辨正廣智不空三藏行狀》，《大正藏》冊50，頁293中～下。

了遊五台山之念頭。

澄觀於譯經結束，辭謝代宗並離開譯場，隨即宣講《華嚴經》，講到〈諸菩薩住處品〉時，經中記載文殊菩薩住在東北方的清涼山，〔註100〕即中國山西五台山清涼寺，因而動念想要前往。但因當時安史之亂雖已平息，仍有外患與內亂，險象環生，故仍到處遊學參訪，等待了五年，一直到大曆十一年（776）三十九歲，澄觀才順利登上五台山。《演義鈔‧諸菩薩住處品》曾論述其入五台山的因緣：「先敘至山源由：由此〈菩薩住處〉清涼山之文。當時逆寇亂常，兵戈蜂起，豺狼滿路，山川阻絕，不憚而遊，故云委命棲託。途雖五千，反覆萬里，始本暫遊，日復一日，傾馳聖境，一十五年，作疏至斯，正當十載。」〔註101〕所以，「從大曆六年至大曆十一年之間，他之所以遊學各地，一方面雖是各地求學問道，但另一方面則是由於安史之亂後的亂世所困。」〔註102〕

大曆十一年，澄觀先遊文殊道場山西五台山，次遊普賢道場四川峨嵋山，之後又返回五台山大華嚴寺，專修方等懺法，並在那裡過了十年。在五台山十年間，澄觀主要是研讀中印各式的典籍，以及著作《華嚴經疏》。澄觀於遊學時期，已學習了五種佛教宗派的教義，他於五台山時期，還研究佛教以外的學問，包括：「迺覽儒家經子史傳，道家莊老寓言，東震詞翰，西乾梵書，悉皆游刃。」〔註103〕澄觀對於中國儒道二家思想、詩詞，印度外道之學問、梵語等，皆廣博學習。〔註104〕所以澄觀於註解《華嚴經》時，除了運用各種佛教經論外，又廣泛使用中國的訓詁學、老莊、易傳，以及印度的梵語、五明等學問，來詮釋《華嚴經》義理。

澄觀於五台山時期，應寺主賢林之請，講授《華嚴經》，因慨歎舊譯《華嚴》的注疏，如智儼的《大方廣佛華嚴經搜玄分齊通智方軌》（以下簡稱《搜玄記》）、法藏的《探玄記》，文字繁瑣而詞義簡約，於是發願為新譯《華嚴》注疏，即從德宗興元元年（784）正月開始，到貞元三年（787）十二月，歷

〔註100〕參見八十《華嚴》卷45，《大正藏》冊10，頁241中。

〔註101〕《演義鈔》卷76，《大正藏》冊36，頁601上。

〔註102〕郭朝順：《湛然與澄觀佛性思想之研究》，頁33。

〔註103〕鎌田茂雄：〈拓本妙覺塔記〉，《中國華嚴思想史の研究》，頁157。

〔註104〕《宋高僧傳》於遊學時期，除了學習五種宗派的教義，又研讀中印各式的典籍，其內容與〈妙覺塔記〉也有些差異：「遂翻習經傳子史、小學《蒼》《雅》、天竺《悉曇》、諸部異執、四圍五明、祕呪儀軌，至于篇頌筆語書蹤，一皆博綜。」《大正藏》冊50，頁737上。

時四年完成《華嚴經疏》二十卷,即是現行的《大方廣佛華嚴經疏》。〔註105〕
澄觀《華嚴經疏》的著作時間,雖只歷經四年就完成,但事先的準備功夫卻
花了六年的時間,也就是其在五台山的前幾年,研讀中印各式的典籍,皆是
爲了注疏做準備,雖然尚未著手寫作,但已經處於醞釀期了。所以,澄觀撰
述《華嚴經疏》的時間,包括事先的醞釀期,總共花了十年,「傾馳聖境,一
十五年,作疏至斯,正當十載」,〔註106〕而不是「一十五年作疏。」〔註107〕

四、帝王禮遇時期

澄觀於完成《華嚴經疏》之後,於貞元四年(788)正月,應大華嚴寺寺
主賢林之請講演新疏;又於貞元七年(791),受河東節度使李自良之邀,講
於崇福寺。〔註108〕又與上首弟子僧睿、智愷等,撰述《隨疏演義鈔》四十卷,
《隨文手鏡》一百卷(今不傳)。〔註109〕

貞元十二年(796)五十九歲,澄觀應德宗之召入長安,協助罽賓三藏般
若翻譯南印度烏荼國王送來的《華嚴經》後分梵本,於崇福寺著手翻譯,並
由澄觀擔任詳定之職,德宗賜其紫衲方袍。貞元十四年(798)六十一歲,二
月譯成四十卷《大方廣佛華嚴經》,世稱四十《華嚴》。是年四月,德宗生日,
詔請澄觀於麟德殿,開示新譯四十《華嚴》之宗旨,並禮爲教授和尚。同年
五月,德宗又詔令澄觀爲《華嚴》造疏,於是在終南山草堂寺撰成《貞元新
譯華嚴經疏》(又作《華嚴經行願品疏》)十卷。〔註110〕

貞元十五年(799)六十二歲,德宗賜號「清涼國師」。澄觀一生「歷九
宗聖世,爲七帝門師」,出生於玄宗開元二十六年,又歷經肅宗、代宗、德宗、
順宗、憲宗、穆宗、敬宗、文宗等九世,除了玄宗與肅宗之外,其餘的七帝,
皆以澄觀爲師。最早擔任國師,是在代宗大曆三年,當時擔任不空三藏譯場
的潤文大德,代宗曾提問佛經大旨,聽了言下大悟,遂事以師禮。自此之後,

〔註105〕《宋高僧傳》卷5,《大正藏》冊50,頁737上~中。
〔註106〕《演義鈔》卷76,《大正藏》冊36,頁601上。
〔註107〕鎌田茂雄及屈大成,皆將《演義鈔》句讀弄錯,以致文句解讀錯誤,而變成
　　　　「一十五年作疏」。鎌田茂雄:《中國華嚴思想史の研究》,頁165。屈大成:
　　　　〈澄觀的生平及著作〉,頁111。
〔註108〕《宋高僧傳》卷5,《大正藏》冊50,頁737中。
〔註109〕參見鎌田茂雄:〈拓本妙覺塔記〉,《中國華嚴思想史の研究》,頁157。
〔註110〕參見《華嚴懸談會玄記》卷1,《卍續藏》冊8,頁93下。《法界宗五祖略記》,
　　　　《卍續藏》冊77,頁623中~下。

澄觀為七帝之師，終其一生與唐代皇室關係密切。〔註111〕除此之外，他也與中央的官員關係密切，例如：武元衡、鄭絪、李吉甫、權德輿、李逢吉、中書舍人錢徽、兵部侍郎歸登、襄陽節度使嚴綬、越州觀察使孟簡、洪州韋丹、齊相國杭韋太常渠牟、相國鄭餘慶、南康王韋皋、左拾遺白居易等人。〔註112〕綜觀澄觀之一生，博學多能，不僅著作等身，於應機接眾上亦有一套，能辯才無礙，上至帝王、中央官員，下至武人節度使，乃至一般民眾之聽經，皆能為之信服，實屬不易。

　　澄觀於文宗開成四年（839）三月六日圓寂，享壽一〇二歲，僧臘八十三。於一生中，開講《華嚴經》前後達五十餘遍，無遮大會十五設，出家弟子以海岸、虛寂為首，共三十八人，受法學徒達一千人，但得其華嚴奧旨的只有東京僧睿、圭峰宗密二人。〔註113〕

　　澄觀的著作，依據鎌田茂雄的統計，共有三十八種。〔註114〕其中與華嚴思想有關的著作如下：《華嚴經疏》二十卷、《華嚴經疏科文》十卷、《華嚴隨疏演義鈔》九十卷、《貞元華嚴經疏》十卷、《行願品別行疏》一卷、《華嚴經綱要》三卷、《華嚴經略策》一卷、《華嚴入法界十八問答》一卷、《法界玄鏡》一卷、《七處九會》、《心要》一卷、《三聖圓融觀》一卷、《與德宗講華嚴奧旨》、《答憲宗問法界妙義》。

第三節　澄觀及《華嚴經疏‧十地品》與中唐時期八宗之關涉

　　在隋代時期，中國佛教之宗派已開始興起，發展至唐代，宗派的數目有八宗、十宗、十三宗等不同的爭議，日本華嚴宗僧人凝然（1240～1321）著有《八宗綱要》，其影響甚為深遠，故後世皆以八宗為世人所廣泛流傳。鎌田茂雄曾云：「隋唐的新佛教，纔是從印度的亞流佛教中所創造而獨立的中國人的新宗教。」〔註115〕宗派是隋唐時期的主要特色之一，故舉凡論述隋唐佛教，

〔註111〕《法界宗五祖略記》，《卍續藏》冊 77，頁 623 上。
〔註112〕《宋高僧傳》卷 5，《大正藏》冊 50，頁 737 下。鎌田茂雄：《中國華嚴思想史の研究》，頁 157～158、227～229。
〔註113〕參見鎌田茂雄：〈拓本妙覺塔記〉，《中國華嚴思想史の研究》，頁 158。
〔註114〕參見鎌田茂雄：《中國華嚴思想史の研究》，頁 201～203。
〔註115〕參見鎌田茂雄著，關世謙譯：《中國佛教史》（台北：新文豐出版股份有限公

皆圍繞著「宗派模式」而展開，何謂「宗派」呢？湯用彤提出成立宗派必須具備三項條件：「所謂宗派者，其質有三：一、教理闡明，獨辟蹊徑；二、門戶見深，入主出奴；三、時味說教，自誇承繼道統。」〔註116〕方立天亦提出三項條件：「所謂佛教宗派就是有了各自獨特的教義、不同的教規、更加強調傳法世系的不同，這又顯然是與財產的繼承權直接相關。」〔註117〕麻天祥則提出宗派形成之四項條件：「一是高度發展的寺院經濟，確保其獨立的經濟來源，以維繫其生存和發展；二是系統的學說體系，以保證自宗在思想領域的獨立地位；三是相對固定的傳教區域，即以某祖庭或大型寺院為中心，形成一定的勢力範圍，以利於自宗學說的區域性流傳；四是嚴格的法嗣制度和寺院規範，以行政手段保障自宗的特殊地位。」〔註118〕綜上三位學者所述，成立宗派的條件，不出二項：「教義」，認為自宗的經典是最圓滿、最究竟的教法；「師承」，即是重道統，受真傳，而著重傳授之歷史。如華嚴教義為法藏所創，而上溯至杜順、智儼，甚至上推至直承印度的馬鳴、龍樹。所以，顏尚文提出宗派形成有兩項基本要素，即宗義與師承，〔註119〕可說是歸納了眾多學者之說法。

　　本節所要探討之議題，分為二部分：首先論述澄觀所處之中唐時期，與八大宗派之關涉；其次，說明《華嚴經疏・十地品》與八宗之交涉情形。

一、澄觀與八宗之關涉

　　佛教在隋唐時期，結束了南北分裂的局面，在中國歷史上包括政治、社會、經濟、文化等各方面都是最強盛的朝代。此時在佛教的發展上，佛典的翻譯及宗派的成立，則是處於顛峰時期。隋唐二代，除了唐武宗李炎反佛以外，其餘的帝王皆不同程度的崇佛，〔註120〕因而有大乘八大宗派的成立。

　　　司，1995年9月），頁139。

〔註116〕湯用彤：《隋唐佛教史稿》（南京：江蘇教育出版社，2007年4月），頁85。

〔註117〕方立天：〈論隋唐時代佛教宗派的形成及其特點〉，《隋唐佛教》（北京：中國人民大學出版社，2006年10月），頁510。

〔註118〕麻天祥：《中國宗教哲學史》（北京：人民出版社，2006年7月），頁220。

〔註119〕參見顏尚文：《隋唐佛教宗派研究》（台北：新文豐出版股份有限公司，1998年），頁4。

〔註120〕例如：隋煬帝之尊智者大師，唐太宗、高宗之敬玄奘三藏，武后之于神秀，明皇之于金剛智，肅宗之于神會，代宗之于不空。參見湯用彤：《隋唐佛教史稿・緒言》，頁2。

隋代智顗（538～597）創立了天台宗，是中國佛教第一個成立的宗派。繼之，中國佛教形成百花競開，新的佛教宗派不斷成立，推動了佛教的發展。發展至唐代，佛教已形成了大乘八大宗派，依宗派成立的先後順序分別爲：天台宗、三論宗、法相宗、淨土宗、律宗、華嚴宗、禪宗、密宗。澄觀於中唐時期活躍於佛教界，茲介紹當時佛教宗派的發展情形如下：

（一）天台宗

天台宗是中國第一個佛教宗派，隋代智顗是實際創始者，建構了一套義理精深的天台教學體系。天台宗素有「教觀雙美」之美名，追溯其源流，則是來自慧文、慧思兩位先驅者的禪法思想與止觀實踐的基礎，才使得智顗能夠創立天台宗。天台宗依《法華經》爲根本聖典，所以又稱法華宗。智顗之判教思想爲五時八教，以諸法實相爲中心，提倡三諦圓融。

智顗的弟子五祖灌頂圓寂之後，一直到八祖左溪玄朗之間，一般稱爲天台宗第一期的黑暗時代，〔註121〕可以說從初唐到盛唐時期，天台宗只能維繫其一宗之命脈，幾乎沒什麼發展，再加上當時的唯識、華嚴、禪宗等新興宗派相繼成立，天台已無法與之抗衡了。一直到了中唐時期，玄朗（673～754）的弟子湛然（711～782）出世，由於他對復興天台的努力，才又抬高天台宗之地位，故又稱天台中興之祖。

湛然爲了發揮天台宗教觀之殊勝，於其著作中直接批判了唯識、華嚴、禪宗各家的理論。例如，對唯識宗之批判：窺基之《法華玄贊》，乃是基於唯識家的立場，以《解深密經》、《瑜伽師地論》等經論爲依據，去衡量《法華經》，並對天台的教義和判教提出許多批判。湛然於《法華五百問論》中，提出了窺基之五百處的錯誤加以質難，此爲天台一乘家與法相五性家的論諍。對禪宗之批判：在《止觀義例》中，批判當時的禪法是有觀無教，屬暗證之禪，不悉教門的位次，容易生起增上慢心。〔註122〕

在唯識、華嚴、禪宗等三宗之中，對天台宗構成直接威脅的是華嚴宗，湛然對於華嚴學說的批判，其著作集中於《金剛錍》、《止觀義例》、《法華文

〔註121〕參見釋慧嶽：《天臺教學史》（台北：佛陀教育基金會，1993 年 12 月），頁 202。

〔註122〕《止觀義例》卷下：「問：觀本依教，無教如何立觀？答：根別。喻曰：此乃臨急之說，不思前後相違，觀既隨根，根本順教，有根無教，同於本迷。」《大正藏》冊 46，頁 457 中～下。

句記》等。湛然與澄觀之前,其各自的宗派皆處於黑暗時期,故二位祖師皆殫精竭慮,力圖挽救其宗派,故被視為中興之祖。上文曾論及,澄觀曾受學於湛然,故二者具有師承關係,但為了捍衛自宗的立場,師徒間皆對彼此之思想提出了嚴厲的批判。例一是判教問題:澄觀於《演義鈔》提出,《法華經》是漸頓,《華嚴經》是頓頓,湛然於《止觀義例》中,用七難四十六番問答來破斥這種說法。

例二是佛性問題:湛然的著作《金剛錍》,從此經的命名,就已諷刺華嚴宗人被無明蒙蔽而看不清問題,並提出「無情有性」說,主張一切草木皆可成佛,以破斥澄觀的「無情無性」之論。《華嚴經疏》云:

> 況經(《涅槃經》)云:佛性除於瓦石。論(《大智度論》)云:在非
> 情數中,名為法性;在有情數中,名為佛性。明知非情非有覺性,
> 故應釋言:以性從緣,則情非情異,為性亦殊,如《涅槃》等。
> 〔註123〕

澄觀引用《涅槃經》的說法,眾生皆有佛性,皆能成佛,除了草木瓦石等無情物。若從《大智度論》的觀點,前者稱為法性,後者稱為佛性,唯有情始具有覺性,可以成佛,無情物不具佛性,不能成佛。所以,「以性從緣」的角度來詮釋,則有情與非情是有異的,就如《涅槃經》所說,有情有覺性可以成佛,無情無覺性不能成佛。

在澄觀的著作中,出現了無情有性、無情無性二種說法,〔註124〕這二者間,他更側重於對無情無性的闡釋,在對無情是否具有覺性的基本問題上,他是主張無情無性的,一方面是直接針對湛然的「無情有性」而言,一方面則與他的心性思想有關。〔註125〕

湛然的弟子有道邃、行滿、元浩等三十九人,其中道邃、行滿後來傳教觀於日僧最澄(767～822),最澄歸國後創立了日本的天台宗。

〔註123〕《華嚴經疏》卷30,《大正藏》冊35,頁726中～下。

〔註124〕《華嚴經疏》無情無性,是「以性從緣」來詮釋;無情有性,是「泯緣從性」來詮釋。參見《華嚴經疏》卷30,《大正藏》冊35,頁726中～下。《演義鈔》亦有無情無性、無情有性二種說法:「若以性從相,則唯眾生得有佛性,有智慧故,牆壁瓦礫無有智慧,故無佛性;若以相從性,第一義空,無所不在,則牆壁等,皆是第一義空,云何非性。」《大正藏》冊36,頁280上～中。

〔註125〕參見胡民眾:〈澄觀佛學思想研究〉,《中國佛教學術論典》18,頁114。

（二）華嚴宗

華嚴宗是盛唐時期所成立的佛教宗派，此宗所依據的經典爲《華嚴經》，又因此宗以發揮「法界緣起」爲旨趣，又稱法界宗；法藏（643～712）是華嚴宗的三祖，也是集大成者，受武則天賜號「賢首」，又名賢首宗。法藏之判教思想爲五教十宗，以及根本教理爲十玄六相。

對於華嚴宗的發展而言，澄觀（738～839）是一位承上啓下的重要人物。法藏於八十卷《華嚴經》譯成流傳之後，即致力於弘揚，甚至於撰寫八十卷《華嚴經》的略疏，只可惜壯志未圓，只寫了四分之一，〔註126〕即告圓寂。慧苑（673～743）是法藏的上首弟子，於法藏圓寂之後，接續完成註疏的工作，定名爲《刊定記》，只是他於書中更改法藏的五教而自立四教，又新立兩重十玄門，故被澄觀破斥爲「背師異流」，而被華嚴宗內部視爲異端思想，並被擯除列祖之外，一直到最近六十年，才有日本學者坂本幸男爲其平反。〔註127〕慧苑《刊定記》受到批判的內容，主要的有二部分：一爲判教問題，改五教爲四教；〔註128〕二爲對十玄的改造，改十玄爲十種德相和十種業用的雙重十玄。〔註129〕此外，當時又有方山長者李通玄（635～730），作《新華嚴經論》、《略釋新華嚴經修行次第決疑論》等，也與智儼、法藏一系之說法不同，於華嚴宗中別樹一幟。李通玄之判教，並不依於法藏之五教十宗，而是自立爲十教十宗，但大體仍不出法界圓融的義旨。

法藏圓寂之後約五六十年間，華嚴宗內部出現了一段黑暗時期，一則是慧苑《刊定記》的混淆視聽，一則是李通玄另立異論，自立十教十宗，所以澄觀才以恢復法藏的華嚴正統自居。故有學者指出，法藏對於五教十宗的判

〔註126〕法藏撰寫八十《華嚴》的略疏，從卷一〈世主妙嚴品〉，至卷十九〈十行品〉之第六善現行而中斷，又跳至卷四十至第四十二〈十定品〉的前九定，突然圓寂，所以只完成四分之一而已。參見《刊定記》卷1，《卍續藏》冊3，頁570上。

〔註127〕參見坂本幸男著，釋慧嶽譯：《華嚴教學之研究》（台北：中華佛教文編撰社，1971年9月），頁1～295。

〔註128〕將法藏的小、始、終、頓、圓的五教說，改爲迷眞異執教、眞一分半教、眞一分滿教、眞具分滿教的四教說。參見《刊定記》卷1，《卍續藏》冊3，頁581上～中。

〔註129〕將智儼、法藏兩代相承的十玄緣起說，改爲十種德相和十種業用。十種德相是：同時具足相應德、相即德、相在德、隱顯德、主伴德、同體成即德、具足無盡德、純雜德、微細德、如因陀羅德。十種業用：同時具足相應用、相即用、相在用、相入用、相作用、純雜用、隱顯用、主伴用、微細用、如因陀羅網用。參見《刊定記》卷1，《卍續藏》冊3，頁591中～593下。

釋，有開創之功而無確立之實，真正使華嚴宗的判教理論屹立不搖，而與天台宗五時八教雙峰並峙的，乃是澄觀。〔註130〕

澄觀當時，佛教內部有台禪之爭，從判教方面他是貶抑天台，而褒揚禪宗。澄觀為了抬高己宗，貶抑天台宗，而判《華嚴經》為頓圓，《法華經》為漸圓；他將禪宗歸為頓教，而使得華嚴宗與禪宗互相融通，開了禪教合一之先河。此外，澄觀於《演義鈔》指出，其造疏的目的：「故製茲疏，使造解成觀，即事即行，口談其言，心詣其理。用以心傳心之旨，開示諸佛所證之門。會南北二宗之禪門，撮台（天台）衡（南岳）三觀之玄趣，使教合亡言之旨，心同諸佛之心。無違教理之規，暗蹈忘心之域。」〔註131〕在尊崇華嚴教義的前提下，協調各宗之間的關係，使禪教融合，是澄觀學說的特點。

以上所論述，乃是一般學術界所公認，依據中國淨源、日本凝然的說法，中國華嚴五祖之法脈傳承為：杜順－智儼－法藏－澄觀－宗密。

此外，日本學者小島岱山對於華嚴法脈傳承則有不同的觀點，他是從僧侶活動的地域來區分，將中國華嚴思想分為終南山系、五台山系兩大派別並存。終南山系，又稱終南山長安系，代表人物為：智儼、法藏、慧苑，側重於建立學說體系，只是空談理論。五台山系，又稱五台山太原系，代表人物為：靈辯、解脫、李通玄、澄觀，指生活在五台山佛教文化圈內，以《華嚴經》信仰為中心，偏重於實踐修行，並結合般若空觀思想，強調實踐在宗教傳播的重要性，為中國華嚴宗的主流。澄觀則將二系之實踐性與理論性之華嚴思想融合，被視為中國華嚴思想的真正集大成者。〔註132〕小島岱山之說法，似乎是站不住腳的，其觀點不夠宏觀，成立宗派的種種條件亦不具足，大陸學者王頌在〈從日本華嚴宗的兩大派別反觀中國華嚴思想史〉一文中提出批判，認為小島之說法仍有三方面的不足。〔註133〕所以本文之華嚴法脈傳承，仍依照傳統之舊說，而不依據小島岱山之新說。

〔註130〕參見韓煥忠：《華嚴判教論》，頁114。

〔註131〕《演義鈔》卷2，《大正藏》冊36，頁17上。

〔註132〕參見小島岱山：〈五台山佛教文化圈內的華嚴思想——五台山系華嚴思想的特徵和發展〉，《五台山研究》，1995年第1期，頁14～17。

〔註133〕小島岱山說法之三項不足：未留意江南地區華嚴學說的傳播狀況、忽略了華嚴思想與中國傳統思想之交融、過度強調五台山所占的地位，以及矛盾地將智儼、法藏學說定位為純粹華嚴學說，而推崇李通玄之主流地位。參見王頌：〈從日本華嚴宗的兩大派別反觀中國華嚴思想史〉，《世界宗教研究》，2005年第4期，頁13～14。

表 1-4：小島岱山之中國華嚴法系圖〔註 134〕

（智正）—— 智儼 —— 法藏 —— 慧苑
靈辯 —— 解脫 —— 李通玄 ———————— 澄觀

（三）禪宗

禪宗，又稱佛心宗、達磨宗、無門宗，指以菩提達摩為初祖，探究心性本源，以期「見性成佛」之大乘宗派。禪宗是初唐中國佛教成立的一個宗派，也稱為南宗禪，實際創始者是六祖慧能，達摩以下的五世只能算是禪宗的先驅。〔註 135〕

在中唐時期，禪宗已蔚為佛教之一大主流，澄觀所處的時代正是六祖慧能的弟子南岳懷讓、青原行思、荷澤神會等弘布禪法的時期。他早年曾參訪過南宗禪、北宗禪、牛頭禪，受禪宗影響頗大，從而極力融會禪教。澄觀對於禪宗的態度，是既吸收且融合的態度，從其判教思想將禪宗歸為頓教就可看出。澄觀使原本「不立文字，教外別傳」的禪宗，轉變成禪教合一的新趨勢：「達磨以心傳心，正是斯教。若不指一言，以直說即心是佛，何由可傳，故寄無言以言，直詮絕言之理，教亦明矣。故南北宗禪，不出頓教也。」〔註 136〕澄觀認為，達磨以心傳心即是頓教，在無言之言上寄以所詮絕言之理，故頓教不出南北禪。澄觀把頓教歸於禪宗，與法藏的原意是有出入的，但他對華嚴思想的闡述，是與法藏一脈相承的。澄觀把禪宗引入教法，開了禪教結合的先河，這一點到他弟子宗密手中，則有了進一步的發展。澄觀的詮釋是企圖對法藏的頓教作證成，但他將禪宗等同於頓教，一方面未必相應於法藏的頓教概念，另一方面則也未必相應於禪宗，故仍是有缺失的。〔註 137〕

（四）淨土宗

淨土宗，專修往生阿彌陀佛淨土的法門，又稱為蓮宗。我國淨土法門，

〔註 134〕小島岱山：〈五台山系華嚴思想の特質と展開〉，《華嚴學研究》第 3 號（東京：山喜房佛書林，1991 年 5 月），頁 135。
〔註 135〕參見高令印：《中國禪學通史》（北京：宗教文化出版社，2004 年 7 月），頁 228。
〔註 136〕《演義鈔》卷 8，《大正藏》冊 36，頁 62 中。
〔註 137〕參見郭朝順：〈賢首法藏的「頓教概念」之研究〉，《哲學與文化》第 19 卷第 7 期，1992 年 7 月，http://enlight.lib.ntu.edu.tw/FULLTEXT/JR-MISC/misc013015.htm，2013.09.20。

主要分為彌勒淨土與彌陀淨土二種。彌勒淨土，以西晉道安為最早；彌陀淨土，則以東晉慧遠為最力，於廬山結白蓮社，與信眾共同精修念佛三昧，以《般舟三昧經》為依據，專念阿彌陀佛，修持禪觀方法而見佛，被尊為蓮宗初祖。一直到善導（613～681），集其大成，成立淨土宗，著有《觀無量壽佛經疏》四卷，古來關於彌陀的淨土，有報土和化土二說，善導主張彌陀淨土為報土，而且凡夫能入彌陀報土。〔註138〕至中唐時期，慧日、承遠、法照等倡導般舟三昧之法門；大行、道鏡等專門鼓吹口稱念佛；飛錫主張三世諸佛通念之說。當時一般以口稱念佛法門為主，修觀、誦經者亦不少。〔註139〕

　　澄觀雖未參學於淨土宗，但於其著作中也夾雜著「五門念佛論」。在《華嚴經疏》卷56，解釋《華嚴經‧入法界品》善財童子首參德雲比丘所開示之二十一種念佛三昧門，〔註140〕約能念之心，歸納出五種念佛法門：緣境念佛門、攝境唯心念佛門、心境俱泯門、心境無礙門、重重無盡門。〔註141〕澄觀所提倡的五門念佛，與傳說為智顗所撰的《五方便念佛門》之五種念佛三昧門有相近之處：〔註142〕「念佛五門：第一、稱名往生念佛三昧門；第二、觀

〔註138〕《觀無量壽佛經疏》卷1：「問曰：彌陀淨國，為當是報、是化也？答曰：是報，非化。云何得知？如《大乘同性經》說：西方安樂阿彌陀佛，是報佛報土。……今彼彌陀，現是報也。」《大正藏》冊37，頁250中。

〔註139〕參見望月信亨著，釋印海譯：《中國淨土教理史》（台北：正聞出版社，1991年4月），頁215。

〔註140〕二十一種念佛三昧門：智光普照念佛門、令一切眾生念佛門、令安住力念佛門、令安住法念佛門、照耀諸方念佛門、入不可見處念佛門、住於諸劫念佛門、住一切時念佛門、住一切剎念佛門、住一切世念佛門、住一切境念佛門、住寂滅念佛門、住遠離念佛門、住廣大念佛門、住微細念佛門、住莊嚴念佛門、住能事念佛門、住自在心念佛門、住自業念佛門、住神變念佛門、住虛空念佛門。參見八十《華嚴》卷62，《大正藏》冊10，頁334中～下。

〔註141〕《華嚴經疏》卷56，《大正藏》冊35，頁924中。

〔註142〕根據《大正藏》的記載，《五方便念佛門》為「天台智者大師撰」，但五種念佛三昧門的第五種「性起圓通」屬於華嚴思想；問答料簡部分引用唐‧菩提流志譯成的《大寶積經》，所以懷疑本書的作者並非智顗。佐藤哲英曾加以考察，《五方便門》有二種版本：一為聖語藏本《天台大師五方便門》，屬於略本，只有二部分：五種禪、念佛禪門四教入離念；一為現行本《五方便念佛門》，屬於廣本，於略本之外，又多了二部分：五種念佛三昧門、問答料簡。經其考證，略本才是本書的原形；而廣本，則是增廣了中間二部分，此廣本可能在中唐時代被增廣而成《五方便念佛門》，由慈覺大師圓仁攜入日本。若《五方便念佛門》是在中唐時期被增廣的話，當時參考華嚴系統的資料自是

相滅罪念佛三昧門；第三、諸境唯心念佛三昧門；第四、心境俱離念佛三昧門；第五、性起圓通念佛三昧門。」〔註143〕以及《演義鈔》亦云：「古人已有五門云：一、稱名往生念佛門；二、觀像滅罪念佛門；三、攝境唯心念佛門；四、心境無礙念佛門；五、緣起圓通念佛門。」〔註144〕澄觀所說的古人是指何人呢？不得而知，根據佐藤哲英的考察，李通玄《新華嚴經論》的六門，與古人的五門思想有一脈相通之處：「一、念佛願生淨土門；二、作淨土觀行所生淨土門；三、修空無我觀所乘門；四、和會有無觀智門；五、漸見佛性進修門；六、頓證佛性圓融門。」〔註145〕澄觀將古人之五門，予以修改為「五門念佛論」：兼攝前二門為初門，成為緣境念佛門；增加第三門「心境俱泯門」；第五門緣起圓通念佛門，只表現事理無礙的一面，改為事事無礙的重重無盡門。〔註146〕澄觀五門念佛論中，第一、二門為五教之始教，第三門是頓教，第四門是終教，第五門是華嚴圓教明其念佛觀。

表1-5：《華嚴經疏》等三種版本之五門說

《華嚴經疏》五門	《演義鈔》古人五門	《五方便念佛門》五門
緣境念佛門	稱名往生念佛門	稱名往生念佛三昧門
	觀像滅罪念佛門	觀相滅罪念佛三昧門
攝境唯心念佛門	攝境唯心念佛門	諸境唯心念佛三昧門
心境俱泯門	心境無礙念佛門	心境俱離念佛三昧門
心境無礙門		
重重無盡門	緣起圓通念佛門	性起圓通念佛三昧門

此外，在四十《華嚴》之末卷提倡淨土法門，普賢菩薩曾發十大願而導歸西方極樂世界：「唯此願王不相捨離，於一切時引導其前，一剎那中即得往生極樂世界。到已，即見阿彌陀佛、文殊師利菩薩、普賢菩薩、觀自在菩

當然，所以何以廣本受華嚴思想的影響之問題就解決了。參見佐藤哲英著，釋依觀譯：《天台大師之研究》（台北：中華佛教文獻編撰社，2005年4月），頁790～798。

〔註143〕《五方便念佛門》，《大正藏》冊36，頁82上。

〔註144〕《演義鈔》卷85，《大正藏》冊36，頁667中～下。

〔註145〕《新華嚴經論》卷4，《大正藏》冊36，頁741上。

〔註146〕參見《演義鈔》卷85，《大正藏》冊36，頁667下。

薩、彌勒菩薩等，……其人自見生蓮華中，蒙佛授記。」〔註147〕澄觀則做了如下之詮釋，不求生華藏世界而期生極樂世界，略有四意：「一、有緣故；二、欲使眾生歸憑情一故；三、不離華藏故；四、即本師故。」〔註148〕以上四意中，前二意是普賢菩薩導歸極樂世界的原因，即彌陀的悲願深重、法門的簡易；後二意是極樂世界與華藏世界的關連，極樂世界不離華藏世界，阿彌陀佛不離本師毘盧遮那佛之德，所以華藏世界涵攝一切世界，極樂世界亦在其中。澄觀是肯定華藏世界的圓滿境界，從其與宗密的書信對話亦可看出：「毗盧華藏，能從我游者，舍汝其誰歟！」〔註149〕可見他是以華嚴淨土為依歸。

（五）其它宗派

在三論宗方面，其思想源自於印度中觀學派，其主要的論典為：《中論》、《百論》、《十二門論》三部論。三論宗之集大成者，則是隋代的吉藏，完成了《中論疏》、《百論疏》、《十二門論疏》等《三論》的注疏，才創立了三論宗。在初唐時期，吉藏圓寂之後，三論宗仍盛行於長安，但在法相宗崛起，以及天台宗盛行之後，三論宗漸趨衰頹。吉藏的弟子有慧遠、智凱、碩法師、慧灌等，其中慧灌是高麗國僧人，於隋代之時入華，在吉藏門下學習三論之學，學成之後回國，奉高句麗王之命，於推古天皇三十三年（625），將三論宗傳到日本，被尊為日本三論宗的初祖，此為日本三論宗之初傳。在隋唐時期，三論宗盛行於南方的金陵、會稽、荊襄地區以及北方的長安等地。〔註150〕所以，澄觀參學三論宗的地點為金陵、剡溪，即是南方地區。三論宗到了中唐早已衰落，但是萬法皆空的理論，仍然是佛教中心教義之一。〔註151〕等到會昌法難之後，也就是澄觀圓寂之後，三論宗也就消失於中國的佛教界了。〔註152〕

至於法相宗，是玄奘三藏從印度傳入中國，而由他的弟子窺基加以發揚，

〔註147〕四十《華嚴》卷40，《大正藏》冊10，頁846下。

〔註148〕《華嚴經行願品疏》卷10，《卍續藏》冊5，頁198下。

〔註149〕《法界宗五祖略記》，《卍續藏》冊77，頁625下。

〔註150〕參見賴永海主編：《中國佛教百科全書》4（上海：上海古籍出版社，2000年12月），頁139。

〔註151〕參見冉雲華：《宗密》（台北：東大圖書股份有限公司，1988年5月），頁102。

〔註152〕參見釋印順：《佛法是救世之光》（台北：正聞出版社，1987年），頁139。

於初唐時所成立的宗派。因爲創宗者玄奘、窺基長期住在長安的大慈恩寺，通稱爲慈恩宗。又此宗以印度的《瑜伽師地論》爲本，闡揚法相、唯識的義理，故又稱法相宗或唯識宗。法相宗是初唐最早成立的宗派，當時華嚴宗處於醞釀期，以及淨土宗、禪宗也紛紛成立，與之抗衡，所以它的宗勢只興盛短短三十年左右便驟然衰落。至中唐時期，法相宗已趨於衰落，故澄觀並未參學於該宗。澄觀對於性相二宗的態度，〔註153〕則與法藏相反，採取「性相決判」，他認爲性、相二宗在教義上有優劣之別，而明確加以抉擇判斷。澄觀提倡此學說，有二種原因：第一、爲當時玄奘、慈恩一派勢力已日漸衰落，法相宗無復昔日盛況，故不須如法藏對法相宗採取寬容的態度。第二、由於荊溪湛然的出現，天台宗勢力逐漸擴大，爲抵擋其勢力，故主張「性相決判」，以建立其學說。

在律宗方面，將諸戒分爲戒法、戒體、戒行、戒相四科，其主要的學說是戒體論，也是三家分歧的原因。初唐時期道宣承襲慧光系統的《四分律》，撰述四分律的五大部註疏，〔註154〕律學成爲專門的學問，因而成立了南山律宗，又稱四分律宗。初唐時期，《四分律》分歧而發展成三家：道宣的南山宗、法礪的相部宗、懷素的東塔宗。在唐代以前之四分律宗，本來是依於《成實論》，以戒體爲非色非心的不相應行法。法礪之相部宗，便依此說，以無作爲非色非心，唱非色非心戒體論。懷素之東塔宗，則依《俱舍論》以無表業爲色法，唱色法戒體論。道宣之南山宗，於《四分律》之當分，亦依準《成實論》之所立，立非色非心之戒體。但道宣之本意，則認爲《四分律》分通大乘，故於《四分律刪補隨機羯磨疏濟緣記》提出，南山圓教宗之戒體說，是以藏識中熏習之善種子爲戒體，〔註155〕亦即以大乘唯識之第八阿賴耶識的種子，即「發動思」的種子爲戒體，唱「種子戒體說」。所以相對於小乘之色法戒體、非色非心法戒體，道宣唱導心法戒體論，這種戒體論，爲大乘戒體，

〔註153〕《演義鈔》卷79云：「即眞之有，是法相宗；即有之眞，是法性宗。」《大正藏》冊36，頁619上。性相二宗，指法性宗與法相宗之並稱。法性宗，主要闡明法性一味之理，一般以三論宗、華嚴宗、天台宗、密宗等屬性宗；法相宗多說諸法差別之相，以唯識宗、俱舍宗等屬相宗。

〔註154〕道宣四分律的五大部註疏：《四分律刪繁補闕行事鈔》三卷、《四分律含注戒本疏》四卷、《四分律刪補隨機羯磨疏》四卷、《四分律拾毗尼義鈔》二卷、《四分律比丘尼鈔》三卷。

〔註155〕《四分律刪補隨機羯磨疏濟緣記》卷3：「欲了妄情，須知妄業，故作法受，還熏妄心，於本藏識，成善種子，此戒體也。《卍續藏》冊41，頁258上。

顯然是受到慈恩宗唯識思想的影響。這三家之中，以南山宗一支獨秀，另二家不久便告衰微。道宣的弟子人才眾多，由於文綱門下之弘景及道岸的活躍，使中唐以後的南山宗，也繁榮到了江南；鑑眞曾受教於弘景，更將南山的四分律宗，傳到日本，並建立戒壇，弘布登壇受戒的律制。〔註156〕

　　密宗，依理事觀行，修習三密瑜伽（相應）而獲得悉地（成就），又名瑜伽密教。密教之東傳，早在東晉前期，帛尸梨密多羅翻譯《大灌頂神咒經》爲嚆矢，但一直到唐玄宗時代，「開元三大士」來到中國，才使得密教的教理、儀軌、曼荼羅等，完成了組織化與體系化。開元三大士中，善無畏、金剛智二人，移植純密於中國，並開拓密宗之基礎；不空則繼承二人的志業，爲三代之帝師，並使密教呈顯黃金時代。〔註157〕不空的功績，包括譯經、講論、造寺、造像，以及祈禱、咒術等都有卓越的表現，其中與澄觀有關的是譯經與造寺。不空於長安大興善寺譯場時，澄觀擔任潤文大德；不空曾於五台山造密教文殊菩薩道場，澄觀後來則居住在五台山撰寫《華嚴經疏》。澄觀曾於《華嚴經疏》描述五台山的景況：

> 清涼山，即代州雁門郡五臺山也，於中現有清涼寺，以歲積堅氷，夏仍飛雪，曾無炎暑，故曰清涼。五峯聳出，頂無林木，有如壘土之臺，故曰五臺。表我大聖，五智已圓，五眼已淨，總五部之眞祕，洞五陰之眞源，故首戴五佛之冠，頂分五方之髻，運五乘之要，清五濁之災矣。……案《寶藏陀羅尼經》云：我滅度後，於贍部洲東北方，有國名大振那，其國中間有山，號爲五頂，文殊師利童子游行居住，爲諸菩薩眾於中說法，及與無量無數藥叉羅刹緊那羅摩睺羅伽人非人等，圍遶供養恭敬，斯言審矣。〔註158〕

《華嚴經‧菩薩住處品》所說之清涼山即中國五台山，始於初唐之道宣律師，〔註159〕繼之又有法藏之說，〔註160〕皆是針對五台山之氣候嚴寒及文殊靈

〔註156〕參見野上俊靜等著，釋聖嚴譯：《中國佛教史概說》（台北：臺灣商務印書館股份有限公司，2000年11月），頁91。

〔註157〕參見鎌田茂雄著，關世謙譯：《中國佛教史》，頁199。

〔註158〕《華嚴經疏》卷47，《大正藏》冊35，頁859下。

〔註159〕《集神州三寶感通錄》卷3：「岱（代）州東南五臺山，古稱神仙之宅也。山方三百里，極巇巖崇峻，有五高臺，上不生草木，松柏茂林，森於谷底。其山極寒，南號清涼山，亦立清涼府。經中明文殊將五百仙人往清涼雪山，即斯地也。所以古來求道之士，多遊此山。」《大正藏》冊52，頁424下。

〔註160〕《探玄記》卷15：「清涼山，則是代州五臺山是也，於中現有古清涼寺，以

驗的特點，而立清涼山爲文殊菩薩之道場。澄觀雖承襲此說法，又進一步做了發揮，他將五台山與文殊菩薩皆具有「五」之特色，以體用關係來做爲連結。五台山之五座台頂表體性，表徵文殊菩薩具五智、淨五眼、總五部、洞五陰、戴五冠、頂五髻、運五乘、清五濁之作用。此外，澄觀又結合了密教的思想，來詮釋文殊菩薩。五台山在密義上，即是文殊菩薩自身；澄觀將文殊菩薩頂結五髻，代表五智；五台山的五頂宛如文殊菩薩的五髻，也代表如來的五智。這樣，便把五台山與《華嚴經》的清涼山，以及《文殊師利寶藏陀羅尼經》結合起來，五台山便成爲文殊菩薩的道場，澄觀之功不可沒。澄觀對於五台山最大的貢獻，即是成爲文殊菩薩的道場，是中國佛教四大名山之一，推動了佛教信徒前來朝拜的風氣；在佛教界乃至華嚴學的地位大幅提高，與終南山並列爲華嚴學之重鎮，成爲顯學及佛教信仰的中心。

　　澄觀除了與八大宗派交涉外，他曾於淮南法藏處，學習新羅元曉的《起信論疏》。《大乘起信論》屬於如來藏系統，其核心思想是「一心開二門」，其中「一心」指眾生心，也就是如來藏心；「二門」是眞如門、生滅門。《大乘起信論》的阿梨耶識是眞妄和合，所謂「眞」是指心眞如門，是不生不滅；所謂「妄」是指心生滅門，是生滅。所以二門是指眞妄和合，也就是眞如與無明互熏。澄觀在《心要法門》中，就曾使用「一心開二門」來探討一心。此外，澄觀在詮釋「唯心」及「佛性」時，也大量引用《大乘起信論》的觀點。〔註161〕

二、《華嚴經疏・十地品》與八宗之關涉

　　以上已介紹了澄觀與佛教八大宗派之關涉，接著說明《華嚴經疏・十地品》與八宗之相關性，將其分爲七項來論述，亦即將天台宗與華嚴宗合爲一項，由於二者間涉及到判教之地位高下分判問題，故合在一起討論。

（一）天台宗與華嚴宗

　　天台宗的判教爲藏、通、別、圓等化法四教，華嚴宗則爲小、始、終、頓、圓等五教，兩宗皆將圓教思想判爲教義中之最高層次。《法華經》是天台宗立說的主要依據，智顗將其判爲一乘圓教；華嚴宗則將圓教分爲同教一乘、

冬夏積雪，故以爲名。此山及文殊靈應等，有《傳記》三卷。」《大正藏》冊
　　35，頁391上。
〔註161〕參見郭朝順：《湛然與澄觀佛性思想之研究》，頁176～192。

別教一乘，其中以《法華經》為包含諸教之同教一乘，其地位較低，而《華嚴經》則歸為超越諸教的別教一乘，為最勝經。所以就法藏的觀點來說，《華嚴經》的別教一乘，高於《法華經》的同教一乘。〔註162〕澄觀為了抬高己宗，貶抑天台宗，而說同教一乘是同頓、同實，即同於頓教、終教；別教一乘是圓融具德的法門。〔註163〕以及將天台化儀四教之「頓教」分為漸頓、頓頓，化法四教之「圓教」分為漸圓、頓圓，則《華嚴經》為頓頓、頓圓，《法華經》為漸頓、漸圓。〔註164〕〈十地品〉為《華嚴經》的其中一品，說明十地菩薩之修行次第，屬於華嚴宗的圓教之別教一乘行位論，對其自宗來說，其地位高於天台宗之《法華經》。

〈十地品〉與天台宗之關連，主要有三例：宗趣、請分、戒乘緩急。前二例，澄觀提出《華嚴經》的別教一乘，超越了天台宗《法華經》的同教一乘，將在下文第三章第三節宗趣之「問答料揀」、第四節「請分」探討；此處只說明「戒乘緩急」。

澄觀在注疏〈十地品〉中，只有一處引用到天台智顗的「戒乘緩急」思想。〈十地品〉之偈頌云：「雖住海水劫火中，堪受此法必得聞，其有生疑不信者，永不得聞如是義。」〔註165〕澄觀運用了天台宗智顗的「戒乘緩急」之四句來詮釋：「一、乘緩戒急，生長壽北洲，不聞法要；二者、乘急戒緩，生三塗中，不礙聞法，故佛會中，多列龍鬼等類；三者、乘戒俱急，則人天聞法；四、乘戒俱緩，則處三塗，諸根不具，又不聞法。」〔註166〕「戒乘緩急」中，戒指佛所制定之輕重諸戒，乘指佛所說的大小乘教法，佛教徒依根性之不同而在持戒、聞法方面，各有先後緩急之不同，稱為戒乘緩急，共有四句。「乘緩戒急」，急切於持戒而緩於學習教法者，得生於長壽天，不聞佛法。「乘急戒緩」，不嚴守戒律而專研教法者，如八部眾中之龍、鬼等，雖生於三塗，皆得與會聞法。「若一乘強，即聞《華嚴》等。」〔註167〕「乘戒俱急」，持守戒律，亦勤習教法者，得生於人天，而聞法悟道。「若一乘急，即於人天身中

〔註162〕參見拙著：〈別教一乘與同教一乘之同異——以《五教章》為主〉，
　　　　http://www.huayencollege.org/thesis/PDF_format/2010_006.pdf，2012.12.05。
〔註163〕參見《華嚴經疏》卷2，《大正藏》冊35，頁514上。
〔註164〕參見《演義鈔》卷7，《大正藏》冊36，頁50上。
〔註165〕八十《華嚴》卷34，《大正藏》冊10，頁180下。
〔註166〕《華嚴經疏》卷32，《大正藏》冊35，頁749下～750上。
〔註167〕《演義鈔》卷56，《大正藏》冊36，頁439下。

聞《華嚴》等。」〔註168〕「乘戒俱緩」，不嚴守戒律，亦無心求法者，而喪失
人身，永墮三塗。以上四句中，海水、劫火是二三句，有信之人不管是處於
善道、惡道、難處生，亦不障聞，皆得聞法；一四句是無信之人，雖在善道
尚不得聞，更何況是惡道。故《大般涅槃經》云：「於乘緩者，乃名爲緩；於
戒緩者，不名爲緩。」〔註169〕戒乘緩急中，主要是讚美乘妙，取大乘正法爲
乘，能證得涅槃之果，而輕視戒法之防非止惡，只近得人天之身。

（二）禪宗

澄觀與禪宗之交涉方面，主要爲《心要法門》，以及《三聖圓融觀門》二
部著作。華嚴心要觀與三聖圓融觀，皆屬於華嚴宗三種觀法中的直顯奧旨門。
〔註170〕《心要法門》，主要展現華嚴宗的唯心思想，故其開宗明義就道出了此
文之主旨爲「一心」。《心要法門》主要探討「一心」，可分三個面向來詮釋：
心體即靈知、心之體用爲寂知、一心開二門，它是站在禪宗的立場來解說華
嚴的心要。三聖圓融觀，即觀想毘盧遮那佛與文殊、普賢二菩薩相互圓融、
相即無礙，可分爲二門來解說：相對明法與相融顯圓，它是仿效法藏，以觀
法即教相的立場，深具禪宗的特色。〔註171〕

在〈十地品〉中，探討一心的部分，主要爲六地之「三界唯心」思想。
在〈十地品〉十門之第二門「一心所攝門」之「推末歸本門」中，涉及到法
藏的十重唯識觀，茲列第八、九重說明如下：

表 1-6：法藏與澄觀十重唯識觀之差別〔註172〕

法藏	八、融事相入故說唯識，謂由理性圓融無礙，以理成事，事亦鎔融，互不相礙。
	九、全事相即故說唯識，謂依理之事，事無別事，理既無此彼之異，令事亦一即一切。
澄觀	八、融事相入故說一心，謂由心性圓融無礙，以性成事，事亦鎔融，不相障礙。
	九、令事相即故說一心，謂依性之事，事無別事，心性既無彼此之異，事亦一切即一。

〔註168〕《演義鈔》卷56，《大正藏》冊36，頁439下。

〔註169〕《大般涅槃經》卷6，《大正藏》冊12，頁641中。

〔註170〕日本的律藏，將華嚴宗的觀法分爲三種：約教淺深門、直顯奧旨門、寄顯染
　　　　淨門。《遊心法界記講辯》卷上，《日本大藏經》，華嚴宗章疏，頁587下。

〔註171〕參見拙著〈澄觀華嚴心要觀與三聖圓融觀之研究〉，《妙林》第25卷（2013
　　　　年10月），頁21～28。楊政河：《華嚴哲學研究》，頁345～348。

〔註172〕《探玄記》卷13，《大正藏》冊35，頁347中。《華嚴經疏》卷40，《大正藏》
　　　　冊35，頁806下～807上。

澄觀將法藏之「十重唯識」之名稱，改爲「十重一心」，又將第八、九重之「理性」改爲「心性」，呈現前後之一致性。澄觀是高舉唯心思想，雖然與法藏之意旨相同，但二者所強調的重點有所不同。

此外，澄觀於詮釋偈頌「非念離諸念」時，運用南北宗之說法：「言非念者，非有念慮分別心者之境界故。何以非是念慮境耶？以此地智自體無念故。故云離諸念也。」〔註173〕《演義鈔》云：「非念離念，語則非念，似南宗義；無念離念，似北宗義。……今此云何以非念者，由本離念故；言自體無念者，以無緣故。然體無念，復有二意：一、性淨無念，以心體離念故，今非此義，以此通一切凡小故。二、契理無緣，都無所得，名爲無念，即今所用。若依此義，亦異偏就南宗。」〔註174〕南宗提出「直了見性」，即以「無念」爲法門。「無念」之說來自於《大乘起信論》。《大乘起信論》云：「若能觀察知心無念，即得隨順入眞如門故。」〔註175〕也就是心體離妄念，即是無念，就能由生滅門進入眞如門，與眞如契合。神會採取這一說法，認爲要達到「直了見性」，應從「無念」入手。〔註176〕北宗則提出「心體離念」，是指不起念，根本在消滅念。所以，離念即有念可離，就像拂鏡，時時勤拂拭，莫使惹塵埃；無念即本自無之，就像本淨，佛性本清淨，何處惹塵埃。澄觀對於「非念離諸念」的詮釋，偏向於南宗的說法，非念、自體無念，皆是無念，離於妄念，但眞妄交徹，並非實有妄念可離。

（三）淨土宗

〈十地品〉與淨土宗之關係，指初地菩薩修十願之第七願「淨土願」，指自他受用及變化土，皆悉清淨；以及八地菩薩「勤修淨佛國土」，但與一般所說的淨土有所不同，它不是諸佛所修之淨土法門，而是指淨土三昧。此外，十地中的每一地皆有念佛法門，此「念」字一詞在漢譯是沒有差別的，但在梵文的原文則有所不同，茲分爲地前菩薩的念佛、地上菩薩的念佛兩種來說明。〔註177〕地前菩薩的念佛，〈十地品〉云：

〔註173〕《華嚴經疏》卷33，《大正藏》冊35，頁751中。
〔註174〕《演義鈔》卷56，《大正藏》冊36，頁442下。
〔註175〕《大乘起信論》，《大正藏》冊32，頁579下。
〔註176〕參見呂澂：《中國佛學源流略講》（台北：里仁書局，1985年1月），頁242。
〔註177〕〈華嚴經十地品における念佛〉一文中，將〈十地品〉之念佛分爲地前菩薩的念佛、地上菩薩的念佛、如來行境的念佛，其中「如來行境的念佛」，漢譯本並無「念佛」一詞，故不予探討。參見栗田善如，《東洋學研究》創刊號，

　　佛子！菩薩住此歡喜地，念諸佛故生歡喜，念諸佛法故生歡喜，念
　　諸菩薩故生歡喜，念諸菩薩行故生歡喜，念清淨諸波羅蜜故生歡喜，
　　念諸菩薩地殊勝故生歡喜，念菩薩不可壞故生歡喜，念如來教化眾
　　生故生歡喜，念能令眾生得利益故生歡喜，念入一切如來智方便故
　　生歡喜。〔註178〕

此中「念」之梵文爲 anusmarat，爲 anu＋√smṛ，smṛ 爲記憶、追憶。smṛti「念」
爲名詞，在說一切有部的論典《阿毘達磨俱舍論》（以下簡稱《俱舍論》），將
其歸於諸心所法中的「大地法」；在唯識宗的論典《百法明門論》，則歸於別
境心所，與第六識相應。「念」屬於吾人經驗意識活動的領域，是心的作用之
一部分。smṛ 之作用，其對象本是過去經驗的事，〔註179〕再加上 anu（隨、
後）之接頭詞，則擴大爲未經驗之事，指念一切諸佛。地前菩薩的念佛之
「念」，即念力、持息念、四念處觀（自性慧），是念與慧的結合。念佛對象
的「佛」，爲複數的佛，諸如來教化眾生，令眾生得利益，故其對象爲無限寬
廣的一切諸佛世尊。〔註180〕

　　地上菩薩的念佛，十地中每一地皆有念佛法門，今列舉初地，其它九地
形式皆如此，只是內容有所改變，〈十地品〉云：

　　佛子！菩薩摩訶薩住此初地，多作閻浮提王，豪貴自在，常護正法。
　　能以大施，攝取眾生，善除眾生慳貪之垢，常行大施，無有窮盡。
　　布施、愛語、利益、同事，如是一切諸所作業，皆不離念佛，不離
　　念法，不離念僧，不離念同行菩薩，不離念菩薩行，不離念諸波羅
　　蜜，不離念諸地，不離念力，不離念無畏，不離念不共佛法，乃至
　　不離念具足一切種、一切智智。〔註181〕

此中「念」之梵文爲 manasikāra，又譯爲作意，在《俱舍論》將其歸於諸心所
法中的「大地法」，在《百法明門論》則歸於遍行心所，與第六、七、八識相
應。以上引文中，「布施、愛語、利益、同事，如是一切諸所作業，皆不離念
佛」，即是行爲（四攝）即是念佛，所以念佛即是行爲。客體的利他善業爲四

　　　（東京：東洋學研究所，1965 年 11 月），頁 28～34。
〔註178〕八十《華嚴》卷 34，《大正藏》冊 10，頁 181 上～中。
〔註179〕《俱舍論》卷 4：「念，謂於緣明記不忘。」《大正藏》冊 29，頁 19 上。《成
　　　　唯識論》卷 5：「念，亦能了串習事相。」《大正藏》冊 31，頁 26 下。
〔註180〕參見栗田善如：〈華嚴經十地品における念佛〉，頁 30～31。
〔註181〕八十《華嚴》34，《大正藏》冊 10，頁 183 中～下。

攝法，即是主體的念佛。可見菩薩於客體的利他事業中，皆不離主體的念佛法門。作意一般的意思為令心警覺，〔註182〕在《俱舍論》將作意分為自相、共相、勝解三種作意，其中勝解作意的不淨觀，即是瑜伽師中一派所說的超作意：「極略不淨觀成，名瑜伽師超作意位。」〔註183〕瑜伽師修不淨觀，可分成三位：初習業位、已熟修位、超作意位，若修白骨觀，前二位以作意而觀白骨，第三位則不須作意而任運觀解，所以名為超作意位。此處之「作意」，包括串習力以及超越的意識，它可以任運起觀。所以地上菩薩的念佛之「念」，即是作意，是慧的作用，於任運起觀後自己內證的般若智慧。〔註184〕念佛對象的「佛」，為單數的佛，不是念佛名，而是念佛的功德法，如十力、四無畏、十八不共法等。

（四）法相宗

〈十地品〉與法相宗之關連，則為唯識修行之五種階位：資糧位、加行位、通達位、修習位、究竟位。其中資糧位為十住、十行、十迴向之三賢位，加行位為煖、頂、忍、世第一之四加行，屬於〈十地品〉之前的位次。通達位又稱見道位，為初地之入心。修習位有十地，每一地皆有入心、住心、出心等三心，亦即從初地之住心至十地之出心，皆屬於修習位。澄觀於《華嚴經疏》云：「三、列名中，為對治十障、證十真如、成十勝行，說於十地，及引諸論，並如下廣釋中辯。」〔註185〕以及《新譯華嚴經七處九會頌釋章》云：「十地中，修十勝行、斷十重障、證十真如，菩薩萬行，皆十地攝。十行、十障、十真如等，如《唯識論》中，廣說應知。」〔註186〕在《華嚴經疏・十地品》、《成唯識論》卷九，皆有斷十重障、證十真如、修十勝行等菩薩行，而證入十地，但這些菩薩行與澄觀之通釋六門之斷障、證理相同，成行並不完全相同。〔註187〕究竟位，指妙覺佛證此果位，即佛果之位。

〔註182〕《俱舍論》卷4：「作意，謂能令心警覺。」《大正藏》冊29，頁19上。《成
唯識論》卷3：「作意，謂能警心為性，於所緣境引心為業。」《大正藏》冊
31，頁11下。
〔註183〕《俱舍論》卷22，《大正藏》冊29，頁117下。
〔註184〕參見栗田善如：〈華嚴經十地品における念佛〉，頁32～33。
〔註185〕《華嚴經疏》卷31，《大正藏》冊35，頁743上。
〔註186〕《新譯華嚴經七處九會頌釋章》，《大正藏》冊36，頁716上。
〔註187〕《成唯識論》修十勝行，為十種波羅蜜多，但澄觀之成行，不一定是十波羅
蜜多，故說不一定相同。

　　唯識五位中，與〈十地品〉實際上相關連的應是通達位、修習位等二位，但澄觀於《演義鈔·十住品》就已指出，他是以唯識五位之後四位來詮釋〈十地品〉。〔註188〕所以，澄觀在注疏〈十地品〉之經文時，增加了「加行位」、「究竟位」。〈十地品〉之「加分」云：

　　　　又令得菩薩十地始終故，如實說菩薩十地差別相故，緣念一切佛法
　　　　故，修習分別無漏法故，善選擇觀察大智光明巧莊嚴故，善入決定
　　　　智門故，隨所住處次第顯說無所畏故，得無礙辯才光明故，住大辯
　　　　才地善決定故，憶念菩薩心不忘失故，成熟一切眾生界故，能遍至
　　　　一切處決定開悟故。〔註189〕

金剛藏菩薩證入「菩薩大智慧光明三昧」，十方各十億佛土諸佛及毘盧遮那佛，為伴佛同加及主佛本願、主佛現威等，共加被於金剛藏菩薩，欲顯其依自利與利他二行，而入於智地。上文所引的經文為利他行，共有十一句，〔註190〕初句「十地始終」為總，餘十句為別。在詮釋別句時，是依根本始終，有十始終：其中前三句是地前思修利物，次一句是見道，餘六句是修道。〔註191〕地前思修利物共三句，於詮釋第三句「修習分別無漏法故」為行始終時，說明其為加行位。且舉唯識三十頌之第二十七頌：「現前立少物，謂是唯識性，以有所得故，非實住唯識。」以及結成四加行頌：「菩薩於定位，觀影唯是心，義相既滅除，審觀唯自想。如是住內心，知所取非有，次能取亦無，後觸無所得。」來說明煖、頂、忍、世第一等四加行位。〔註192〕於「善選擇觀察大智光明巧莊嚴故」，為十始終之「證始終」，即「見道位」；於「善入決定智門故」以下共六句，為十始終之「修道始終」，即「修道位」。所以，上段之引文，澄觀是以唯識五位之加行位、通達位、修習位來加以解說。

　　此外，澄觀對於「究竟位」之詮釋，則在八地不動地總知十身之第九「法身」，《演義鈔》云：「疏：九、法身者，所有如來無漏界故者，即是論文，同

─────────────

〔註188〕《演義鈔》卷38：「此後四位，至〈十地品〉當廣分別。」《大正藏》冊36，
　　　　頁288下。
〔註189〕八十《華嚴》卷34，《大正藏》冊10，頁179上。
〔註190〕〈十地品〉的經文有十二句，澄觀此處是依據《十地經》十一句，亦即合〈十
　　　　地品〉之七、八二句為一句。參見《華嚴經疏》卷31，《大正藏》冊35，頁
　　　　739下。
〔註191〕《華嚴經疏》卷31，《大正藏》冊35，頁740上。
〔註192〕《演義鈔》卷53，《大正藏》冊36，頁417中。

於唯識轉依之果。論云:『此即無漏界,不思議善常,安樂解脫身,大牟尼名法。』論曰:前修習位所得轉依,應知即是究竟位攝。此謂此前二轉依果,即是究竟無漏界攝,諸漏永盡,非漏隨增,性淨圓明,故名無漏。界是藏義,此中含容無邊稀有大功德法。或是因義,能生五乘世、出世間利樂事故。」〔註193〕究竟位,即二種轉依之果是無漏界,又稱為解脫身、大牟尼、法身。修習位所證得的轉依,就是究竟位的相狀,它是大涅槃、大菩提的二種轉依之果,屬於究竟位之無漏界,即成佛後的階段。「無漏」,其本性清淨、圓滿、光明,永遠滅除了一切煩惱。「界」具有二義:一為含藏,能包含容納無量無邊稀有的大功德;一為因義,能生起五乘世間、出世間的利益與安樂之事業。

(五)密宗

〈十地品〉與密宗的關係,則為初地加分的毘盧遮那如來、九地之陀羅尼、十地之灌頂。首先介紹毘盧遮那佛,是華嚴宗蓮華藏世界的教主,也是佛之法身。六十《華嚴》稱為「盧舍那」,有〈盧舍那品〉;八十《華嚴》稱為「毘盧遮那」,而有〈毘盧遮那品〉。毘盧遮那為音譯,其梵文 vairocana,為一形容詞,是指太陽的,其意譯為光明遍照、遍一切處、大日遍照,即密教的大日如來。〈十地品〉云:「善男子!此是十方各十億佛剎微塵數諸佛共加於汝,以毘盧遮那如來、應、正等覺本願力故,威神力故,亦是汝勝智力故。」〔註194〕毘盧遮那佛以本願力加持,及現種種威神力之因緣,金剛藏菩薩而得入定。

其次探討陀羅尼,其梵文為 dhāraṇī,意譯為總持、能持、能遮,指能總攝憶持無量佛法而不忘失之念慧力。密宗特別重視陀羅尼,〈十地品〉之九地列舉了許多陀羅尼的名稱:

> 佛子!菩薩住第九地,得如是善巧無礙智,得如來妙法藏,作大法
> 師,得義陀羅尼、法陀羅尼、智陀羅尼、光照陀羅尼、善慧陀羅尼、
> 眾財陀羅尼、威德陀羅尼、無礙門陀羅尼、無邊際陀羅尼、種種義
> 陀羅尼,如是等百萬阿僧祇陀羅尼門,皆得圓滿,以百萬阿僧祇善
> 巧音聲辯才門,而演說法。〔註195〕

九地菩薩能成就十種陀羅尼,稱為持成就,指念法不失,故名為持,包括初

〔註193〕《演義鈔》卷69,《大正藏》冊36,頁555上。
〔註194〕八十《華嚴》卷34,《大正藏》冊10,頁179上。
〔註195〕八十《華嚴》卷38,《大正藏》冊10,頁203上~中。

三起意業，次三起身業，後四起口業；以善巧音聲辯才爲他演說，則爲持之用。此外，密宗特別重視灌頂，於〈十地品〉云：「次第修行具眾善，乃至九地集福慧，常求諸佛最上法，得佛智水灌其頂。……若蒙諸佛與灌頂，是則名登法雲地，智慧增長無有邊，開悟一切諸世間。」〔註196〕灌頂原爲古印度國王即位時所舉行的儀式，以四大海水灌於新王之頂，表示祝福。菩薩於九地進入十地時，諸佛以智水灌其頂，以爲受佛職位之證明，此稱受職灌頂，或稱授職灌頂。密宗特別注重灌頂的儀式，於受學密法之前必先進行祕密灌頂，其作法係由上師以五瓶水，象徵如來五智，灌於弟子頭頂，顯示繼承佛位之意義。

（六）律宗

在《華嚴經》中，集中討論戒律者，包括：〈離世間品〉的十種戒、十種清淨戒，〈十無盡藏品〉的十種戒藏，以及〈十地品〉的十善道。〔註197〕在〈十地品〉中，與戒律有關的是二地離垢地之三聚淨戒，即攝律儀戒、攝善法戒、攝眾生戒。「攝律儀戒」是遠離十惡業，亦即以十善戒爲內容。在如來所制訂的戒律，如：在家的五戒、八戒，皆有受戒儀式，但十善戒並無受戒儀式，這是其特殊之處。十善在原始佛教時期就已存在，但它只是世間善行的總稱，是死後不墮惡趣，往生天道的條件。如《雜阿含經》云：「十善業跡因緣故，身壞命終，得生天上。」〔註198〕十善通於在家與出家，但其基本上是屬於在家戒，從十善的「不邪婬」就可看出，它是以在家人爲對象。在小乘時期，十善不僅是人天善法，也是世間倫理的根本，更是佛教七眾的別解脫戒。〔註199〕

到了初期大乘佛教時期，其戒法是以十善爲代表，這顯示了初期大乘佛教是在家者的宗教運動。〔註200〕平川彰提出大乘經是以十善爲尸羅波羅蜜，十善爲在家戒，所以大乘教團的起源，不是出於出家的部派佛教，而是出於

〔註196〕八十《華嚴》卷39，《大正藏》冊10，頁210上～中。

〔註197〕參見平川彰：〈《華嚴經》中所見初期大乘教徒之宗教生活〉，《華嚴思想》，頁196～197。

〔註198〕《雜阿含經》卷37，《大正藏》冊2，頁273上。

〔註199〕〈聲聞戒與菩薩戒〉：「一般皆以七眾別解脫戒爲聲聞戒，三聚淨戒爲菩薩戒。然菩薩戒中之攝律儀戒，若依菩薩戒本，即不離七眾別解脫戒。」釋續明，《現代佛教學術叢刊》88，1978年12月，頁257～258。

〔註200〕參見平川彰著，莊崑木譯：《印度佛教史》（台北：商周出版，2004年12月），頁254。

非僧非俗的佛塔教團。關於此說法，釋印順曾提出質疑：「十善戒但屬於在家嗎？」此問題還「值得審慎的研究」。〔註201〕初期大乘佛教時期，十善的地位提升了，它是一切戒法的根本，如《大智度論》云：「十善爲總相戒，別相有無量戒。……以是故知說十善道，則攝一切戒。」〔註202〕無量戒法的根本實質，就是「十善戒」。十善戒可以統攝一切戒法，恰像大海之總攝眾流、諸星拱月一樣。〔註203〕十善，也是佛教的五乘共法，「在大乘法中，這是菩薩戒；也是聲聞，緣覺，天，人──一切善行的根本，所以說：『人天善所依』止，『三乘聖法』由之而成『立』。」〔註204〕在〈十地品〉中，十善爲出世間十地菩薩的菩薩戒，也是華嚴的基本戒，通於在家與出家。

（七）三論宗

〈十地品〉與三論宗之關係，澄觀引用的並不多，主要集中在六地現前地之十二因緣。《華嚴經疏》云：「龍樹云：『因緣有二：一、內，二、外。外即水土穀芽等，內即十二因緣。』」〔註205〕澄觀引用龍樹之《十二門論》，來說明內外二種因緣：「眾緣亦有二種：一者內，二者外。外因緣者，如泥團、轉繩、陶師等和合，故有瓶生，……又如種子、地水火風、虛空、時節、人功等和合，故有芽生，當知外緣等法，皆亦如是。內因緣者，所謂無明、行、識、名色、六入、觸、受、愛、取、有、生、老死，各各先因而後生。」〔註206〕

此外，澄觀又引用《中論》來詮釋〈十地品〉六地十門中的五門。第二門「一心所攝門」先觀照六種世諦，才能證入第一義諦，即引《中論》證成：「若不得俗諦，不得第一義」；第四門「不相捨離門」，說明緣生法是不即不異，不斷不常的關係；第八門「因緣生滅門」，說明諸法不自生、不他生二義，以及緣生法無自性；第九門「生滅繫縛門」，說明諸法不共生，以及因緣和合是緣生無自性；第十門「無所有盡觀」，說明諸法不無因生。〔註207〕

〔註201〕釋印順：《初期大乘佛教之起源與開展》，頁9、1190。
〔註202〕《大智度論》卷46，《大正藏》冊25，頁395中。
〔註203〕參見釋續明：〈戒學之種類〉，《現代佛教學術叢刊》88，頁247。
〔註204〕釋印順，《成佛之道》（新竹：正聞出版社，2004年9月），增注本，頁116。
〔註205〕《華嚴經疏》卷39，《大正藏》冊35，頁802中。
〔註206〕《十二門論》，《大正藏》冊30，頁159下～160上。
〔註207〕參見《華嚴經疏》卷40，《大正藏》冊35，頁807上～811下。

第二章 〈十地品〉之傳譯及其對華嚴宗的影響

　　《華嚴經》，是如來成道後之第二七日，於菩提樹下爲文殊、普賢等上位菩薩，顯示佛陀的因行果德，如雜華莊嚴、廣大圓滿、重重無盡、事事無礙之妙旨。《華嚴經》雖源於古印度，然尚未發掘其玄旨，直至中國成立華嚴宗，依據本經，立法界緣起、事事無礙等妙義，方才顯揚其眞義。關於此經之梵文本，自古以來即有諸種異說，根據法藏的《華嚴經傳記》之記載：

> 龍樹菩薩往龍宮，見此《華嚴大不思議解脫經》，有三本：上本有十三千大千世界微塵數偈，四天下微塵數品；中本有四十九萬八千八百偈，一千二百品；下本有十萬偈，四十八品。其上、中二本及普眼等，竝非凡力所持，隱而不傳。下本見流天竺。〔註1〕

龍樹菩薩於龍宮中見此經有上、中、下三本，其中上本與中本之頌數、品數廣大無邊，不是人力所能受持，故秘藏在龍宮隱而不傳；至於下本《華嚴經》，即是龍樹所得十萬偈共四十八品，這是秘藏在「遮拘迦國」的；略本則是傳到中國的三種漢譯本《華嚴經》，〔註2〕它是從下本《華嚴經》所略出。

　　茲說明《華嚴經》之三種漢譯本如下：

〔註 1〕《華嚴經傳記》卷 1，《大正藏》冊 51，頁 153 上～中。

〔註 2〕澄觀《新譯華嚴經七處九會頌釋章》，提到略本《華嚴經》，包括六十卷本、八十卷本；《貞元新定釋教目錄》卷 17，則說梵文十萬偈《華嚴經》有六夾，八十卷本爲第二夾，四十卷本爲第三夾。參見《大正藏》冊 36，頁 710 下、《大正藏》冊 55，頁 895 上。

一、東晉‧佛馱跋陀羅（Buddhabhadra）的譯本：題名《大方廣佛華嚴經》，七處八會，三十四品‧六十卷，為區別於後來的唐譯本，又稱為舊譯《華嚴》、晉譯《華嚴》，或稱為六十《華嚴》，於西元 420 年譯出。收在《大正藏》第九冊。此經的梵文原本三萬六千偈，是由慧遠的弟子支法領從于闐取回來的。於唐‧永隆元年（680），有地婆羅訶（日照）之補譯本。〔註3〕

二、唐‧實叉難陀（Śikṣānanda）的譯本：題名《大方廣佛華嚴經》，七處九會，三十九品‧八十卷，又稱新譯《華嚴》、唐譯《華嚴》，或稱八十《華嚴》，於西元 699 年譯出。收在《大正藏》第十冊。此經的梵文原本四萬五千偈，係武后則天遣使從于闐求得。此經已流通之後，有法藏之補譯本。〔註4〕

三、唐‧般若（Prajñā）的譯本：題名《大方廣佛華嚴經》，一品‧四十卷，全名為《大方廣佛華嚴經入不思議解脫境界普賢行願品》，簡稱為《普賢行願品》，或稱為四十《華嚴》、《貞元經》，於西元 798 年譯出。收在《大正藏》第十冊。此經的梵文原本一萬六千七百偈，係南天竺烏茶（荼）國王親手書寫遣使於貞元十一年（795）十一月送贈來唐。〔註5〕此經為舊、新兩譯《華嚴經‧入法界品》之別譯，但文字上則大為增廣，尤其是第四十卷有「普賢十大行願」，以及「普賢廣大願王清淨偈」，是前兩譯《華嚴經》中所沒有的。

《華嚴經》之傳譯過程，剛開始只是獨立譯出的單行經，故其原始型態

〔註3〕 法藏在宣講六十《華嚴》時，每嘆文本缺而不全，意義不能連貫，至唐‧永隆元年（680），就教於天竺三藏地婆訶羅，地婆訶羅攜帶《華嚴經》第八會梵本至京城，法藏遂與之校勘梵本，發現六十《華嚴》之〈入法界品〉內有二處缺文：一、從摩耶夫人後，至彌勒菩薩前，中間缺「天主光童女至德生童子、有德童女等九位共十人的善知識」。二、從彌勒菩薩後，至三千大千世尊（界）微塵數善知識前，中間缺「文殊申手，過一百一十由旬，按善財頂」十五行經。以上脫文補譯的二處缺文，即是地婆羅訶之補譯本，目前已收錄於六十《華嚴》，其中脫文補譯部分的第一段，收錄於第五十七卷；第二段，收錄於第六十卷。但現存地婆訶羅所譯的《大方廣佛華嚴經入法界品》，卻僅存補譯的第一段。參見《華嚴經疏》卷3，《大正藏》冊35，頁524上。

〔註4〕 法藏曾參與八十《華嚴》的翻譯工作，擔任筆受之職。後來法藏發現八十《華嚴》已流通之〈入法界品〉仍有脫文，即法藏與地婆訶羅所補譯的六十《華嚴》又漏掉了第二段，經過法藏以新舊兩經，校勘梵文本，遂將新經脫文處補齊，才使得文義連續，稱為「法藏補譯本」，目前已收錄於八十《華嚴》。參見《華嚴經疏》卷3，《大正藏》冊35，頁524上。

〔註5〕 《貞元新定釋教目錄》卷17，《大正藏》冊55，頁894上～895上。

並非整然一大部經，而是部分譯出，故稱別譯本。本文所要介紹的〈十地品〉或《十地經》，即是一部獨立的單行經典，到後來才編入大部的《華嚴經》之中。在《華嚴經》的單行品中，影響力最大的當推《十地經》，素有「千部論主」之稱的世親，曾爲它作註釋名爲《十地經論》，漢譯之後出現了一批「地論師」，也催生了中國地論學派的誕生，更造成了華嚴宗派的成立，可見此經相當受到漢地的關注。

　　本章〈十地品〉之傳譯及其對華嚴宗的影響，分爲五節：第一節考察〈十地品〉之傳譯過程，〈十地品〉相關的單品經有七部，其中「十住」與「十地」之觀念，有共通的傾向，它們是何時共通？何時區隔開來？第二節說明華嚴十住與諸菩薩行位之關係，及介紹華嚴十住之諸譯本。第三節論述華嚴十地與般若經論十地的關係，及介紹華嚴十地之諸譯本、晉譯本與唐譯本〈十地品〉的差異。第四節探究〈十地品〉對後代的影響，包括華嚴十地菩薩行位、宇宙觀，以及〈十地品〉的二本論書中，《十地經論》對後代影響較大，不但造就了一批「地論師」，更催生了中國地論學派的誕生，並孕育出中國佛教八宗之一的華嚴宗。第五節介紹南道地論師對華嚴宗的影響，包括闡述《華嚴經》教義經旨的宗趣論，判教思想的五教十宗，及根本教理的六相等三部分。

第一節　〈十地品〉相關的單品經考察及十住十地之關係

　　〈十地品〉是在大部《華嚴經》編纂之前獨立的單行經典，其成立年代很早，推定在西元 150 年前後。《華嚴經》的別行異本與〈十地品〉相關的有七部，從中發現「十住」與「十地」之觀念，有共通的傾向，故必須先釐清十住與十地的關係，它們是何時共通？何時區隔開來？

一、〈十地品〉相關的單品經考察

　　《華嚴經》是初期的大乘經典之一，從東漢末年至東晉的二百多年間，已有眾多單行經陸續從古印度經由西域傳到中國，而翻譯成漢譯經典。所以，在晉譯《華嚴經》尚未傳譯漢地之前，其單行品已經傳譯漢地。《華嚴經》的單行品中，最早譯出的是《佛說兜沙經》一卷，爲後漢・支婁迦讖於西元 178～189 年間在洛陽譯出，當是此經別行本漢譯的開始。之後，又有

吳‧支謙的《佛說菩薩本業經》，西晉‧竺法護的《菩薩十住行道品》，聶道真的《諸菩薩求佛本業經》等別行本譯出。由此可見，《華嚴經》之傳譯過程，剛開始只是單譯一品乃至數品相對應的諸經典，故其原始型態並非整然一大部經，而是此經的部分譯出，故稱別譯本、別行之異譯，即同本異譯之別行者。

龍樹在《大智度論》裡，就已經引用了《十地經》，〔註6〕以及多次引用《不可思議解脫經》，〔註7〕故學界認爲，《華嚴經》〈十地品〉之《十地經》，與相當於〈入法界品〉之《不可思議解脫經》，自古以來就獨立流傳，而且在龍樹以前就成立了，〔註8〕它們的成立年代，推定在西元150年前後。〔註9〕《華嚴經》的梵文本，除了〈十地品〉、〈入法界品〉有單行本流傳於尼泊爾外，其餘的就只有斷卷散佚在各處。關於〈十地品〉有二本梵文校訂本，一爲拉鐵爾、須佐晉龍於1926年校訂，另一則是近藤隆晃於1935～1936年校訂；〈入法界品〉亦有二校訂本，一爲泉芳璟、須佐晉龍於1928年校訂，另一則是鈴木大拙、泉芳璟於1934～1936年校訂。〔註10〕

此外，晉譯《華嚴經》從第六會〈十地品〉開始，經典的寫法有了明顯的改變。前面第三、四、五會，皆有固定的規則，每一會的第一品皆爲〈佛昇須彌頂品〉、〈佛昇夜摩天宮自在品〉、〈如來昇兜率天宮一切寶殿品〉，第二品皆爲〈菩薩雲集妙勝殿上說偈品〉、〈夜摩天宮菩薩說偈品〉、〈兜率天宮菩薩雲集讚佛品〉。亦即，第一品皆爲「佛昇」或「如來昇」之「品」，第二品皆爲「菩薩雲集說偈」或「菩薩雲集讚佛」之「品」。但到了第六會的〈十地品〉，則立即說菩薩十地，從這一點可推知，〈十地品〉是單行的獨立經典。〔註11〕再者，在唐譯《華嚴經》中，〈十地品〉又有法門的名稱，如「集一切種一切智功德菩薩行法門品」、「集一切智功德法門」，〔註12〕以及將經文分爲

〔註6〕《大智度論》卷49：「此地相，如《十地經》中廣說。」《大正藏》冊25，頁411上。

〔註7〕在《大智度論》卷33引用3次，卷73引用1次，卷100引用2次。

〔註8〕參見平川彰著，莊崑木譯：《印度佛教史》，頁236。三枝充悳：〈緣起與唯心〉，《華嚴思想》，頁221。

〔註9〕參見高峰了州著，釋慧嶽譯：《華嚴思想史》，頁6。

〔註10〕參見山田龍城：《梵語佛典の諸文獻》（京都：平樂寺書店：1959年），頁90～92。

〔註11〕參見川田熊太郎：〈佛陀華嚴〉，《華嚴思想》，頁38～39。

〔註12〕八十《華嚴》卷39，《大正藏》冊10，頁209中～下。

序分、正宗分、流通分三個部分，〔註13〕所以它已具備了一部獨立經典的組織形式，到後來才編入大部《華嚴經》之中。

　　在《華嚴經》的單行品中，最早被譯出的是《佛說兜沙經》，相當於唐譯《華嚴經》的〈如來名號品〉第七的略譯，及〈光明覺品〉第九的序起部分，但此經在歷史上影響力不大。繼《佛說兜沙經》之後被翻譯過來，而影響力最大的當推《十地經》，不但有世親所闡釋的十二卷《十地經論》，也催生了中國地論學派的誕生，更造成了華嚴宗派的成立。根據法藏的《華嚴經傳記》指出，從東漢到唐代時期，《華嚴經》的別行異本有三十五部，〔註14〕而與〈十地品〉相關的單品經有十二部，目前現存的有六部，〔註15〕外加《佛說十地經》，〔註16〕共有七部，茲列表說明如下：

表 2-1：七部〈十地品〉相關的單品經資料對照表

經　　　　名	《華嚴經》對應品名	卷　　數	時代・譯者
《漸備一切智德經》	〈十地品〉	五	西晉・竺法護
《菩薩十住行道品》	〈十住品〉	一	西晉・竺法護
《佛說菩薩十住經》	〈十住品〉	一	東晉・祇多蜜
《最勝問菩薩十住除垢斷結經》	非〈十住品〉，亦非〈十地品〉	十〔註17〕	姚秦・竺佛念
《十住經》	〈十地品〉	四	姚秦・鳩摩羅什
《佛說大方廣菩薩十地經》	似〈十地品〉、〈十住品〉	一	元魏・吉迦夜
《佛說十地經》	〈十地品〉	九	唐・尸羅達摩

〔註13〕關於〈十地品〉的三分科經，參見法藏的《探玄記》卷9，《大正藏》冊35，頁277下～278上。
〔註14〕參見《華嚴經傳記・支流第四》卷1，《大正藏》冊51，頁155中～156上。
〔註15〕唐代《大唐內典錄》卷3、《華嚴經傳記》卷1均記載，竺佛念譯有《十住斷結經》以及《十地斷結經》兩經。但根據《開元釋教錄》的考證：「《十住斷結經》十卷。(初云《最勝問菩薩十住除垢斷結經》，一名《十千日光三昧定》，亦云《十地斷結》。)」以及「長房等錄，竺佛念復譯《十地斷結經》十卷者誤也，即《十住斷結經》是，地之與住其義大同。」《大正藏》冊55，頁511下、632中。可見《十住斷結經》亦稱《十地斷結經》，兩者是屬同一部經典，而非二部經典。
〔註16〕《佛說十地經》的譯者為尸羅達摩(785～？)，是在法藏圓寂之後才譯出，故沒有編入《華嚴經》的支流。
〔註17〕《出三藏記集》卷2：「《十住斷結經》，十一卷。」《大正藏》冊55，頁10下。

上述七種〈十地品〉相關的單品經中，可歸納爲四類：第一類，《漸備一切智德經》、《十住經》、《佛說十地經》，皆爲晉譯《華嚴經‧十地品》之別譯本。第二類，《菩薩十住行道品》、《佛說菩薩十住經》，皆爲晉譯《華嚴經‧十住品》之別譯本。第三類，《最勝問菩薩十住除垢斷結經》（以下簡稱《十住斷結經》），學界間有四種不同的解讀。﹝註18﹞第四類，《佛說大方廣菩薩十地經》，類似〈十地品〉、〈十住品〉。由上表的七種〈十地品〉之別行本可知，有些經名出現「十住」，其對應於晉譯《華嚴經》的內容，則爲〈十地品〉；有些經名出現「十地」，則爲類似〈十地品〉、〈十住品〉，可見當時「住」與「地」二者觀念是共通的。從〈十地品〉相關的單品經來看，可見此經在印度以及西域一帶，是廣受重視及普遍流行的。

二、十住與十地的關係

在後漢‧支婁迦讖所譯的《佛說兜沙經》中，裏面講的都是十數的法，主要說十方佛刹都有佛，又說菩薩行有種種十法。若想成佛須經歷種種十法階次，共有十項：十法住、十法所行、十法悔過經、十道地、十鎮、十居處所願、十點、十三昧、十飛法、十印。﹝註19﹞其中與華嚴典籍相關的是十法住、十法所行、十法悔過經、十道地的次第，此四個階位相當於《華嚴經》的十住、十行、十迴向、十地的階位，雖然譯語不同，但其內容相同。在《華嚴經》的別行異本中，只有〈十住品〉、〈十地品〉有單行品的譯出，故本文只探討兩者間的關係。首先，釐清爲何「十住」與「十地」混淆不清的原因。根據釋印順的研究：「依後代，『十住』（deśavihār）與『十地』（deśabhūmi）的梵語不同，是不會含混不明的。但在菩薩行位發展之初，『十住』與『十地』，可能淵源於同一原語──可能是『住地』。」﹝註20﹞在初期大乘佛教發

﹝註18﹞ 學界間四種不同的看法：(1)神林隆淨認爲，「《十住斷結經》的十住和《華嚴經》的十住，意義非常接近。」神林隆淨著，許洋主譯：《菩薩思想的研究‧上》，收入藍吉富主編：《世界佛學名著譯叢》65，頁153。(2)桑大鵬認爲《十住斷結經》是〈十地品〉。《三種《華嚴》及其經典闡釋研究》，頁61。(3)釋賢度則認爲《十住斷結經》是〈十定品〉。《華嚴學講義》（台北：華嚴蓮社，2004年9月），頁34。(4)魏道儒認爲，法藏的《華嚴經傳記》將其列入「支流」，但又注明：「非〈十住品〉，亦非〈十地品〉，以名同恐誤附也。」等於否定《十住斷結經》是華嚴典籍。《中國華嚴宗通史》，頁21。
﹝註19﹞ 《佛說兜沙經》，《大正藏》冊10，頁445上～中。
﹝註20﹞ 釋印順：《初期大乘佛教之起源與開展》，頁707。

展之初,十地可能是「初發心、治地、……灌頂」等十住,再加上《大事》十地又與十住的名稱相對應,因此「十住地」之名稱,可能受到梵文《大事》的十地說影響而成立。〔註21〕所以「十住」,就有可能被翻譯作「十地」、「十住地」、「十地住」等詞,故古代譯師們對於「住」與「地」二者間,可說是互相通用的。由於古代譯師對於十住、十地的混淆不清,導致此問題一直困擾著古代的中國佛教。其次,探討十住與十地是何時共通呢?又何時兩者區隔開來呢?

(一)十住與十地的共通

以下介紹四部《十住經》的單行本,以及二部《十地經》的單行本、論書,從這些經論中發現,「地」與「住」的觀念是共通的。

1. 《佛說菩薩本業經》、《菩薩十住行道品》、《佛說菩薩十住經》、《十住斷結經》等四部《十住經》的單行本中,「地」、「住」、「地住」、「住地」、「法住」皆是使用同一意思的。

2. 《漸備一切智德經》、《十住經》等二部《十地經》的單行本中,以及《十住毘婆沙論》,「地」、「住」、「地住」、「住地」、「道地」、「住道」皆是使用同一意思的。

3. 根據《十住毘婆沙論》云:「地者,菩薩善根階級住處。」〔註22〕「地」,其意為住處。所以,十地又譯作十住。

綜上分析,支謙、竺法護、祇多蜜、竺佛念、鳩摩羅什所譯的經典中,「地」與「住」的觀念是相通的,皆是同一意思。換言之,鳩摩羅什圓寂之前(413年),「地」與「住」的觀念是共通的。

(二)十住與十地的區隔

以下將從經典的原文,以及學界間的考察,說明十住與十地是何時區隔開來的。

1. 十住、十地譯語的區分,大致在佛馱跋陀羅所譯的晉譯《華嚴經》中,才得以確定。〔註23〕所以,在大部《華嚴經》成立流布之前,地與住

〔註21〕參見水野弘元著,釋惠敏譯:《佛教教理研究——水野弘元著作選集》2(台北:法鼓文化,2000年7月),頁156～157。

〔註22〕《十住毘婆沙論》卷1,《大正藏》冊26,頁23上。

〔註23〕參見楊維中:〈論《華嚴經·十地品》的漢譯及其佛學思想〉,《閩南佛學》2004年,http://www.nanputuo.com/nptxy/html/200711/1814324998166.html,

的稱呼是混用的。〔註24〕

2. 元魏‧吉迦夜所譯的《佛說大方廣菩薩十地經》，只有「十地」一詞，而沒有「十住」一詞，有可能在此時以前已經區隔開來。

3. 唐‧法藏所著之《探玄記》，爲了區分〈十住品〉與〈十地品〉，便將賢位十住稱爲《小十住經》，聖位十地稱爲《大十住經》。〔註25〕

4. 唐‧澄觀所著之《演義鈔》云：「疏：《小十住經》者，以古德譯十地，亦云十住，或云十住地。今言小者，即地前十住；今言大者，即《十地經》，非以卷少爲小等。」〔註26〕澄觀有鑑於古人十地、十住觀念之混淆，所以承襲法藏之說法，以《小十住經》爲〈十住品〉，《大十住經》爲〈十地品〉。

5. 唐‧尸羅達摩所譯的《佛說十地經》，只有「十地」一詞，此時「地」、「住」觀念已有明顯的區別。

綜上分析，十住與十地譯語，在 420 年晉譯《華嚴經》譯出之後已區隔開來，之後的幾部著作或譯作，如《佛說大方廣菩薩十地經》、《探玄記》、《演義鈔》、《佛說十地經》，「地」、「住」觀念不再共通。其主要的原因，是晉譯《華嚴經》已有四十一階位，所以十住、十地必須嚴格區分，才不會混淆；而鳩摩羅什之前或當時，只有〈十住品〉或〈十地品〉，故沒有嚴格區分。

第二節　大乘十地思想先驅──十住說

在初期大乘時期，十地與十住的名稱是混淆且共通的，也有可能受到部派佛教的「十地」說的影響，曾有學者提出兩者的意思相同，〔註27〕但仍有

2011.06.24。

〔註24〕參見石井教道：《華嚴教學成立史》（京都：平樂寺書店，1979 年 3 月），頁221。

〔註25〕《探玄記》卷 1：「《小十住經》一卷，是〈十住品〉；《大十住經》四卷、《漸備一切智德經》四卷，竝是〈十地品〉。」《大正藏》冊 35，頁 122 下～123上。

〔註26〕《演義鈔》卷 15，《大正藏》冊 36，頁 112 下。

〔註27〕神林隆淨提出：(1)十住與十地同意義；(2)十地各地的名稱與十住各住的名稱，意義相通；(3)十住與十地的思想內容相似。根據以上三個理由，而證明十住與十地在說明方法上雖有粗細廣略的不同，但主要意思並無殊異。參見神林隆淨著，許洋主譯：《菩薩思想的研究‧下》，頁 502～504。

許多相異處，〔註28〕不能僅憑這些相似點，而斷定兩者相同。中國佛教的天台宗，以《菩薩瓔珞本業經》（以下簡稱《瓔珞經》）所說的十信、十住、十行、十迴向、十地、等覺、妙覺等五十二階位爲骨幹，將大乘菩薩的修行次第分爲五十二位。但初期的大乘菩薩階位中，「十住說」是指從第一初發心，到第十灌頂住。十住的灌頂住等同於佛位，是菩薩修行的最高位，並非如中國菩薩階位「十住」比「十地」還低。〔註29〕所以，水野弘元提出，「十住說」與「十地說」的關係，不是修行的上下階位，兩者應是個別獨立的修行體系，而且「十住說」比「十地說」更早成立，〔註30〕十住的內容簡樸，十地的內容充實，兩者至少相差六十年以上。〔註31〕神林隆淨也提出，「十信、十行、十迴向、十地各品，本來是獨立的，其間毫無從屬或聯絡的關係。」〔註32〕「華嚴十住」是大乘菩薩的修行階位，其行位與初期大乘的菩薩思想有關，乃是漸次發展而成。首先，探討十住階位的形成，是受到說出世部的《大事》，以及大乘般若《小品般若波羅蜜經》（以下簡稱《小品般若經》）的菩薩行位的影響，而開展爲華嚴十住。其次，論述《大品般若經・發趣品》、《十住斷結經》，與華嚴十住之關係。最後，說明華嚴十住諸譯本間，譯法與內容之同異。

一、《大事》與《小品般若經》四階位、華嚴十住的關係

在南傳佛教，「本生談」是菩薩思想的起源；在北傳佛教，也是以「本生談」爲其起源，《大事》中的本生思想被視爲北傳菩薩思想的濫觴。〔註33〕當代學者認爲佛傳文學的《大事》與《小品般若經》四階位、華嚴十住有關。首先，探討《大事》與《小品般若經》四階位的關係。《大事》，其梵文爲 mahāvastu，乃 mahāvastu-avadāna《大事譬喻》之略稱。mahāvastu，意譯爲「大事」，即指佛陀出現於世之事；avadāna，意謂譬喻、傳記、故事之意。《大事》係以梵文寫成，爲大眾部中說出世部之律藏中所含佛陀傳記的單行本，由此可知，大眾部是將佛傳視爲律典的一部分。雖然《大事》是屬於部

〔註28〕參見釋証煜：《《大品般若經》菩薩十地思想之研究》（嘉義：南華大學宗教學研究所碩士論文，2008 年 6 月），頁 53～54。
〔註29〕參見水野弘元著，香光書鄉編譯組譯：《佛教的眞髓》，頁 373。
〔註30〕參見水野弘元著，香光書鄉編譯組譯：《佛教的眞髓》，頁 374。
〔註31〕石井教道：《華嚴教學成立史》，頁 228。
〔註32〕神林隆淨著，許洋主譯：《菩薩思想的研究・下》，頁 303。
〔註33〕參見神林隆淨著，許洋主譯：《菩薩思想的研究・上》，頁 138。

派佛教的律典，但它對於初期大乘佛教的菩薩思想有極大的貢獻，故被稱為北傳菩薩思想的本源。在佛傳文學《大事》、《佛本行集經》中，菩薩的修行階段可分為「四性行」——自性行、願性行、順性行、不退轉行（或稱轉性行）。梵文《大事》（mahāvastu），四性行的名稱首先出現在歸敬序內（Mhv. Vol. I. P.1），以及二次出現在另一處（I. P.46, 6a）。〔註34〕在漢譯的《佛本行集經》中，四性行的意義較為明顯，今以《佛本行集經》來對四性行進行詮釋：「自性行」，謂菩薩之本性賢良，具足十善，孝順父母，信敬沙門及婆羅門。「願性行」，謂菩薩發菩提心，誓成佛道。「順性行」，謂諸菩薩隨順修行六波羅蜜。「轉性行」，謂諸菩薩應如釋尊之供養燃燈佛，以此因緣而得讀誦經典，轉凡成聖，不會再退轉到二乘，而邁向成佛的階段。〔註35〕

在初期大乘的般若經典中，一般認為《摩訶般若波羅蜜經》（以下簡稱《大品般若經》）、《小品般若經》最早成立，兩者間又以《小品般若經》為先，《大品般若經》居其後。鳩摩羅什所譯的《小品般若經》中，已論及菩薩修行的四階位：初發心（初發意、新發意）、久修習（久發心、行六波羅蜜、隨次第上）、不退轉（阿惟越致、阿毘跋致）、一生補處（阿惟顏、一生所繫）。〔註36〕水野弘元提出，《大事》的四性行與《小品般若經》四階位具有對應關係，亦即《大事》的「願性行」對應《小品般若經》的「初發心」，「順性行」對應「久修習」，「不退轉行」對應「不退轉」。〔註37〕從《大事》、《小品般若經》的三處對應關係可看出，只有四性行的「自性行」與四階位的「一生補處」無法對應。《大事》的「自性行」，只是菩薩修行之前，修行人天善法「十善」的階段，但《小品般若經》的「一生補處」，則是菩薩修行的最高階位，於下一生遞補佛位，即可成佛。從部派佛教的《大事》，到初期大乘佛教的《小品般若經》之菩薩階位，可看出菩薩的修行層次有向上提升的傾向。

其次，考察《小品般若經》與華嚴十住的關係。在初期大乘佛教發展過程中，依《般若經》菩薩行位的發展過程來判斷，般若系統早於華嚴系統，故華嚴的十住思想受到般若思想的影響。在《小品般若經》中，菩薩行位有一種三階位說，及二種四階位說，與「華嚴十住」相對應。〔註38〕茲列表說

〔註34〕參見神林隆淨著，許洋主譯：《菩薩思想的研究・上》，頁139。

〔註35〕《佛本行集經》卷1，《大正藏》冊3，頁656下。

〔註36〕參見釋印順：《初期大乘佛教之起源與開展》，頁658～659。

〔註37〕參見水野弘元著，香光書鄉編譯組譯：《佛教的真髓》，頁366～367。

〔註38〕此處的「華嚴十住」，是指《華嚴經》的別行本之「十住品」，而非晉譯《華

明如下：〔註39〕

表2-2：《小品般若經》與「華嚴十住」菩薩行位對照表

三階位	四階位	四階位	華嚴十住
發阿耨多羅三藐三菩提心	初發心	學阿耨多羅三藐三菩提心	初發心住
		如說行	治地住
	行六波羅蜜	隨學般若波羅蜜	應行住
阿毘跋致	阿毘跋致	阿毘跋致	不退住
疾得阿耨多羅三藐三菩提	一生補處		灌頂住

　　「華嚴十住」是指：初發心住、治地住、修行住（應行住）、生貴住、方便具足住、正心住、不退住、童眞住、法王子住、灌頂住。由上表可知，《小品般若經》的菩薩行位，與華嚴十住對應的有五處。所以，釋印順認爲《小品般若經》的菩薩行位，是與「華嚴十住」相近的。〔註40〕根據水野弘元的推論，《小品般若經》的「四階位」，與初期大乘「十住說」的第一初發心、第三應行、第七不退轉、第十灌頂，皆各各相互對應，所以可能是「四階位」開展爲「十住」。〔註41〕此外，大乘菩薩的四階位，不僅在《小品般若經》出現，在《大品般若經》也有所繼承，甚至在初期的大乘經典中，皆隨處可見。〔註42〕

　　最後，探究《大事》十地與華嚴十住的關係。將菩薩的修行階位分爲「十地」的說法，在部派的佛傳中就已出現，只是這些經典只有「十地」一詞，而沒有具體個別的名稱。〔註43〕在梵文《大事》中，則有詳細說明十地的名

　　　嚴經・十住品》。

〔註39〕三階位，《小品般若經》卷3，《大正藏》冊8，頁547中。第一種四階位，《小品般若經》卷8，《大正藏》冊8，頁575上；第二種四階位，頁574中。

〔註40〕參見釋印順：《初期大乘佛教之起源與開展》，頁706。

〔註41〕參見水野弘元著，香光書鄉編譯組譯：《佛教的眞髓》，頁371。

〔註42〕初期大乘經典中，出現菩薩四階位：《放光般若經》卷15，《大正藏》冊8，頁101下。《大明度經》卷5，《大正藏》冊8，頁501上～中。《文殊師利問菩提經》，《大正藏》冊14，頁482中。《伽耶山頂經》，《大正藏》冊14，頁485上。

〔註43〕佛傳中有「十地」一詞的經典：《修行本起經》、《太子瑞應本起經》、《過去現在因果經》、《佛本行集經》等。

稱。《大事》的「十地」為：難登（durārohā）、結慢（baddhamānā）、華莊嚴（puṣpamaṇḍitā）、明輝（rucirā）、廣心（cittavistarā）、妙相具足（rūpavatī）、難勝（durjayā）、生誕因緣（janmanideśa）、王子位（yauvarājya）、灌頂（abhiṣeka），這十地是指一般菩薩的修行階位。平川彰指出，華嚴十住與《大事》十地兩者間，有六處對應關係：華嚴十住的第一「初發心住」對應《大事》十地的第一「難登」，第三「修行住」對應第五「廣心」，第四「生貴住」對應第八「生誕因緣」，第七「不退住」對應第七「難勝」，第九「法王子住」對應第九「王子位」，第十「灌頂住」對應第十「灌頂」。〔註44〕

　　綜上所述，水野弘元認為《大事》的四性行與《小品般若經》四階位，有三處互相對應，或許由此四階位開展成華嚴十住。《大事》十地與華嚴十住有三處對應關係，可以推測兩者有直接或間接的關聯，但缺乏具體資料可以證明，也有可能受到部派佛教的影響，才產生華嚴十住。〔註45〕相對於水野弘元保守的態度，平川彰則持肯定的推論，十地理論起源於《大事》，華嚴十住是受到《大事》十地、《小品般若經》菩薩四階位，以及其它來源的影響。〔註46〕可見學界間對於《大事》與《小品般若經》四階位、華嚴十住之間的關係，大體上是一致的，只是保守與肯定態度之不同而已。

二、《大品般若經‧發趣品》與《十住斷結經》的關係

　　在《大品般若經‧發趣品》中，發現敘述「十地思想」有二處：一、〈發趣品〉的開端處「從一地至一地」，〔註47〕此處只列出每一地的行法，卻沒有每一地的名稱，故將其稱為「無名十地」。二、〈發趣品〉的尾端處：「過乾慧地、性地、八人地、見地、薄地、離欲地、已作地、辟支佛地、菩薩地，過是九地住於佛地，是為菩薩十地。」〔註48〕此處已列出「三乘共十地」每一地的名稱，故將其稱為「共十地」。又因「共十地」與《十住斷結經》無關，故不加討論。

　　在「無名十地」中，每一地都有修行法門，而且發現可與《十住斷結經》

〔註44〕參見平川彰：《初期大乘佛教の研究》（東京：春秋社，1968年3月），頁359～363。

〔註45〕參見水野弘元著，香光書鄉編譯組譯：《佛教的真髓》，頁370～371。

〔註46〕參見 Akira Hirakawa, Paul Williams (Ed.), *Vol.3, The Origins and Nature of Mahāyāna Buddhism*, New York: Routledge, 2005, pp.186～188.

〔註47〕《大品般若經》卷6，《大正藏》冊8，頁256下。

〔註48〕《大品般若經》卷6，《大正藏》冊8，頁259下。

相對應。也就是〈發趣品〉的「初地行十事，二地中常念八法，三地中行五法，……十地菩薩當知如佛。」〔註 49〕與《十住斷結經》卷一至卷四的十品「〈道引品第一〉、〈留化品第二〉、〈空觀品第三〉、……〈成道品第十〉」相對應，〔註 50〕這十品是敘述十住菩薩修行的德目。茲將〈發趣品〉與《十住斷結經》之十地（十住）階位的行法，列出每一階段的第一地爲代表，〔註 51〕就可看出兩者是源自同一系統，其內容大致相同，茲列表說明如下：〔註 52〕

表 2-3：〈發趣品〉與《十住斷結經》十地階位行法對照表

	〈發趣品〉	《十住斷結經》
行十事	初地： 深心堅固、等心、布施、親近善知識、求法、常出家、愛樂佛身、演布法教、破憍慢、實語。	初地：發意 建立志願、普及眾生、施、與善者周接、說法、出家、求佛成道、分流法教、滅於貢高、諦說。
不捨十法	四地： 不捨阿蘭若住處、少欲、知足、不捨頭陀功德、不捨戒、穢惡諸欲、厭世間心、捨一切所有、心不沒、不惜一切物。	四地：生貴 閑靜不離燕坐、恒以少欲、意趣知足、不捨苦行十二法要、執持禁戒、見欲穢惡、除愛欲意、惠施所有不惜身命、不懷慢惰於眾貢高、不慕所有亦無三礙。
具二十法	七地： 具足空、無相證、知無作、三分清淨、一切眾生中慈悲智具足、不念一切眾生、一切法等觀、知諸法實相、無生法忍、無生智、說諸法一相、破分別相、轉憶想、轉見、轉煩惱、等定慧地、調意、心寂滅、無閡智、不染愛。	七住地：阿毘婆帝 空、無想、無願、身口意淨、悲念一切眾生之類、不自念哀愍眾生、等視諸法、斯空無主亦無所入、無所生忍、報應之果、一道教授、不猗名色、永離邪業、無所著、求想知滅、不迴轉、自調其意、慧無所礙、永去三塗、不染於欲。
	十地： 當知如佛。具足六波羅蜜、四念處、十八不共法、一切種智具足、斷一切煩惱、習氣。	十地：補處 成佛。具足十力、四無所畏、十八不共殊勝之法。

〔註 49〕《大品般若經》卷 6，《大正藏》冊 8，頁 256 下～257 下。

〔註 50〕《十住斷結經》卷 1～4，《大正藏》冊 10，頁 966 上～994 上。

〔註 51〕根據釋証煜對「無名十地」的分類：「十地菩薩的修行特色，一至三地的學習是深廣菩薩行的基礎實踐，四至六地展現出菩薩藉助聲聞行法後深化的體驗，七至十地則是菩薩修學完畢，展開廣大利他行。」此十地菩薩可分爲三個階段，筆者取每一階段的第一地，再加上第十地作爲代表。《大品般若經》菩薩十地思想之研究》，頁 57。

〔註 52〕《大品般若經》卷 6，《大正藏》冊 8，頁 256 下～259 下。《十住斷結經》卷 1～4，《大正藏》冊 10，頁 967 上～994 上。

由上可知，〈發趣品〉的無名十地，與《十住斷結經》的十住行法，雖然名目稍有不同，但其內容大致是相同的。二者的不同是：〈發趣品〉的十地行法簡潔而一目了然，十地集中，且有條列說明；而《十住斷結經》的十住行法則顯得較雜亂無序，且十住分佈於十品中，不集中。《十住斷結經》的雜亂，也可從下列看出：十住行法的名稱，出現了「二住地」、「三地」、「五住中當淨其地」、〔註53〕「九地而淨其住」，〔註54〕不一致的說法，可見在《十住斷結經》對於「十住」一詞的用語，出現了前後不一致的情況。

姚秦‧竺佛念所譯的《十住斷結經》中，十住的名稱，雖還不是很詳備，但已稍具雛型了。《十住斷結經》與「華嚴十住」相比，「十住」之名稱及次第，已出現了六個相同者：初住的「初發心住」、四住的「生貴住」、五住的「修成住」、七住的「不退住」、八住的「童眞住」、十住的「補處住」。由上面的分析得知，〈發趣品〉與《十住斷結經》之十地行法，即是十住行。水野弘元也提出相同的看法，〈發趣品〉中的「無名十地」，就其內容而言，與華嚴十住較爲接近。〔註55〕所以，上述曾論及學界間對《十住斷結經》有四種解讀：〈十住品〉、〈十地品〉、〈十定品〉、非〈十住品〉亦非〈十地品〉，經過分析討論，可知《十住斷結經》是屬於〈十住品〉。

綜上所述，華嚴十住是受到《大事》十地、《小品般若經》四階位的影響，而《大品般若經‧發趣品》的「無名十地」與《十住斷結經》的「十住」內容大致相同，由此可見《大品般若經‧發趣品》是屬於「十住」的，則與華嚴十住相近。

三、華嚴十住的諸譯本

在東漢‧嚴佛調所譯之《佛說菩薩內習六波羅蜜經》已有十住的名稱，〔註56〕與《佛說菩薩本業經》的名稱除了二住不同外，其餘皆相同。但因此十住只有名稱，而沒有內容，筆者也擬參照前人的做法，不列入〈十住品〉

〔註53〕《十住斷結經》卷1，《大正藏》冊10，頁973上。

〔註54〕《十住斷結經》卷3，《大正藏》冊10，頁985中。

〔註55〕參見水野弘元著，香光書鄉編譯組譯：《佛教的眞髓》，頁376。

〔註56〕《佛說菩薩內習六波羅蜜經》：「第一、發意菩薩；第二、持地菩薩；第三、應行菩薩；第四、生貴菩薩；第五、修成菩薩；第六、行登菩薩；第七、不退轉菩薩；第八、童眞菩薩；第九、了生菩薩；第十、補處菩薩。」《大正藏》冊17，頁715上。

之單行本中。《華嚴經》的〈十住品〉之單行本，有四種譯本：〔註57〕吳・支謙的《佛說菩薩本業經》、西晉・竺法護的《菩薩十住行道品》、東晉・祇多蜜的《佛說菩薩十住經》、姚秦・竺佛念的《十住斷結經》。此外，還有二種合譯本：東晉・佛馱跋陀羅所譯的晉譯《華嚴經・十住品》、唐・實叉難陀所譯的唐譯《華嚴經・十住品》。單行本與合譯本，總共有六種譯本，茲列表說明如下：〔註58〕

表 2-4：華嚴十住六種譯本對照表

《本業經》	《行道品》	《菩薩十住經》	《十住斷結經》	晉譯本	唐譯本
發意	波藍耆兜波	波藍質兜波	發意	初發心	初發心住
治地	阿闍浮	阿闍浮	淨地	治地	治地住
應行	渝阿闍	喻阿闍	進學	修行	修行住
生貴	闍摩期	闍摩期	生貴	生貴	生貴住
修成	波渝三般	波俞三般	修成	方便具足	具足方便住
行登	阿耆三般	阿耆三般	上位	正心	正心住
不退	阿惟越致	阿惟越致	阿毘婆帝	不退	不退住
童眞	鳩摩羅浮童男	鳩摩羅浮童男	童眞	童眞	童眞住
了生	渝羅闍	俞羅闍	常淨	法王子	王子住
補處	阿惟顏	阿惟顏	補處	灌頂	灌頂住

〔註57〕 以下四種譯本，乃是依據法藏《華嚴經傳記・支流第四》的《華嚴經》的別行異本。而釋証煜的碩論則加入了《佛說菩薩內戒經》，而刪除《十住斷結經》。加入《佛說菩薩內戒經》，是依據釋印順的觀點：《菩薩十住經》，是從《菩薩內戒經》分離出來，則《菩薩內戒經》是《菩薩十住經》的母體。刪除《十住斷結經》，則是依據魏道儒的觀點，《十住斷結經》是否爲華嚴典籍仍待商榷。但在法藏的《華嚴經傳記》以及眾經目錄，皆沒有將《佛說菩薩內戒經》視爲《華嚴經》的別行本，故本文也不予納入。至於《十住斷結經》之問題，已於上文中討論過。釋証煜：《《大品般若經》菩薩十地思想之研究》，頁 47。釋印順：《初期大乘佛教之起源與開展》，頁 1002～1003。

〔註58〕 《佛說菩薩本業經》，《大正藏》冊 10，頁 449 下。《菩薩十住行道品》，《大正藏》冊 10，頁 454 下。《佛說菩薩十住經》，《大正藏》冊 10，頁 456 下～457 下。《十住斷結經》卷 1～4，《大正藏》冊 10，頁 968 上～990 上。六十《華嚴》卷 8，《大正藏》冊 9，頁 444 下～445 上。八十《華嚴》卷 16，《大正藏》冊 10，頁 84 上。

　　上述六種〈十住品〉的諸譯本中，前四種只有長行，沒有偈頌，後二種則長行、偈頌皆有。首先，探討這六種譯本的譯法。竺法護、祇多蜜的譯本是採用音譯法，其餘四種皆採意譯法。初發心住（prathamacittotpādika），又作波藍耆兜波菩薩法住、發意住。治地住（ādikarmika），又作阿闍浮菩薩法住、新學、持地住。修行住（yogācāra），又作渝阿闍菩薩法住、應行住。生貴住（janmaja），又作闍摩期菩薩法住。方便具足住（pūrvayogasaṃpanna），又作波渝三般菩薩法住、修成住。正心住（śuddhādhyāśaya），又作阿耆三般菩薩法住、行登住。不退住（avivartya），又作阿惟越致菩薩法住、阿毗跋致、不退轉住。童眞住（kumārabhūta），又作鳩摩羅浮童男菩薩法住。法王子住（yauvarājyābhiṣikta），又作渝羅闍菩薩法住、了生住。灌頂住（abhiṣekaprāpta），又作阿惟顏菩薩法住、補處住。所以，這六種譯本中，除了《十住斷結經》名稱稍有不同外，其餘譯本名稱大體上具一致性，只是音譯、意譯之不同而已。其次，考察諸譯本的內容。經過比對諸譯本發現，《本業經》、《行道品》、晉譯本、唐譯本這四種譯本中，皆有十事、十學兩種十法；而《菩薩十住經》只有十事，以及十學的初住、二住；《十住斷結經》每一地未必是十法，如「初地行十法，二住地念八法，三地行五法，四地不捨十法，五住離十二法」等。由此可知，《本業經》、《行道品》、晉譯本、唐譯本這四種譯本，是同一個系統，而《菩薩十住經》則是同一系統的簡略型，《十住斷結經》則是另一個系統。

第三節　大乘十地說

　　華嚴十住、十地皆是菩薩的修行階位，但對後代影響深遠的則為華嚴十地。首先，探討《大智度論》、《大般若波羅蜜多經》（以下簡稱《大般若經》）這二部經論，為何將「無名十地」詮釋為「華嚴十地」的原因。其次，說明華嚴十地諸譯本間，譯法與內容之同異。

一、《大智度論》、《大般若經》與華嚴十地的關係

　　學界大多認為《大品般若經》的十地，與華嚴十地無關，只有少數學者例外。〔註59〕前面曾論及《大品般若經‧發趣品》中，十地思想有二處：無

〔註59〕蔣義斌的觀點：「〈發趣品〉論述十地時，其初地菩薩，須行十事，第一事須
　　　　『深心堅固』。『深心堅固』在《放光》、《光讚》均無，《大智度論》甚用心於

名十地，以及共十地。在《大品般若經》的註釋論典——《大智度論》，則將「無名十地」詮釋為「華嚴十地」；到了唐・玄奘所譯的《大般若經》亦有此情形，以下將探討此問題的原因。

（一）《大智度論》的二類十地

在《大智度論・釋發趣品》中，出現了乾慧、歡喜等二類十地，亦即除了共十地外，又增加了「但菩薩地」。但菩薩地，是不共般若，也就是《華嚴經・十地品》的歡喜等十地，又稱「不共十地」。平川彰曾經探討大乘佛教十地的起源，將其分為共十地、不共十地兩種。共十地說的發展，與有部的教理有密切的關係；而不共十地說，其原型則來自於《大事》。〔註60〕「共十地」乃是《大品般若經》列舉從凡夫到成佛的十個階段，共通於聲聞、緣覺、菩薩三乘人，故稱三乘共十地，或稱共十地、共地。共十地是由部派佛教的行位而來，而被編入《般若經》的，故其結合了聲聞、緣覺二乘教理。「不共十地」的原型乃是《大事》，敘述佛陀前生的修行階位，尚未與聲聞乘、緣覺乘結合，推測其成立的時間應較「共十地」為早。〔註61〕

《大智度論》云：「共地者，所謂乾慧地乃至佛地。但菩薩地者，歡喜地、離垢地、有光地、增曜地、難勝地、現在地、深入地、不動地、善根地、法雲地，此地相如《十地經》中廣說。」〔註62〕以及「當知如佛者，菩薩坐如是樹下，入第十地，名為法雲地。」〔註63〕乾慧等十地在《大品般若經・發趣品》已出現，但歡喜等十地之名稱，在《大品般若經》之同本異譯的《放光般若經》、《光讚經》皆無，而《大智度論》在闡述第十地時，卻指出第十地為法雲地，且又說歡喜等十地是依據《十地經》而來。這樣一來，就可看出《大品般若經》的「無名十地」，在《大智度論》中則將其解釋為「歡喜等十地」了。〔註64〕

　　　　解釋『深心』，而其解釋，和《十地經》有了更大的交集。華嚴系的《十地經》，和大品系般若經，有了進一步的關連。」〈大品般若經與大智度論中的菩薩〉，《佛教與中國文化國際學術會議論文集》（台北：中華文化復興運動總會宗教研究委員會，1995年7月），頁187。上文曾討論《大品般若經・發趣品》的「無名十地」，與華嚴十住系統較為接近，故此說法仍有待商榷。
〔註60〕平川彰：《初期大乘と法華思想》（東京：春秋社，1989年1月），頁141。
〔註61〕平川彰：《初期大乘と法華思想》，頁143。
〔註62〕《大智度論》卷49，《大正藏》冊25，頁411上～中。
〔註63〕《大智度論》卷50，《大正藏》冊25，頁419中。
〔註64〕《大智度論》詮釋「第十地」有二義：一為歡喜十地的第十地法雲地，當知

由上可知，龍樹在註解《大智度論》時，此處並非《大品般若經》的原意，而是結合了《十地經》的「歡喜等十地」。那為何龍樹會有如此的轉變呢？其可能的原因有二：一是受到當時流傳經典的影響。根據平川彰的說法，不共十地的原型是《大事》，是在《十地經》、《大品般若經》以前就存在，也許不共十地是來解釋《十地經》，則《十地經》就比《大品般若經》更早成立。〔註65〕《十地經》成立的時間，大約在西元 150 年前後，和龍樹時代相去不遠，歡喜等十地的名稱乃是採取當時已開始流傳之《十地經》的思想。二是龍樹是依《大品般若經》（二萬五千頌）造論，而解說十地，卻是依據《大般若經》的〈初會〉（十萬頌），故說「如《十地經》廣說。」〔註66〕

（二）《大般若經》的二類十地

在《大品般若經‧發趣品》中，十地的名稱是以「初地」、「二地」來表示，尚未有明確的名稱，故稱「無名十地」。但到了唐‧玄奘所譯《大般若經》則對於十地名稱已明確化：「住初極喜地時，應善修治十種勝業。」〔註67〕以及「住第二離垢地時，應於八法思惟修習，速令圓滿。」〔註68〕可見在《大般若經》中，每一地的名稱都已經完備。所以，在《大般若經‧初分》中，有二類十地：一為極喜地、離垢地、發光地、焰慧地、極難勝地、現前地、遠行地、不動地、善慧地、法雲地；另一為淨觀地、種姓地、第八地、具見地、薄地、離欲地、已辦地、獨覺地、菩薩地、如來地。〔註69〕其中極喜等

如佛：一為乾慧十地的第十地，即是佛地。所以，《大智度論》雖將「無名十地」的名稱，以「歡喜等十地」來代替，但第十地法雲地尚未達到佛地，其義理意涵比乾慧十地還低。參見《大智度論》卷50，《大正藏》冊25，頁419中～下。

〔註65〕參見平川彰：《初期大乘と法華思想》，頁183～184。釋印順也指出：《大品般若經》集成時間約為西元 150 年左右，共九十品，分為前分、中分、後分三部分，其中論及般若無名十地的〈發趣品〉是屬於中分，與《小品般若經》相當。《大品般若經》成立順序：前分先成立，七空說；其次為後分，十四空說；最後為中分，十六空說。《十地經》、《大品般若經》的集成時間皆大約西元 150 年，但〈發趣品〉是最晚成立的部分，所以應比《十地經》還晚。參見《初期大乘佛教之起源與開展》，頁675～688。

〔註66〕參見釋印順：《初期大乘佛教之起源與開展》，頁710。

〔註67〕《大般若經》卷53，《大正藏》冊5，頁303上。

〔註68〕《大般若經》卷53，《大正藏》冊5，頁303中。

〔註69〕《大般若經》卷56，《大正藏》冊5，頁316上。

十地，是不共十地，相當於《大品般若經》的無名十地；〔註70〕淨觀（乾慧的異譯）等十地，相當於《大品般若經》的共十地。由上可知，《大智度論》與《大般若經》的十地觀點是相同的。

《大般若經》會出現極喜等十地的名稱，其可能的原因有三：其一，在《大般若經·初分》集成時，《十地經》已成立流傳，為了解說《大品般若經》中「無名十地」的名目，也就取極喜等十地來說明。〔註71〕所以，才使得《大般若經》中極喜等十地之行法與無名十地相符。其二，華嚴十地成立後，《般若經》也受其影響，到了《大般若經·初分》時，除了有般若共十地之外，又採用華嚴不共十地。〔註72〕其三，菩薩行位隨時代而演變。《小品般若經》的菩薩行位，還在「十住」的成立過程中；到了《中品般若經》時，菩薩行位是無名十地，接近十住；發展到《大般若經·初會》時，其菩薩行位則是極喜等十地。〔註73〕

至於共十地與不共十地的關係為何呢？它們之間是否有交集呢？共十地，是依據《大品般若經》的說法，天台宗則稱為通教十地。共十地其修行過程為何呢？《大品般若經》云：「菩薩摩訶薩住是十地中，以方便力故行六波羅蜜、行四念處乃至十八不共法，過乾慧地、性地、八人地、見地、薄地、離欲地、已作地、辟支佛地、菩薩地，過是九地住於佛地，是為菩薩十地。」〔註74〕此共十地中，第一至第七地為聲聞地，第八地為辟支佛地，第九地為菩薩地，故稱三乘共十地。菩薩是以方便力修六波羅蜜、四念處等，以證得佛地十八不共法為目標。而共十地的第九地是「菩薩地」，乃是自初發心至成道前的階位，主要是修行六波羅蜜為主。若將共十地的菩薩地展開，就成為《大智度論》或《大般若經》的「不共十地」，〔註75〕故共十地的義理含攝不共十地。

〔註70〕玄奘雖以極喜等十地的名稱，來代替無名十地，但其詮釋的義理仍是般若經的無名十地，與華嚴十地的義理意涵有別。如：無名十地的初地只是凡夫菩薩，而華嚴的初地已證入聖位。

〔註71〕參見釋印順：《初期大乘佛教之起源與開展》，頁710。

〔註72〕山田龍城：〈大乘佛教的興起〉，收入水野弘元等著，許洋主譯：《印度的佛教》（台北：法爾出版社，1988年11月），頁145。

〔註73〕參見釋印順：《初期大乘佛教之起源與開展》，頁710～711。

〔註74〕《大品般若經》卷6，《大正藏》冊8，頁259下。

〔註75〕參見平川彰著，莊崑木譯：《印度佛教史》，頁257。平川彰：《初期大乘と法華思想》，頁185。

二、華嚴十地的諸譯本

　　《華嚴經》的〈十地品〉之單行本，有三種譯本：西晉‧竺法護所譯的《漸備一切智德經》，姚秦‧鳩摩羅什所譯的《十住經》，唐‧尸羅達摩所譯的《佛說十地經》，皆爲晉譯《華嚴經‧十地品》之別譯本。此外，還有二種合譯本：東晉‧佛馱跋陀羅所譯的晉譯《華嚴經‧十地品》、唐‧實叉難陀所譯的唐譯《華嚴經‧十地品》。單行本與合譯本，總共有五種譯本，茲列表說明如下：〔註76〕

表2-5：華嚴十地五種譯本對照表

《漸備一切智德經》	《十住經》	《佛說十地經》	晉譯本	唐譯本
悅豫	喜地	極喜	歡喜	歡喜地
離垢	淨地	離垢	離垢	離垢地
興光	明地	發光	明	發光地
暉曜	焰地	焰慧	焰	焰慧地
難勝	難勝地	難勝	難勝	難勝地
目見	現前地	現前	現前	現前地
玄妙	深遠地	遠行	遠行	遠行地
不動	不動地	不動	不動	不動地
善哉意	善慧地	善慧	善慧	善慧地
法雨	法雲地	法雲	法雲	法雲地

　　上述五種〈十地品〉的諸譯本中，皆有長行與偈頌。首先，探討這五種譯本的譯法，皆採用意譯法。從上表中，可看出五種譯本的十地名目似乎有些不同，但從以下十地的異名可知它們是相同的。歡喜地（pramuditā-bhūmi），又作極喜地、喜地、悅豫地。離垢地（vimalā-bhūmi），又作無垢地、淨地。發光地（prabhākarī-bhūmi），又作明地、有光地、興光地。焰慧地（arciṣmatī-bhūmi），又作焰地、增曜地、暉曜地。難勝地（sudurjayā-bhūmi），

〔註76〕《漸備一切智德經》卷1，《大正藏》冊10，頁458下。《十住經》卷1，《大正藏》冊10，頁498中～下。《佛說十地經》卷1，《大正藏》冊10，頁536中。六十《華嚴》卷23，《大正藏》冊9，頁542下～543上。八十《華嚴》卷34，《大正藏》冊10，頁179中。

又作極難勝地。現前地（abhimukhī-bhūmi），又作現在地、目見地、目前地。遠行地（dūraṃgamā-bhūmi），又作深行地、深入地、深遠地、玄妙地。不動地（acalā-bhūmi）。善慧地（sādhumatī-bhūmi），又作善哉意地、善根地。法雲地（dharmameghā-bhūmi），又作法雨地。其次，考察諸譯本的內容。經過比對諸譯本發現，各譯本大致相同，每一地皆有十種行法，如初地有十願，二地有十種直心，三地有十種深心，四地有十法明門，五地有十平等心等。此外，這五種譯本中，只有《漸備一切智德經》於偈頌之後，多了結讚流通部分。

三、晉譯本與唐譯本〈十地品〉的差異

　　華嚴十地的五種譯本中，以晉譯本與唐譯本對後世的影響最大，以下將從三方面來探討兩者之差異：一是結構的差異，二是〈十地品〉品會無差之殊勝，三是前後連結的差異。

（一）結構的差異

　　梵文之「偈」，是指印度人計算篇幅的單位，又分為通偈與別偈兩種，〔註77〕通偈者，即首盧迦（śloka），不論經之長行或偈頌，為梵文三十二音節所構成。別偈，不管它是四言、五言、六言、七言為句，都以四句合為一偈。法藏稱《華嚴經》之梵文屬於「數字頌」，〔註78〕澄觀則稱為「長行頌」，〔註79〕《華嚴經》之梵文為「通偈」，包括長行與偈頌兩部分，為梵文三十二音節所構成，六十《華嚴》為三萬六千偈，八十《華嚴》為四萬五千偈，八十《華嚴》於重新翻譯時兼補了〈十定品〉等諸闕共增加了九千偈。

　　在結構上兩種譯本亦是有差異的，六十《華嚴》為七處八會的說法，共三十四品；而八十《華嚴》則是七處九會的說法，共三十九品。所以兩種譯本間，相差了一會五品。首先說明相差一會的原因，即是六十《華嚴》在普

〔註77〕《百論疏》云：「偈有二種：一者通偈，二者別偈。言別偈者，謂四言、五言、六言、七言，皆以四句而成，目之為偈，謂別偈也。二者通偈，謂首盧偈，釋道安云：蓋是胡人數經法也，莫問長行與偈，但令三十二字滿，即便名偈，謂通偈也。」《百論疏》卷上，《大正藏》冊42，頁238中。

〔註78〕《探玄記》卷2：「又頌有四種：一、數字頌，謂依梵本三十二字為一頌，不問長行及偈；二、伽陀頌，……；三、祇夜頌，……；四、慍陀南頌。」《大正藏》冊35，頁137下。

〔註79〕《新譯華嚴經七處九會頌釋章》：「何故今云長行頌合名四萬五千偈耶？……今長行合云頌者，依四頌中數字頌說。」《大正藏》冊36，頁711上。

光明殿宣說第二、七會共二會,而八十《華嚴》在普光明殿宣說第二、七、八會共三會。換言之,六十《華嚴》與八十《華嚴》差一會,即是六十《華嚴》為二重會普光法堂,而八十《華嚴》為三重會普光法堂。

其次說明相差五品的原因,在六十《華嚴》的〈盧舍那佛品〉只有一品,在八十《華嚴》則增補而成第二品〈如來現相品〉至第六品〈毘盧遮那品〉共五品,所以八十《華嚴》較為詳備,其中增補的分量,以五、六品增加較多,二、三、四品增加較少;六十《華嚴》無〈十定品〉,八十《華嚴》增加了〈十定品〉,而使得二種譯本間相差了五品,所以二種譯本的主要差別,是六十《華嚴》缺了〈十定品〉。而且六十《華嚴》之〈十地品〉以下共十一品為第六會「他化天宮會」;八十《華嚴》之〈十地品〉獨立一會,又增加了第七會「重會普光法堂」,相差了一會。所以,六十《華嚴》之〈十地品〉以下共十一品,與八十《華嚴》以下共十二品,相差了一品一會。造成「八會」與「九會」不相同的原因,〈十地品〉是主要關鍵,兩種譯本的區分方式不同,造成了〈十地品〉至〈如來出現品〉之間相差了一品一會,由下表可清楚看出兩種譯本的差異。

表2-6:六十《華嚴》與八十《華嚴》結構之差異

七處八會	六十《華嚴》34品	八十《華嚴》39品	七處九會
寂滅道場會	1 世間淨眼品	1 世主妙嚴品	寂滅道場會
	2 盧舍那佛品	2 如來現相品	
		3 普賢三昧品	
		4 世界成就品	
		5 華藏世界品	
		6 毘盧遮那品	
普光法堂會	3 如來名號品	7 如來名號品	普光法堂會
	4 四諦品	8 四聖諦品	
	5 如來光明覺品	9 光明覺品	
	6 菩薩明難品	10 菩薩問明品	
	7 淨行品	11 淨行品	
	8 賢首菩薩品	12 賢首品	

忉利天宮會	9 佛昇須彌頂品	13 昇須彌山頂品	忉利天宮會
	10 菩薩雲集妙勝殿上說偈品	14 須彌頂上偈讚品	
	11 菩薩十住品	15 十住品	
	12 梵行品	16 梵行品	
	13 初發心菩薩功德品	17 初發心功德品	
	14 明法品	18 明法品	
夜摩天宮會	15 佛昇夜摩天宮自在品	19 昇夜摩天宮品	夜摩天宮會
	16 夜摩天宮菩薩說偈品	20 夜摩宮中偈讚品	
	17 功德華聚菩薩十行品	21 十行品	
	18 菩薩十無盡藏品	22 十無盡藏品	
兜率天宮會	19 如來昇兜率天宮一切寶殿品	23 昇兜率天宮品	兜率天宮會
	20 兜率天宮菩薩雲集讚佛品	24 兜率宮中偈讚品	
	21 金剛幢菩薩十迴向品	25 十迴向品	
他化天宮會	22 十地品	26 十地品	他化天宮會
		27 十定品	重會普光法堂
	23 十明品	28 十通品	
	24 十忍品	29 十忍品	
	25 心王菩薩問阿僧祇品	30 阿僧祇品	
	26 壽命品	31 壽量品	
	27 菩薩住處品	32 諸菩薩住處品	
	28 佛不思議法品	33 佛不思議法品	
	29 如來相海品	34 如來十身相海品	
	30 佛小相光明功德品	35 如來隨好光明功德品	
	31 普賢菩薩行品	36 普賢行品	
	32 寶王如來性起品	37 如來出現品	
重會普光法堂	33 離世間品	38 離世間品	三重會普光法堂
多園林會	34 入法界品	39 入法界品	逝多園林會

　　在六十《華嚴·如來名號品》「十定」一詞，已包括在菩薩行位之中：「開示十方一切如來所可分別菩薩：十住、十行、十迴向、十藏、十地、十願、

十定、十自在、十頂。」〔註80〕這些菩薩行位中,皆有諸品與之對應,為何獨缺〈十定品〉呢?在西晉‧竺法護所譯的《等目菩薩所問三昧經》三卷,其對應品名為〈十定品〉,早在西元三世紀末到四世紀初就已經譯出,比六十《華嚴》譯出的時間約早一百年,為何六十《華嚴》沒有〈十定品〉呢?其原因已不得而知,有可能是六十《華嚴》之梵文原本就已缺少〈十定品〉,也有可能〈十定品〉原本就存在,但不知什麼原因脫落了。所以,龜川教信認為八十《華嚴》有〈十定品〉是比較完備的:自〈十定品〉以下至〈如來出現品〉等諸品,包括在重會普光法堂;與〈離世間品〉為三重會普光法堂做一對照,存有〈十定品〉是合理的處理,因為從整部《華嚴經》之組織的調和、邏輯的觀點來看,是更加完備的。〔註81〕

(二)〈十地品〉品會無差之殊勝

六十《華嚴》之第六會為「他化天宮會」,是從〈十地品〉第二十二至〈寶王如來性起品〉第三十二,總共有十一品,一會有十一品故品會意趣有別;而八十《華嚴》之第六會亦為「他化天宮會」,只有〈十地品〉一品,一會之中只有一品,故釋名宗趣品會無差,也是此品殊勝之處。

六十《華嚴》第六會有十一品,〈十地品〉只是其中一品,故無法以會釋名,亦即分為釋名與品名二部分來詮釋:釋名,即釋會名,約說法處為名,為「他化自在天會」;品名,有四義:《漸備一切智德經》、《集一切智智法門品》、《十住經》、十地。八十《華嚴》之第六會只有一品,故以會釋名,具有三義:以說法者金剛藏菩薩為主體,故稱「金剛藏會」;以說法處他化自在天為主體,故稱「他化自在天會」;以所說之法及品名來命名,故稱「十地會」。六十《華嚴》第六會有十一品,其宗趣亦是品會有別,有會宗、品宗之別;八十《華嚴》之第六會只有一品,故其宗趣是品會無差。

(三)前後連結的差異

在上文「結構的差異」中,已探討六十《華嚴》欠缺〈十定品〉的原因已不得而知,但欠缺此品有何缺點呢?以下將試圖來說明八十《華嚴》增添〈十定品〉的優點,以突顯六十《華嚴》欠缺此品造成前後連結上的不足與缺失。十定,又稱十大三昧、十三昧,指普賢的深定妙用無窮。〈十定品〉乃

〔註80〕六十《華嚴》卷4,《大正藏》冊9,頁418中。
〔註81〕參見龜川教信著,釋印海譯:《華嚴學》,頁50。

是如來命普賢菩薩為普眼及會中諸菩薩眾所宣說的十種三昧，包括：普光大三昧、妙光大三昧、次第遍往諸佛國土大三昧、清淨深心行大三昧、知過去莊嚴藏大三昧、智光明藏大三昧、了知一切世界佛莊嚴大三昧、眾生差別身大三昧、法界自在大三昧、無礙輪大三昧。

茲從三方面來說明〈十定品〉是連結法雲地與十通之間的橋梁：1.從菩薩行位而言，十地之後即是等覺，其中等覺位包括〈十定品〉第二十七至〈諸菩薩住處品〉第三十二共六品，〈十定品〉主要說明等覺位菩薩之定用。2.若從修行的次第而言，十地法雲地受職後，離煩惱垢，證得十種三昧，接著於〈十定品〉的等覺位將所證悟的十種三昧向大眾說法。菩薩修習禪定有多種目的，有些是藉禪定來啟發智慧，有些則是藉禪定來引發神通，〔註82〕在〈十通品〉普賢菩薩向大眾宣說十種神通，即是藉禪定來引發神通。3.若從修行的果德而言，十地法雲地修智波羅蜜，成就無量百千阿僧祇三昧門、陀羅尼門、神通門。〔註83〕等覺位為十地之果德，十地之智波羅蜜成就之後，以智慧顯定用、神通，即是〈十定品〉、〈十通品〉。所以，在〈十定品〉普賢菩薩宣說十種三昧；在〈十通品〉則宣說十種神通，即是藉禪定來引發神通。十地、十定、十通三者間，具有內在的邏輯關聯，〈十定品〉的補入，連結了邏輯鏈條中缺失的一環，〔註84〕而使得成就智波羅蜜、證得十種三昧（十地法雲地）→宣說十種三昧（十定）→宣說十種神通（十通），三者之間互相連結，並且達到定慧等持的力用。

以上從環繞〈十地品〉的三個相關面向，來探討晉譯本與唐譯本之〈十地品〉的差異，突顯了八十《華嚴》的文本之完整與優越性，且其品目較為完備，文義暢達，義理周全，因而在漢地流傳最廣。

第四節　〈十地品〉及論書對後代的影響

在印度及中國，華嚴菩薩階位之發展過程是不同的，但仍以「十地」最為重要。歷代祖師對〈十地品〉所作的論書有：《十住毘婆沙論》、《十地經論》。《十住毘婆沙論》對華嚴學的發展過程，影響不大。《十地經論》的譯出，不但造就了許多地論師，而且地論師又分化為南道派、北道派，北道派後來與

〔註82〕 參見釋印順：《華雨集》第1冊（台北：正聞出版社，1993年），頁81。
〔註83〕 參見八十《華嚴》卷39，《大正藏》冊10，頁206下。
〔註84〕 參見桑大鵬：《三種《華嚴》及其經典闡釋研究》，頁51。

攝論宗合流，南道派的其中一系則孕育出華嚴宗。

一、華嚴十地菩薩行位的影響

佛教徒修行的目的是爲了獲得究竟解脫，成佛是其最高的理想境界。在原始佛教時期，佛是指出生於人世間，於歷史上眞實存在，修行達到究竟圓滿的釋迦牟尼佛。到了部派佛教時期，出現了三世佛的觀念，釋尊之前有過去六佛（毘婆尸佛、尸棄佛、毘舍浮佛、拘留孫佛、拘那含牟尼佛、迦葉佛），現在有釋迦佛，未來有彌勒佛。在部派時期，三世佛中的過去佛是多佛，不會引起異議，但現在佛是一佛或多佛，各部派間則有不同的看法，根據《中阿含經》云：「若世中有二如來者，終無是處。」〔註85〕上座部的論師承襲此說法，認爲佛的出世有其先後次序，在現在世不能同時有二佛並存，所以只承認現在世界中，有釋迦牟尼佛，而且一切諸佛皆出自於閻浮提。〔註86〕但大眾部、法藏部、銅鍱部的論師，則認爲現在十方世界有多佛同時出世。〔註87〕

部派佛教的現在十方多佛說，對佛教的影響，大致可分爲二方面：因釋尊入涅槃而感到無依的信眾，可以生到其它佛土；由一佛擴大到十方成佛的思想，促使佛教邁入大乘佛教時期。〔註88〕《華嚴經》受到部派佛教的現在十方多佛說的影響，提出十方成佛的思想，擴大了成佛的範圍，把成佛的修行方法推廣到一切有情，這種思想就超越了部派佛教的現在一佛說。《華嚴經‧如來出現品》云：

> 我等十方八十不可說百千億那由他佛刹微塵數同名諸佛，皆說此法。如我所說，十方世界一切諸佛亦如是說。佛子！今此會中，十萬佛刹微塵數菩薩摩訶薩，得一切菩薩神通三昧，我等皆與授記，一生當得阿耨多羅三藐三菩提。佛刹微塵數眾生，發阿耨多羅三藐三菩提心，我等亦與授記，於當來世，經不可說佛刹微塵數劫，皆得成佛。〔註89〕

十方世界有無量無邊相同名字的一切諸佛，皆在說法。從時間上而言，在此

〔註85〕《中阿含經》卷47，《大正藏》冊1，頁723下～724上。
〔註86〕參見《入大乘論》卷下，《大正藏》冊32，頁47上。
〔註87〕參見釋印順：《初期大乘佛教之起源與開展》，頁156～157。
〔註88〕參見釋印順：《初期大乘佛教之起源與開展》，頁158。
〔註89〕八十《華嚴》卷52，《大正藏》冊10，頁278中。

法會上，有無量無邊的久修習菩薩獲得了神通三昧，諸佛爲其授記，在一生中就能成佛；若於此時才初發菩提心者，將來亦能成佛。從空間上而言，十方世界有無量無邊的國土，故亦有無量無邊的佛，即使在同一時間成佛，這個國土的空間亦可容納十方諸佛，不會有滯礙。

　　《華嚴經》雖然提出了十方成佛的思想，但成佛並非是一件易事，而是要經過十種修行階段才能達成，即是菩薩的階位，如：十住、十行、十迴向、十地等。在印度時期，《華嚴經》的十住、十行、十迴向、十地等四十個項目，並非連貫的菩薩階位，彼此間是獨立而無關連。其中，十行與十迴向並非修行階位；十住與十地則是個別獨立的修行體系，指菩薩從初發心的起點，到成佛的終點這一修行歷程。〔註 90〕上文曾論及大乘佛教有二種不同系統的十地菩薩階位：一爲大乘十地思想先驅——十住說，華嚴十住是受到《大事》十地、《小品般若經》四階位的影響，其內容簡樸而淺顯；一爲大乘十地說，《華嚴經・十地品》的歡喜等十地，又稱「不共十地」，其原型則來自於《大事》，其內容充實而深奧。這兩種菩薩行位中，十住是初期大乘的重要法門，但自從「華嚴十地」興起後，十住說就漸趨式微，取而代之的是十地說。十住與十地兩者間，又以十地最爲重要，其中的〈十地品〉是《華嚴經》的核心部分，詳細闡述了菩薩如何入地、住地、出地，以及不斷勝進的問題。

　　至於中國佛教，則將菩薩的修行分爲五十二階位，主要是受到《梵網經》、《佛說仁王般若波羅蜜經》（以下簡稱《仁王經》）、《瓔珞經》的影響。大乘菩薩的修行階位，各經論所說不一，如《梵網經》菩薩修行階位爲四十法門：十發趣心（堅信忍）、十長養心（堅法忍）、十金剛心（堅修忍）、十地（堅聖忍）；〔註 91〕《仁王經》菩薩修行階位爲五十一法門：十善、習種性（十信心）、性種性（十止心）、道種性（十堅心）、十地、薩婆若；〔註 92〕《瓔珞經》菩薩修行階位則爲五十二法門：十信、習種性（十住）、性種性（十行）、道種性（十迴向）、聖種性（十地）、等覺、妙覺（一切智地）。〔註 93〕這三部經典中，《梵網經》與《仁王經》，皆沒有使用《華嚴經》的術語，只有《瓔珞經》使用了十住、十行、十迴向、十地等詞語，而且連十地的名稱，

〔註 90〕　參見水野弘元著，香光書鄉編譯組譯：《佛教的眞髓》，頁 387。
〔註 91〕　《梵網經》卷上，《大正藏》冊 24，頁 997 下。
〔註 92〕　《仁王經》卷上、下，《大正藏》冊 8，頁 826 中～828 上、831 中。
〔註 93〕　《瓔珞經》卷上，《大正藏》冊 24，頁 1011 下～1013 上。

也運用了〈十地品〉之用語。〔註94〕

由於《瓔珞經》所舉之五十二階位名義整然，位次無缺，故自古以來被視為最完備的行位論，廣為大乘諸家所採用，亦為天台宗所運用。而華嚴宗之菩薩階位為何呢？華嚴宗依教義而立五教（小乘教、大乘始教、終教、頓教、圓教），其菩薩階位採取終教的立場，強調一切眾生皆當成佛，其修行是由淺至深、循序漸進而經歷四十一階位。這四十一階位，包括十住、十行、十迴向、十地、佛地。華嚴終教不立十信的原因，以為十信在初住中，不應別立。根據法藏《華嚴一乘教義分齊章》（以下簡稱《華嚴五教章》）的說法：「又於地前但有三賢，以信但是行，非是位故，未得不退故。」〔註95〕十信位歸於行法，而不屬於位法，因為尚未證得不退位之境地，如《瓔珞經》所說「常行十心」，〔註96〕也如《仁王經》所說：「習忍以前行十善菩薩，有退有進，譬如輕毛，隨風東西。」〔註97〕十信位之行者，道心尚未堅固，如鴻毛般隨風飄動，仍有迷失、退墮的可能，所以把十信位納入初住，因為初住已不再退墮到二乘地。

綜上分析，印度及中國佛教時期，華嚴十地行位之發展過程是不同的，茲說明其影響如下：

（一）在印度的大乘佛教時期，雖有十地思想的先驅——「十住說」，但是從「華嚴十地」興起後，一直到後世，菩薩的修行階位都只有「十地說」。

（二）華嚴「十地」本身，就是個別獨立的修行體系，它是指菩薩從第一歡喜地發起菩提心，然後開始力行布施波羅蜜等利他菩薩行，直到第十法雲地成佛的終點。所以，華嚴十地也是菩薩從初發心到成佛的整個修行歷程。

（三）《大事》、《大品般若經》、《梵網經》、《仁王經》、《瓔珞經》、《首楞嚴經》等十地，以華嚴十地最廣為後世所採用。

（四）華嚴十地是聖位與賢位的分野。菩薩修行四十一階位中，十住、十行、十迴向是三賢位，而菩薩登初地之後，即生無漏智，見佛性，乃至成為聖者，長養佛智，故稱此地為十聖位。

〔註94〕《瓔珞經》卷上：「聖種性中有十人，其名：歡喜菩薩、離垢菩薩、明慧菩薩、焰光菩薩、難勝菩薩、現前菩薩、遠行菩薩、不動菩薩、慧光菩薩、法雲菩薩。」《大正藏》冊24，頁1012下。
〔註95〕《華嚴五教章》卷2，《大正藏》冊45，頁489上。
〔註96〕《瓔珞經》卷上，《大正藏》冊24，頁1011下。
〔註97〕《仁王經》卷下，《大正藏》冊8，頁831中。

二、宇宙觀的探討

在原始佛教時期，世尊當時印度存在著各種宇宙之起源論，如：一元論、二元論與多元論等，這些都是超越經驗認知層次的問題，無法從吾人之直接經驗去認識，所以世尊避而不談。世尊的教法，是以解脫為目的之實效主義，重視人生實踐的問題，故對於形上學的十無記，〔註 98〕或十四無記等議題，〔註 99〕這些二律背反（antinomies）的正反命題，是不可解的，故保持沈默捨置不答，因為這些問題，無益於修行上之解脫。世尊講了一個毒箭的譬喻，來說明自己不回答的原因：

> 猶如有人，身被毒箭，因毒箭故，受極重苦。彼見親族，憐念愍傷，為求利義，饒益安隱，便求箭醫。然彼人者，方作是念：未可拔箭！我應先知彼人如是姓、如是名、如是生；為長、短、麤、細；為黑、白、不黑、不白；為剎利族，梵志、居士、工師族；為東方、南方、西方、比（北）方耶？未可拔箭！我應先知：彼弓為柘、為桑、為槻、為角耶？未可拔箭！我應先知弓扎：彼為是牛筋、為麞鹿筋、為是絲耶？未可拔箭！……彼人竟不得知，於其中間而命終也。〔註 100〕

爭論形上學問題之人，就如同一個人身中毒箭不先就醫，而只尋問射箭者的種姓（階級）、姓名、身高、膚色、住處，其弓的強弱、弦或箭的形狀、箭羽的材料等，這些問題還沒弄清楚之前，此人已毒發而身死了。毒箭的譬喻是很真切的，因為十無記或十四無記等問題能不能解答，人世間的苦惱依然存在，所以這些命題與解脫無關，如何從生死苦惱中得到解脫，才是世尊所關切的問題，不應將其化為形上學的理論。「事實上，原始佛教所要追求的，並不是一套完整的形上學系統，而是為了人生理想的實踐而建立的一條康莊大道，這便是『苦滅道諦』，或稱『道諦』。」〔註 101〕

〔註 98〕《中阿含經》卷 60：「世有常、世無有常；世有底、世無底；命即是身、為命異身異；如來終、如來不終、如來終不終、如來亦非終亦非不終耶？」《大正藏》冊 1，頁 804 上。

〔註 99〕《雜阿含經》卷 34：「世間常、世間無常、常無常、非常非無常；有邊、無邊、邊無邊、非邊非無邊；命即是身、命異身異；如來有後死、無後死、有無後死、非有非無後死。」《大正藏》冊 2，頁 245 下。

〔註 100〕《中阿含經》卷 60，《大正藏》冊 1，頁 804 下～805 上。

〔註 101〕黃俊威：《緣起的詮釋史》（中壢：圓光出版社，1996 年 9 月），頁 11。

到了部派佛教，開始探討宇宙的本質問題，其中各部派對於法的分類，以及法的實有或假有等問題亦有所不同，今以說一切有部為例。說一切有部將構成世界之法分為五位七十五法，它是對宇宙萬法的分類，以五位七十五法來分析統攝一切現象：色法十一種、心法一種、心所有法四十六種、不相應行法十四種、無為法三種，其中前四類屬於有為法，後一類屬於無為法。有為法受因緣法之支配，有生滅變化；無為法則是常住絕對的狀態，離生滅變化。說一切有部的根本教義，為「法有我無」，或稱「我空法有」，否定人我，而主張五位七十五法等諸法為實有，稱為「三世實有，法體恒有」，謂過去、現在、未來之三世，一切諸法之實體皆恆常存在。部派佛教雖然對於宇宙之本質有所涉獵，但未通達人法二空，亦即只強調法有，未達到法空的思想，所以還不究竟、圓滿。

至於大乘佛教時期，《華嚴經・十地品》之「三界所有，唯是一心」，以及「十二有支，皆依一心」，此二議題構成了中國佛教對於宇宙觀的探討。「三界唯心」、「一心緣起」是將三界與十二因緣之本源，皆歸結於「一心」，亦即從不同的面向來說明心體，而將兩者之「一心」做為宇宙萬法的本源。「三界唯心」，三界所有的一切，皆是一心所變現的，心又有真心、妄心之區別，若從三界之本質來說，三界唯是一心。「一心緣起」，即是十二因緣皆依一心，十二因緣是構成有情生存的十二種條件，十二因緣之流轉與還滅，皆因心而起，欲求解脫不再生死輪迴，唯有從心下手。

《大乘起信論》之唯心觀，是天台宗、華嚴宗、淨土宗、密宗四家唯心說的共通基礎，〔註102〕其唯心思想為「一心開二門」，一心即是自性清淨心、如來藏，一切萬法皆是此心所顯現；二門是真如門、生滅門，此心含攝一切世間法、出世間法。由於〈十地品〉提出了「三界唯心」、「一心緣起」之宇宙觀的說法，使得大乘佛教發展成唯心論，而且對中國佛教之宗派產生了重大的影響力。天台宗智顗「圓教的一念心是建立在『性具說』，其將十二因緣、十如、十境皆攝於一念心。亦即將一念心，開展成十界互具，百界千如，一念三千的實相觀。」〔註103〕十乘觀法之「觀不思議境」，萬法唯心故以現前之一念無明心做為所觀之境，此一念心即具足十法界，此無明心即空、即假、

〔註102〕參見村上專精著，釋印海譯：《佛教唯心論概論》（台北：嚴寬祜基金會，2004年12月），頁188。

〔註103〕參見拙著：《天台化法四教之研究——以智顗、智旭的論述為主》，頁198。

即中，爲三諦圓融的不思議妙境。〔註104〕眾生一念中具足三千迷悟諸法、空假中三諦圓融相即。禪宗慧能之「一切萬法盡在自身心中」、「自心歸依覺，邪名不生，少欲知足，離財離色，名兩足尊；自心歸正念，念無邪故，即無愛著，以無愛著，名離欲尊；自心歸淨，一切塵勞妄念雖在自性，自性不染著，名眾中尊。」〔註105〕一爲自心頓現眞如本性，一爲無相三歸依戒，皆是約自心自性而說之唯心思想。

三、〈十地品〉之論書的影響

〈十地品〉之論書有二部：《十住毘婆沙論》、《十地經論》。這二部論書中，對華嚴學的發展影響較大的是《十地經論》，而《十住毘婆沙論・易行品》則對淨土宗產生了極大的影響力。

（一）《十住毘婆沙論》

《十住毘婆沙論》，略稱《十住論》，爲龍樹菩薩造，姚秦鳩摩羅什譯，現存漢譯本共十七卷。〈十地品〉之文比較難解，鳩摩羅什要翻譯《十住經》（即《十地經》）時，曾疑惑猶豫了一個多月未能動筆，後來於姚秦・弘始十年（408），禮請其師佛陀耶舍抵長安，兩人共同討論辭句義理，才譯出《十住經》。〔註106〕《十住論》是由佛陀耶舍口誦，鳩摩羅什漢譯，雖說是在解釋〈十地品〉，但它並非隨文逐段解釋，故釋文有增有減。《十住論》三十五品中，僅有十一品是對《十地經》偈頌之解釋，其餘各品，大多數是論主的發揮。〔註107〕《十住論》共十七卷三十五品，〈序品〉總說造論之宗旨、菩薩之意義，〈入初地品〉第二至〈略行品〉第二十七，是對初地（歡喜地）之註釋，〈分別二地業道品〉二十八至〈戒報品〉第三十五，是對二地（離垢地）之註釋。〈入初地品〉第二至〈入寺品〉第十七，說明在家菩薩行法；〈共行品〉第十八至〈略行品〉第二十七，則敘述在家、出家菩薩之共法；〈共行品〉第十八至〈略行品〉第二十七，則是探討出家菩薩行法。〔註108〕

〔註104〕參見拙著：《天台化法四教之研究——以智顗、智旭的論述爲主》，頁208。
〔註105〕《南宗頓教最上大乘摩訶般若波羅蜜經六祖惠能大師於韶州大梵寺施法壇經》，《大正藏》冊48，頁339下～340下。
〔註106〕參見《出三藏記集》卷14，《大正藏》冊55，頁102下。
〔註107〕參見葉德生：〈十住毘婆沙論與華嚴十地經之比較研究〉，《中國佛教》第30卷第8期（1986年8月），頁11。
〔註108〕《十住毘婆沙論》卷8：「第二地中，多說出家菩薩所行，在家出家菩薩共

　　爲何鳩摩羅什僅注釋十地的初地（歡喜地），與第二地（離垢地）之一半，其原因已不得而知，根據法藏的說法爲：「《十住毘婆沙論》一十六卷，龍樹所造，釋〈十地品〉義。後秦耶舍三藏，口誦其文，共羅什法師譯出，釋〈十地品〉內，至第二地，餘文以耶舍不誦，遂闕解釋。」〔註 109〕法藏認爲《十住論》只譯到第二地的原因，是佛陀耶舍沒有完全誦出梵文，才導致漢譯本未完成。

　　雖然《十住論》是對〈十地品〉的詮釋，但對於華嚴學的發展過程，沒有太大的影響，可說是微乎其微，其主要原因爲「本來一地二地主要是把小乘佛教的教理納入菩薩行的範疇，但本論所提問題及其回答更多的是局限於小乘佛教教義，其解釋名詞術語多引《阿毗曇》，並無多少發揮。至於所談菩薩行，反而成了點綴。」〔註 110〕亦即，十地思想本是闡釋大乘菩薩修道之十個階位，雖然只註釋不到十分之二的內容，仍應以大乘菩薩思想爲主，但《十住論》所述卻以二乘的聲聞、緣覺爲主，可見其論書之詮釋與經典文本差距太大，導致它在華嚴學的地位不彰顯。《十住論》雖對華嚴學沒有產生重大的影響，論中所述〈易行品〉的彌陀信仰，卻對淨土宗產生巨大的影響。在〈易行品〉中，提出難行道與易行道二種修行法門，雖然斥責易行道的行者是「憹弱怯劣、無有大心」，〔註 111〕但仍爲此類眾生開示了方便法門，即易行道的念佛法門。

（二）《十地經論》

　　〈十地品〉的論書對後代影響較大的是《十地經論》，本文分二個面向來探討：一爲《十地經論》譯者之考察，歷來有三種說法；另一爲北道派、南道派的分流，由於菩提流支、勒那摩提兩人對阿梨耶識理解不同，而形成南、北兩派。

1. 《十地經論》譯者之考察

　　《十地經論》，略稱《十地論》，其漢譯本共十二卷，爲世親對〈十地品〉的註釋，屬於早期瑜伽行派的代表論著之一。關於《十地經論》的譯者，根

　　　　行，今當復說。」《大正藏》冊 26，頁 63 下。此段經中，是在〈入寺品〉第十七之末，〈共行品〉第十八之前。
〔註 109〕《華嚴經傳記》卷 1，《大正藏》冊 51，頁 156 中。
〔註 110〕魏道儒：《中國華嚴宗通史》，頁 58～59。
〔註 111〕《十住毘婆沙論》卷 5，《大正藏》冊 26，頁 41 上。

據《十地經論·序》的作者，也是當時譯場的筆受者侍中崔光的記載，是二人同處共譯說。崔光云：

> 以永平元年，歲次玄枵，四月上日，命三藏法師北天竺菩提留支，魏云道希，中天竺勒那摩提，魏云寶意，及傳譯沙門北天竺伏陀扇多，并義學緇儒一十餘人，在太極紫庭，譯出斯論，十有餘卷。斯二三藏並以邁俗之量，高步道門，群藏淵部，罔不研攬，善會地情，妙盡論旨。皆手執梵文，口自敷唱，片辭隻說，辯詣葳遺。于時皇上，親紆玄藻，飛翰輪首，臣僚僧徒，毘贊下風。四年首夏，翻譯周訖。〔註112〕

《歷代三寶紀》引用《李廓錄》的記載：〔註113〕「初譯宣武皇帝御親於大殿上，一日自筆受，後方付沙門僧辯訖了。」〔註114〕《十地經論》的翻譯，是由宣武帝發起，初譯之日皇帝親臨譯場，且親自擔任筆受，然後才交付沙門僧辯等接替筆受的工作，可見此論之受重視的程度。《十地經論》是在宣武帝的外護下，於永平年間（508～511），歷經四年的時間譯出，其翻譯工作是由菩提流支、勒那摩提二人同處主譯，而由佛陀扇多協助傳譯，參與者有僧俗十餘人。

此外，又有二種不同的傳說。第一種是菩提流支、勒那摩提二人別處別譯說。根據隋代費長房《歷代三寶紀》的記載：「《十地經論》十二卷，《寶積經論》四卷。已上二論，菩提流支（與勒那摩提）並譯，且二德爭名，不相詢訪，其間隱沒，互有不同，致綴文言，亦有異處，後人始合。見《寶唱錄》載。」〔註115〕《歷代三寶紀》依據梁代《寶唱錄》（已亡佚）的說法，《十地經論》是菩提流支、勒那摩提因見解不同而分別翻譯，後來經由慧光，請勒那摩提、菩提流支二人對校兩本的同異，把它合糅為一。

第二種是菩提流支、勒那摩提、佛陀扇多三人別處別譯說。唐代道宣的說法，已把二人分譯說，渲染成三人各譯說了，根據《續高僧傳·菩提流支傳》之記載：「當翻經日，於洛陽內殿，流支傳本，餘僧參助。其後三德，乃徇流言，各傳師習，不相詢訪。帝以弘法之盛，略敘曲煩。勅三處各翻，訖

〔註112〕《十地經論》卷1，《大正藏》冊26，頁123中。
〔註113〕《李廓錄》又稱《魏世眾經目錄》，北魏李廓撰，作於永平年間，原錄已亡佚。
〔註114〕《歷代三寶紀》卷9，《大正藏》冊49，頁96上。
〔註115〕《歷代三寶紀》卷9，《大正藏》冊49，頁86中。

乃參校。其間隱沒，互有不同，致有文旨，時兼異綴，後人合之，共成通部。」〔註116〕菩提流支、勒那摩提、佛陀扇多三人，在傳譯此論時，是各傳各的師承和所習，彼此不相諮詢和論究，宣武帝只好命令三人分開，在三處各別譯出，之後經由後人把三本合為通部的一本。

綜上所述，關於《十地經論》的譯者，雖然有三種說法，但一般認為是菩提流支與勒那摩提二人同處共譯比較可信，因為序文的作者崔光，是當時譯場的筆受，其說法應該是可靠的。然而，菩提流支、勒那摩提二人，都曾講過《十地經論》，且對阿梨耶識有不同的理解，因而產生南道、北道兩派，卻是事實。所以，二位祖師對於譯本的不同見解而分譯，也是有可能的。

2. 北道派、南道派的分流

菩提流支、勒那摩提二人，見解歧義的原因，主要是對「阿梨耶識」觀點的差異。《十地經》主要說明菩薩修行的十個次第，在該經的「三界虛妄，但是一心作」，〔註117〕《十地經》的「一心」，是指真心或妄心呢？世親於其《十地經論》中，經說與論釋均未說明八識緣起，只是論中散見阿梨耶識的名稱，他把《十地經》的「一心」，解釋成「阿梨耶識」（ālayavijñāna）和「阿陀那識」（ādāna-vijñāna）。〔註118〕所以，《十地經論》譯出之後，菩提流支、勒那摩提二人對於世親的「一心」與「阿梨耶識」產生了不同的意見，而導致二者間意見的分歧。「依《十地經論》上所見的阿黎耶識為主張的是菩提留支，而以一心為主體的卻是勒那摩提的意見。」〔註119〕

菩提流支、勒那摩提兩人對阿梨耶識理解不同，而形成南、北兩派。湛然云：「古弘地論，相州自分南北二道。」〔註120〕南、北二道的地論師，是以

〔註116〕《續高僧傳》卷1，《大正藏》冊50，頁429上。

〔註117〕《十地經論》卷8，《大正藏》冊26，頁169上。

〔註118〕參見楊惠南：《吉藏》（台北：東大出版，1989年4月），頁87～88。《十地經論》卷8云：「是凡夫如是愚癡顛倒，常應於阿梨耶識及阿陀那識中求解脫，乃於餘處我、我所中求解脫。此對治，如經：『是菩薩作是念，三界虛妄，但是一心作』」《大正藏》冊26，頁170下。

〔註119〕高峰了州著，釋慧嶽譯：《華嚴思想史》，頁59。

〔註120〕《法華文句記》卷7中，《大正藏》冊34，頁285上。呂澂認為湛然的說法不甚可信。他引用《續高僧傳‧道寵傳》：「故使洛下有南北二途，當現兩說自斯始也，四宗五宗亦仍此起。」《大正藏》冊50，頁482下。以及採取日人布施浩岳的主張：「流支與摩提在洛陽異寺而居，流支住永寧寺，在洛陽城

相州通往洛陽的南、北二道而區分。北道一派，稱北道地論師，從菩提流支出，以道寵爲開祖。南道一派，稱南道地論師，從勒那摩提出，以慧光爲開祖。所以南北地論師的起源，是從《十地經論》的翻譯產生的。「關於南北二道學說的差異，大致可以歸納爲兩說：一是『眞如依持說』與『梨耶依持說』之不同；二是八識建立說與九識建立說之不同。」〔註121〕阿梨耶識的眞妄問題，是南北二道分歧的導火線。第一種說法：南道派主張眞如依持說，認爲阿梨耶識與《楞伽經》的如來藏心、《涅槃經》所說的佛性是相同，稱阿梨耶識爲眞常淨識，而說佛性本有。北道派主張梨耶依持說，以阿梨耶識爲無明之妄心，而說佛性當有，須累劫修行，才能成佛。第二種說法：南道派認爲梨耶淨識，建立八識說；北道派認爲第八識梨耶爲妄識，另立第九識爲淨識。

　　北道派，又稱相宗北道派，其開創者爲道寵，曾師事菩提流支，視阿梨耶識爲妄識說。道寵從菩提流支學《十地經論》深義，受教三年，隨所聞作疏，就疏開講，聲譽日高，爲鄴下所推許。他培養出的學子多到千餘人，而以僧休、法繼、誕禮、牢宜、儒果及志念等人最負盛名。北道派雖立第九識爲淨識，然尚無阿摩羅識之名。到了眞諦的攝論宗興起，立第八阿梨耶識爲妄識，第九識阿摩羅識爲淨識之說，此說與地論宗北道派之主張相近，故北道派受攝論宗的影響，漸漸同化而合流，於是地論宗便只有南道派獨存了。

　　南道派，又稱相宗南道派，其開創者爲慧光，乃是勒那摩提的門人，視阿梨耶識爲眞識說。勒那摩提主要弟子有三人，其中道房、定義傳承其禪法，慧光傳承其教學與律學。慧光，世稱光統律師，從佛陀扇多出家，曾參與《十地經論》的傳譯，當勒那摩提、菩提流支分別譯出此論時，因爲素來學習梵語，會通雙方的諍論，比較同異，折衷調和而合爲一本，地論宗遂因之興起。〔註122〕慧光的門下弟子有地論、四分兩派：僧範、道憑、道愼、曇衍、僧達、安廩、慧順、曇遵、法上、靈詢等，傳承他的地論學說；道雲、

西第三門道北，摩提可能住白馬寺，在西郊第二門道南。根據他們所住寺院一在御道南，一在御道北，因此有了南道、北道之說。」參見呂澂：《中國佛學源流略講》，頁 151～152。
〔註121〕魏常海釋譯：《十地經論》（高雄：佛光文化事業有限公司，1997 年 6 月），頁 227。
〔註122〕參見《續高僧傳》卷 21，《大正藏》冊 50，頁 607 下。

道暉、洪理、曇隱等，傳承他的四分律學。

在慧光弟子中，有三系對於地論宗的弘傳，呈現多樣性的發展，分別是法上傳淨影慧遠（以下簡稱慧遠）、道憑傳靈裕、曇遵傳曇遷這三系。曇遵傳曇遷這一系中，曇遷於北周武帝廢佛之際，南下避難，住建康道場寺，論唯識義旨，後至桂州在刺史蔣君之宅，得真諦譯的《攝大乘論》，深有所感，乃決意弘演此論。隋初佛教再興，師乃返回北地，入彭城講說《攝大乘論》，自此攝論宗弘揚於北方，為北地攝論宗的開祖。〔註123〕

法上傳慧遠這一系中，慧遠二十歲受具足戒，依法上為得戒和尚，順都為羯摩阿闍梨，慧光之十大弟子為其證明師。又就大隱律師學習《四分律》五年。後來，從學於法上七年，研討至理。慧遠屬地論宗南道派，然晚年又曾就曇遷稟受《攝大乘論》，博綜當代諸學，亦精通文理，世稱「釋義高祖」、「釋家龍象」。慧遠與天台宗智顗、三論宗吉藏並稱，後世尊為「隋代三大法師」，可見其歷史地位之重要。關於慧遠之宗派，到底是屬於那一宗派，古來有眾多說法。〔註124〕其中較接近史實的說法，「《地論》而兼《涅槃》之學者。其《大乘大義章》，常歸宗《涅槃》也。」〔註125〕亦即慧遠以開講《十地經論》聞名，為地論宗南道派的集大成者，就其學統傳承而言，為地論師；他又是隋代重要的涅槃師之一，以《大涅槃經》為核心，其弟子中以精通《涅槃經》最多，其次才是《十地經論》，就其教化而言，稱為涅槃師。

道憑傳靈裕這一系中，道憑是一位大學者，辯才巧妙。道憑的門人靈裕，通達大小乘經典，聲名遠播，世人尊為「裕菩薩」。靈裕的弟子靜淵，創始終南山至相寺，成為華嚴宗的祖庭。靜淵的門下智正，精通《華嚴經》，其弟子為智儼。道憑門下之傳承關係為：道憑－靈裕－靜淵－智正－智儼，亦即道憑四傳到智儼，智儼是華嚴宗二祖，也是法藏的師父，這一派的傳承開闢了華嚴立宗的端緒，所以華嚴宗也可視為南道地論師系統的發展。

〔註123〕參見《續高僧傳》卷18，《大正藏》冊50，頁572上～中。

〔註124〕一般說法，慧遠為地論師。黃懺華的折衷說法：「遠承法上之系統，繼南道之學說，然晚年又就曇遷稟《攝論》。奉地論宗，兼奉涅槃宗、攝論宗及三論宗。而尤致力於地論宗。」黃懺華：《中國佛教史》（台北：河洛圖書出版社，1974年12月），頁142～143。韓鏡清的另類說法：「但就遠法師現存著作以判，則與其說他是地論師，不如說他是起信論師來得確當。」〈淨影八識義述〉，《現代佛教學術叢刊》26，1978年11月，頁345。

〔註125〕湯用彤：《漢魏兩晉南北朝佛教史》（北京：昆侖出版社，2006年4月），頁717。

南道派這三系的傳承，直到隋唐末斷，曇遵傳曇遷這一系轉入攝論宗，法上傳慧遠這一系兼弘《地論》、《涅槃》二宗，道憑傳靈裕這一系孕育出華嚴宗。

表 2-7：地論師分化的過程及結果

分化	分歧人物	開祖	依持	心識說	發展結果
北道派	菩提流支	道寵	梨耶依持	九識說	與攝論宗合流
南道派	勒那摩提	慧光	眞如依持	八識說	曇遵－曇遷→攝論宗
					法上－慧遠→兼弘《地論》、《涅槃》
					道憑－靈裕－靜淵－智正－智儼－法藏→開創華嚴宗

第五節　南道地論師對華嚴宗的影響

南道地論師對華嚴宗的影響，主要分三方面來論述：一爲宗趣論，闡述《華嚴經》的教義經旨；二爲判教論，爲五教十宗；最後爲六相，是根本教理。此三方面的探討，將從開祖慧光或慧遠，智儼、法藏、澄觀之順序依次討論。

一、宗趣論

何謂「宗趣」呢？根據法藏的說法：「語之所表曰宗，宗之所歸曰趣。」〔註126〕但「語之所表」又是何義呢？應是指詮釋經典語言中，最尊貴、高尚、究極的宗意。〔註127〕《華嚴經》之宗趣，是指《華嚴經》所欲闡述的教義經旨，可透過地論師及華嚴宗人之說法來解明。

關於《華嚴經》的宗趣，古來有不同的見解，慧光提出「因果理實爲宗」。因果是所成行德，即修菩薩因而達到成佛之果的境地；理實是所依法界，即生起萬法的本源。〔註128〕可見慧光重視菩薩因成佛果，以及法界理論，其後學只有二者擇一而已。曇衍是以無礙法界爲宗，靈裕是以甚深法界心境爲宗，

〔註126〕《探玄記》卷1，《大正藏》冊35，頁120上。

〔註127〕《刊定記》卷1：「第六宗趣者，宗謂尊崇，趣即意指，謂此一部經內所詮義中，最所珍貴高尚之義，謂之宗也。」《卍續藏》冊3，頁589上。

〔註128〕《探玄記》卷1，《大正藏》冊35，頁120上。

皆是以所依法界爲宗,被法藏批評爲只有根本法界,而無實踐之德。〔註129〕
慧遠以華嚴三昧爲宗,即「因行之華,能嚴佛果」,透過「華嚴」二字來概括
全經之宗趣,它是以所成行德爲宗,被法藏批評爲只有實踐之德,而忘了根
本法界。〔註130〕此外,法藏於《花嚴經文義綱目》又云:「今依光統師,以因
果緣起理實爲宗趣。因果是位,緣起是義,理實是體。以因果與理實不二,
故是緣起也。又因果約事,緣起會相,理實顯體。」〔註131〕由此可見,慧光
之宗趣論有二種,一爲因果理實,另一爲因果緣起理實,第二種又比第一種
增加了「緣起」,其意涵更加深入。

智儼的宗趣論,爲因果緣起理實,〔註132〕與慧光之第二種宗趣論相同。
以往學界大多採取慧光的第一種宗趣論,而說智儼是在慧光的基礎上,添加
了「緣起」二字。綜上所述,慧光與智儼,皆提倡因果緣起理實爲宗趣。法
藏則又在慧光、智儼的基礎上,添加了「法界」二字:「今總尋名案義,以因
果緣起,理實法界,以爲其宗。」〔註133〕法藏受到慧光以及智儼的思想啓發,
將「因果緣起,理實法界」定爲《華嚴經》之共同見解。

法藏提出了華嚴宗趣論有六家;〔註134〕慧苑在法藏基礎上,又增加了笈
多三藏之「三十二聖觀行」;〔註135〕澄觀則在二人之基礎上,又增加了四家:
有說以緣起爲宗、有云以唯識爲宗、有說言以海印三昧爲宗,以及自說,共
十一家。〔註136〕澄觀將法藏的宗趣論列爲第十家,並提出其看法:

> 賢首以前各互闕故,……故賢首意取光統,而加緣起法界之言。由
> 光統師以因果即緣起,理實即法界,故不開之。賢首以因果是緣起
> 中別義,理實是法界中別義,故加總名。以法界有事理及無礙故,
> 緣起體上之用故,所以加之。〔註137〕

法藏的宗趣論,乃取慧光之第一種宗趣論「因果理實」,再加上「緣起法界」,

〔註129〕參見《探玄記》卷1,《大正藏》冊35,頁120上。
〔註130〕參見《探玄記》卷1,《大正藏》冊35,頁120上。
〔註131〕參見《花嚴經文義綱目》,《大正藏》冊35,頁495上。
〔註132〕《搜玄記》卷1:「釋教下所詮宗趣者,有其二種:一、總,二、別。總謂因
　　　　果、緣起、理實爲宗趣。」《大正藏》冊35,頁14下。
〔註133〕《探玄記》卷1,《大正藏》冊35,頁120上。
〔註134〕參見《探玄記》卷1,《大正藏》冊35,頁120上。
〔註135〕參見《刊定記》卷1,《卍續藏》冊3,頁589下。
〔註136〕參見《華嚴經疏》卷3,《大正藏》冊35,頁521下~522上。
〔註137〕《華嚴經疏》卷3,《大正藏》冊35,頁522上。

而構成「因果緣起，理實法界」之宗趣論，但兩者之宗趣論是有差別的。慧光是取「因果即緣起，理實即法界」的立場，所以不必安立「緣起法界」；而法藏則取「因果是緣起中別義，理實是法界中別義」的立場。亦即因果、理實是別相，故須安立「緣起、法界」之總相。

澄觀的宗趣論，則在法藏的基礎上，進一步加以闡發，並提出「法界緣起不思議爲宗」，《華嚴經疏》云：

> 若取言略攝盡，應言法界緣起不思議爲宗。若取言具，於第十師加不思議。此則攝一總題，理實即大方，緣起即方廣，法界總該前二，因果即佛華嚴，觀其總題，已知別義。而法界等言，諸經容有，未顯特異，故以不思議貫之，則法界等皆不思議，故爲經宗，所以龍樹指此爲《大不思議經》，斯良證也。……若就題中分體宗用，則以理實爲體，緣起爲用，因果爲宗，尋宗令趣理實體故，法界總攝上三。〔註138〕

澄觀的華嚴宗趣論，全稱爲「因果緣起理實法界不思議」，略稱爲「法界緣起不思議」。《大方廣佛華嚴經》之總名中，「大方」是理實，「方廣」是緣起，「大方廣」是法界，「佛華嚴」是因果。此外，澄觀於《華嚴經疏・并序》亦讚嘆本經：「剖裂玄微，昭廓心境，窮理盡性，徹果該因，汪洋冲融，廣大悉備者，其唯《大方廣佛華嚴經》焉。」〔註139〕顯示理實之本體和因果的萬象，是圓融自在的，性起的大用即是法界緣起的法門，此義深妙而不可思議。〔註140〕《華嚴經》之經宗，顯示法界融通而不可思議，「法界」一詞諸宗皆有，其特異處即是「不思議」，是「言語道斷，心行處滅」，不可用心意卜度、語言分別，故龍樹稱此經爲《大不思議經》。澄觀宗趣論之名稱中「因果緣起理實法界」，若依照天台智顗釋《法華經》之題名，可分爲體宗用三方面，則理實爲體，因果爲宗，緣起爲用，法界總攝三者。

綜上所述，透過地論師及華嚴宗人之說法來解明華嚴宗趣論，其主軸即是承襲南道地論師慧光之因果理實、因果緣起理實二種爲主，而發展成華嚴宗人法藏之「因果緣起理實法界」，以及澄觀的「因果緣起理實法界不思議」之華嚴宗趣論。以上幾位祖師之宗趣論中，尤以澄觀之「不思議」最能代表

〔註138〕《華嚴經疏》卷3，《大正藏》冊35，頁522上～中。

〔註139〕《華嚴經疏》卷3，《大正藏》冊35，頁503上。

〔註140〕參見李世傑：《華嚴哲學要義》，頁37。

《華嚴經》之法界融通，異於其它經典，也顯示了《華嚴經》之殊勝性及優越地位。

二、判教論

　　大約在兩漢之際，佛教傳入中國，其後陸陸續續有大、小乘經典傳入，翻譯成漢譯佛典。面對著數量龐大、內容不一的經典，須有系統的整理、判釋，也就是判教。南北朝最早展開判教活動的，當推劉宋時代道場寺高僧慧觀，且後來形成一種判教思潮，而有「南三北七，義成百家」之評，一直至隋、唐時代，亦陸續出現新的教判，華嚴宗的判教就是於唐代產生。華嚴宗的判教思想，受到南道地論師慧光、華嚴宗二祖智儼的影響甚大，到了三祖法藏才創立華嚴宗五教十宗之教相判釋。四祖澄觀的判教思想，亦承襲法藏之五教十宗，但其具體內容則稍有不同。

（一）五教說

　　慧光是地論宗南道派的開創者，精通《十地經論》；又是四分律宗的開山祖師，弘揚《四分律》；他還對《華嚴經》極為推崇，曾作注疏，但目前現存的只有《花嚴經義記》卷一的斷片。〔註141〕慧光之著述頗多，可惜皆已散佚，欲了解其思想，只能透過散見於各書的相關記載來推測。

　　智儼曾投身智正門下，研習《華嚴經》，但疑義頗多，收穫不多。因而遍覽群經，搜尋各種疏釋，獲得慧光所撰的《華嚴經疏》，對此經所說「別教一乘無盡緣起」的義旨，有所領會。後來又遇到一位僧人，告之：「汝欲得解一乘義者，其十地中六相之義，慎勿輕也。」〔註142〕也就是要深入一乘，必須先理解十地中的六相義。智儼便從事六相義的研究，作疏解釋《華嚴經》的義理，即《搜玄記》，當時他才二十七歲，但這部著述直到他晚年才在至相寺弘傳。影響智儼華嚴思想最大的契機，是慧光的別教一乘說、無盡緣起說，以及十地中六相義。他在這個基礎上，建構華嚴思想體系，所以智儼的思想是與地論師有淵源的。

　　慧光的判教思想，為三教、四宗說。三教，是指漸、頓、圓三教，又稱光統三教，此種判教並非慧光獨創，乃是承襲佛陀三藏的說法。〔註143〕依日

〔註141〕《花嚴經義記》卷 1，《大正藏》冊 85，頁 234 上～下。
〔註142〕《華嚴經傳記》卷 3，《大正藏》冊 51，頁 163 下。
〔註143〕參見《探玄記》卷 1，《大正藏》冊 35，頁 110 下。

本的凝然和鳳潭所引用的《華嚴疏》，慧光曾言：「今此經（《華嚴經》）者，三教之中，蓋是頓教所攝。」〔註144〕若從以上的引文，則漸、頓、圓三教中，慧光是把《華嚴經》判爲頓教。智儼對於三教判的說法，可從其《搜玄記》看出：「一化始終，教門有三：一曰、漸教；二曰、頓教；三曰、圓教。……第三言圓教者，爲於上達分階佛境者，說於解脫究竟法門，滿足佛事故名圓也。此經即頓及圓二教攝。」〔註145〕智儼對於三教判，乃是承襲慧光的說法，但將《華嚴經》攝入頓、圓的位置。

法藏於《華嚴五教章》卷 1、《探玄記》卷 1，列舉古今判教學說，共有十家，其中第三家即慧光的漸、頓、圓三教說：

> 依光統律師，立三種教，謂漸、頓、圓。光師釋意：以根未熟，先說無常，後說常；先說空，後說不空；深妙之義，如是漸次而說，故名漸教。爲根熟者，於一法門具足演說一切佛法，常與無常，空與不空，同時俱說，更無漸次，故名頓教。爲於上達分階佛境者，說於如來無礙解脫、究竟果海、圓極祕密自在法門，即此經是也。
>
> 〔註146〕

釋迦一代的教法，爲根機未熟者，先由淺至深的次第說教，這是漸教。爲利根者，說一切佛法具足，不分淺深同時說教，這是頓教。又爲上臻佛境者，說如來果德圓滿自在的法門，這是圓教，也就是《華嚴經》所說。若以《華嚴五教章》、《華嚴經傳記》的說法，〔註147〕慧光是把《華嚴經》歸爲圓教。但法藏於《探玄記》的說法，則有所不同：「即以此經（《華嚴經》）是圓、頓所攝。」〔註148〕法藏在《探玄記》中，則將《華嚴經》歸爲圓、頓二教。從法藏的三部著作中，發現有二種不同的說法，到底慧光是將《華嚴經》判爲圓教、頓教，或圓頓二教呢？

根據木村清孝及方立天的說法，慧光是將《華嚴經》歸爲頓教，智儼只是當慧光和法藏的媒介，把《華嚴經》攝入頓、圓二教，而將《華嚴經》安

〔註144〕《五教章通路記》卷 11，《大正藏》冊 72，頁 366 下。《華嚴五教章匡眞鈔》卷 2，《大正藏》冊 73，頁 348 中。
〔註145〕《搜玄記》卷 1，《大正藏》冊 35，頁 13 下～14 中。
〔註146〕《華嚴五教章》卷 1，《大正藏》冊 45，頁 480 中。
〔註147〕《華嚴經傳記》卷 2：「有疏四卷，立頓、漸、圓三教，以判群典；以《華嚴》爲圓教，自其始也。」《大正藏》冊 51，頁 159 中。
〔註148〕《探玄記》卷 1，《大正藏》冊 35，頁 111 上。

置於圓教的則是法藏。〔註149〕高麗僧人均如（923～973）的時代，當時慧光的不少著作仍流傳，他曾將慧光的《華嚴經疏》與法藏的《五教章》之「三教判」比對，發現法藏並非直接引用全文，乃是取其「義」。所以，法藏在依義引述慧光的三教判時，不知不覺把一己之見，參雜於其記事內，亦未可知。〔註150〕依據近代學者的說法，慧光的三教判中，《華嚴經》應還沒歸入圓教，歸入圓教始自法藏。而《探玄記》中，將《華嚴經》歸為圓、頓二教，應是依據智儼的說法。

智儼在《搜玄記》已經有三教的教判說，在《華嚴經內章門等雜孔目章》（以下簡稱《華嚴經孔目章》）則創立了五門判教體系：「依教有五位差別不同。」〔註151〕此五教的名稱，是在漸頓圓三教的基礎上，再予以擴充，亦即開漸教為小乘教、大乘始教、大乘終教，又因襲頓、圓二教，這樣就形成了五教。此五門判教，有四種說法：「其一，小乘教、初教、熟教、頓教、圓教；其二，小乘教、初教、終教、頓教、一乘教；其三，小乘教、初教、終教、圓教、一乘教；其四，小乘教、始教、終教、頓教、一乘教。」〔註152〕其中最常用的五教為：小乘教、初教、終教（熟教）、頓教、圓教（一乘教）。智儼依教義內容分為五位，即是把佛法分為高下之分、淺深之別的五類，其名稱於智儼時還沒有固定下來，一直到法藏時才有了完備的組織。

從智儼的《華嚴經孔目章》中，已經出現了五教判的雛形，只是名稱上沒有確定，法藏承襲智儼的判教基礎，以及吸收了天台宗的判教說，重新組織而成具體的五教說。法藏於《華嚴五教章》云：「初就法分教，教類有五。」〔註153〕也就是五教是就所詮法義的深淺，將如來一代所說教法內容分為五類。此外，於《探玄記》云：「以義分教，教類有五。此就義分，非約時事。」〔註154〕此五教的教相為：小乘教、大乘始教、終教、頓教、圓教。所以，法藏的五教說，乃是承襲慧光、智儼的說法，而將其發揮，成為華嚴宗的判教模式。

〔註149〕參見木村清孝著，李惠英譯：《中國華嚴思想史》，頁56～57、80。方立天：《法藏》（台北：東大圖書股份有限公司，1991年7月），頁47～48。

〔註150〕參見廖明活：〈地論師、攝論師的判教學說〉，《中華佛學學報》第7期（1994年7月），頁134～135。

〔註151〕《華嚴經孔目章》卷1，《大正藏》冊45，頁537上。

〔註152〕魏道儒：《中國華嚴宗通史》，頁157。

〔註153〕《華嚴五教章》卷1，《大正藏》冊45，頁481中。

〔註154〕《探玄記》卷1，《大正藏》冊35，頁115下。

　　澄觀承襲法藏之五教說，但與法藏仍有相異處，茲分四點來說明：第一、法藏對空、相二種始教，並無軒輊之分；澄觀則以空為勝，以相為劣，而由空入終教。第二、對於性相二宗，法藏提倡二宗「性相融會」，澄觀則主張二宗「性相決判」，而且此二宗也有十種差異。第三、澄觀將禪宗歸為頓教，而使得華嚴宗與禪宗互相融通，開了禪教合一之先河。第四、澄觀為了抬高己宗，貶抑天台宗，而將頓教分為漸頓、頓頓，圓教分為漸圓、頓圓。法藏、澄觀對於同、別二乘的定義不同，法藏以《法華》「會三歸一」為同教一乘，《華嚴》「無盡緣起」為別教一乘。澄觀以同頓、同實為同教一乘，圓融具德為別教一乘。〔註155〕

（二）十宗說

　　根據智顗的《妙法蓮華經玄義》（以下簡稱《法華玄義》）記載，慧光的四宗為：「佛馱三藏、學士光統，所辨四宗判教：一、因緣宗，指《毘曇》六因四緣；二、假名宗，指《成論》三假；三、誑相宗，指《大品》、《三論》；四、常宗，指《涅槃》、《華嚴》等，常住佛性，本有湛然也。」〔註156〕《法華玄義》舉出提倡四宗判者，有佛馱三藏、慧光。佛馱三藏即慧光的師父佛陀扇多，所以慧光的四教判，亦是承襲師說，而非自己獨創。四宗乃依所詮理趣，將佛陀之教說分判為四種宗旨。

　　法藏於《華嚴五教章》卷 1、《探玄記》卷 1，列舉十家判教，其中第四家即四宗教：「依大衍法師等一時諸德，立四宗教：一、因緣宗，謂小乘薩婆多等部；二假名宗，謂《成實》經部等；三、不真宗，謂諸部《般若》，說即空理，明一切法不真實等；四、真實宗，《涅槃》、《華嚴》等，明佛性法界真理等。」〔註157〕智顗所述的慧光四宗，相當於法藏所示的大衍法師所立的四宗教：因緣宗、假名宗、不真宗、真宗。大衍法師，是指住在北齊鄴都大衍寺的曇隱，是慧光的弟子，如是可見以「四宗」分判佛說，乃是地論南道教學的傳統。此外，齊護身寺之自軌，更分第四宗之《涅槃經》為真實宗，以及《華嚴經》為法界宗，遂成五宗教；南朝陳代耆闍寺之安廩，則在四宗之外，另加《法華經》為真宗，以及《大集經》為圓宗，而成為

〔註155〕拙著：〈澄觀判教思想之研究——兼論與法藏判教之差異〉，《大專學生佛學論文集》19（台北：華嚴蓮社，2011 年 10 月），頁 306。

〔註156〕《法華玄義》卷 10 上，《大正藏》冊 33，頁 801 中。

〔註157〕《華嚴五教章》卷 1，《大正藏》冊 45，頁 480 下。

六宗。〔註158〕法藏所列之十家判教中，四宗、五宗、六宗，均屬於慧光門下之地論師。可見地論師之立論，無太大的差別。根據龜谷聖馨、河野法雲，以及中村元的說法，法藏的十宗是依據慧光的四宗而發展，今列表說明如下：〔註159〕

表2-8：慧光四宗與法藏十宗對照表

慧光四宗	法藏十宗
因緣宗（《毘曇》之六因四緣等）	我法俱有宗
	法有我無宗
	法無去來宗
	現通假實宗
	俗妄眞實宗
假名宗（《成實論》之三假等）	諸法但名宗
不眞宗（《般若經》、《三論》等）	一切皆空宗
眞實宗（《涅槃經》、《華嚴經》等）	眞德不空宗
	相想俱絕宗
	圓明具德宗

雖說澄觀的五教十宗是承襲法藏而來，但其結構稍有調整與變動，即前六宗與第十宗不變（第十宗更改一字），第七、八、九宗則有所改變。澄觀將法藏十宗判的第七「一切皆空宗」改爲「三性空有宗」，第八「眞德不空宗」改爲「眞空絕相宗」，第九「相想俱絕宗」改爲「空有無礙宗」。根據日本凝然之《五教章通路記》卷16之記載，法藏之十宗係依準五教之順序，澄觀之十宗則依準四法界之次第，故造成二位祖師論點之歧異。由於澄觀之十宗是

〔註158〕《法華玄義》卷10上，《大正藏》冊33，頁801中。法藏的五宗與智顗相同，六宗則有所不同：「依耆闍法師，立六宗教：初二同衍師，第三名不眞宗，明諸大乘，通說諸法如幻化等。第四名眞宗，明諸法眞宗理等。第五名常宗，明說眞理恒沙功德常恒等義。第六名圓宗，明法界自在緣起無礙德用圓備，亦《華嚴》法門等是也。」《華嚴五教章》卷1，《大正藏》冊45，頁480下。

〔註159〕參見龜谷聖馨，河野法雲：〈中國華嚴宗發達史〉，《現代佛教學術叢刊》34，頁303。中村元主編，余萬居譯：《中國佛教發展史·上》（台北：天華出版事業股份有限公司，1984年5月），頁167。

依於四法界之次第，乃以始教爲事相之立場，將頓教放在始終二教中間，而終圓二教乃是站在理性的立場。〔註160〕亦即，小乘教與相始教是事法界；空始教與頓教是理法界；終教是理事無礙法界；圓教是事事無礙法界。

表 2-9：法藏與澄觀五教十宗對照表

法　藏			澄　觀			
十　宗	五　　教		十　宗	五　　教		四法界
我法俱有宗	小乘教		我法俱有宗	小乘教		事法界
法有我無宗			法有我無宗			
法無去來宗			法無去來宗			
現通假實宗			現通假實宗			
俗妄眞實宗			俗妄眞實宗	小乘教	分通大乘	
諸法但名宗	小乘教	分通大乘	諸法但名宗			
一切皆空宗	始教（空始教）		三性空有宗	始教（相始教）		
眞德不空宗	終教		眞空絕相宗	頓教（空始教、頓教）		理法界
相想俱絕宗	頓教		空有無礙宗	終教		理事無礙法界
圓明具德宗	圓教		圓融具德宗	圓教		事事無礙法界

　　澄觀的十宗，與法藏相異處，可分爲七點來說明：第一、澄觀於第二宗涉獵到儒道二教的判釋，這是法藏所無。第二、法藏到了第六宗才分通大乘，澄觀則是第五、六宗皆爲分通大乘。第三、澄觀將第七宗限定爲相始教，法藏十宗中則無相始教，只有空始教。第四、對於「五教」中之終教與頓教前後次第有不同看法，亦即將第八、九宗之終頓次序對調。法藏稱「終教」爲「眞德不空宗」，置於十宗之第八；稱「頓教」爲「相想俱絕宗」，置於十宗之第九。然澄觀以十宗之第八稱爲「眞空絕相宗」，攝「空始教」及「頓教」，成爲頓教合一之妙論；稱「終教」爲「空有無礙宗」，置於十宗之第九。第五、法藏由於分「空」與「不空」而融會性相，澄觀則將「空」同於「理」而決判性相。第六、法藏、澄觀第十宗，名稱有一字之差，法藏名爲「圓明具德宗」，澄觀名爲「圓融具德宗」。第七、澄觀又爲第七宗至第十

〔註160〕參見李世傑：《華嚴哲學要義》，頁 161。

宗，另立一名，且與二諦有關，名為二諦俱有宗、二諦雙絕宗、二諦無礙
宗、二諦無盡宗。〔註161〕

　　綜上所述，判教活動於南北朝時期就已經展開了，到了隋代智顗將其歸
納為「南三北七」共十家，法藏亦系統的取法十家，二者之十家中皆有慧
光的漸、頓、圓三教，可見一般的判教系統皆取法慧光的三教。慧光是南道
地論師的開創者，其判教思想為三教；智儼亦承襲慧光的三教說，以及於
《華嚴經孔目章》中，創立了五教判的雛形；法藏承襲智儼的判教基礎，以
及吸收了天台宗的判教說，而創立了五教說。此外，慧光的判教思想還有
四宗說，法藏依據四宗說而發展成十宗說。澄觀除了融貫諸家判教學說外，
又具有考量諸家判教、突出五教十宗殊勝性的意義。〔註162〕而且其對古德的
判教，不再局限於十家之說，而使用佛教的「增數法」，歸納了中土十五家之
判教。

三、六相說

　　六相是指萬物所具足之六種相；六相圓融，又稱六相緣起，指六相相互
圓融而不相礙。六相圓融說，源自於《十地經》初地十大願中的第四願「修
行二利願」，〔註163〕但是在古譯本《漸備一切智德經》、《十住經》，以及梵文
本的《十地經》（daśabhūmika-sūtra），皆無六相說。在晉譯《華嚴經·十地
品》的六相為：「總相、別相、有相、無相、有成、有壞。」〔註164〕到了唐
譯《華嚴經·十地品》、《佛說十地經》之六相，其名稱則已經確定：「總相、
別相、同相、異相、成相、壞相。」〔註165〕世親的《十地經論》曾對此有所
詮釋：

　　　　一切所說十句中，皆有六種差別相門。……六種相者，謂總相、別

〔註161〕參見拙著：〈澄觀判教思想之研究——兼論與法藏判教之差異〉，頁 285～
　　　　286、289～290、306～307。
〔註162〕參見韓煥忠：《華嚴判教論》，頁 117。
〔註163〕《十地經論》卷3：「經曰：又發大願，所謂一切菩薩所行，廣大、無量、不
　　　　雜，諸波羅蜜所攝，諸地所淨，生諸助道法，總相、別相、同相、異相、成
　　　　相、壞相。」《大正藏》冊26，頁139上。
〔註164〕六十《華嚴》卷 23：「又一切菩薩所行，廣大無量，不可壞，無分別，諸波
　　　　羅蜜所攝，諸地所淨，生諸助道法，總相、別相、有相、無相、有成、有壞。」
　　　　《大正藏》冊9，頁545中。
〔註165〕八十《華嚴》卷34，《大正藏》冊10，頁181下。《佛說十地經》卷1，《大
　　　　正藏》冊10，頁538下。

相、同相、異相、成相、壞相。總者,是根本入;別相者,餘九入。

別依止本,滿彼本故。同相者,入故;異相者,增相故。成相者,

略說故;壞相者,廣說故,如世界成壞。〔註166〕

「六相」在《十地經》中,原只是「助道法」,即作爲菩薩修行和教化的輔助工具。世親在研讀《華嚴經》時,發現此經在表述形式上具有一個共同特點,就是經文都是採用十句式來說明。世親受此啓發,在闡釋《十地經論》時,就對初地十句提出一個凡例,即用「六相」來說明每一種十句的關係,以及理解每一種十句的內容。六相分爲「總別、同異、成壞」三對,在理解十句內容上也有三種:一、第一句是總相,其餘九句是從第一句分化出來的別相。二、第一句因是總相,所以也是同相,其餘九句是異相。三、第一句是成相(略相或合相),其餘九句是壞相(廣相或開相)。由此類推,經中所有的十句式,都可用六相去解釋。〔註167〕「六相」之概念,經過世親將其運用於分析十句式,不再是「助道法」,而成爲一種語法概念。〔註168〕換言之,《華嚴經》的經文,多採用十句排比,以十句代表一個周圓數,爲了理解十句的內容,即以六相三對的語言結構來分析,稱爲語法概念。

在南道地論師中,對於六相的重視,主要的是慧遠。慧遠於《十地經論義記》卷一、《大乘義章》卷三,皆有對六相提出說明,於《大乘義章·六種相門義》云:

六種相者,出《華嚴經·十地品》也。諸法體狀,謂之爲相。……
門別不同,故有六種,所謂總、別、同、異、成、壞。此六乃是諸
法體義,體義虛通,旨無不在。義雖遍在,事隔無之。是以論言:「一
切十句,皆有六相。除事,事謂陰、界、入等。」陰、界、入等,
彼此相望,事別隔礙,不具斯六,所以除之。若攝事相,以從體義,
陰、界、入等一一之中,皆具無量六相門也。〔註169〕

世親之六相說,只針對菩薩之修行方法而言;慧遠之六相說,只約理體談六相,而不約事相而談,是破除凡夫、二乘空執之滯凝障,故只是三乘終教位之所論,〔註170〕未顯華嚴別教一乘之深義。慧遠所詮釋之六相說,雖運用世

〔註166〕《十地經論》卷1,《大正藏》冊26,頁124下～125上。
〔註167〕參見呂澂:《中國佛學源流略講》,頁195、386。
〔註168〕參見魏道儒:《中國華嚴宗通史》,頁62。
〔註169〕《大乘義章》卷3,《大正藏》冊44,頁524上。
〔註170〕《華嚴五教章匡眞鈔》卷6:「論中除事之言,乃當終教義。」《大正藏》冊

親之說法，但更加深入了，《十地經論》之六相除事，即六相不適用於「陰、界、入」等有爲差別的事法上，慧遠轉而約三乘終教的立場，從諸法之理體上來看事相，則「陰、界、入」三科之理體，皆具有無量六相門。三乘終教立阿賴耶爲如來藏，由一切事法中的理體來談六相，只說明理事融通，稱爲理事無礙法界，尚未達到事事無礙的境地。

智儼受到世親的《十地經論》的啓發，以及遇一異僧，告訴他〈十地品〉中六相義包含一乘不共之理。於是他反覆凝思，終於發現六相圓融之教門。智儼於其著作《搜玄記》卷 3、《華嚴五十要問答》卷下、《華嚴孔目章》卷 3 中，皆有對六相作說明：「所謂總，總成因果也；二別，義別成總故。三同，自同成總故；四異，諸義自異顯同故。五成，因果理事成故；六壞，諸義各住自法不移本性故。」〔註 171〕智儼明確提出了六相圓融，雖對於六相的解說還是很簡略，但已體悟到華嚴法界緣起的相貌不外乎這六個方面，於是用此六相來解釋一切緣起的現象。此外，智儼又將六相分爲順理、順事二義，此二義中以順理義甚爲明顯，順事義較隱微。〔註 172〕所以，智儼的六相說又比慧遠的說法更進一步，已將六相分爲順理、順事二義，雖然順事的意義較隱微，但已經承認事相適用於六相了，從智儼開始，漸漸形成事事無礙的雛形了。〔註 173〕

法藏則承襲智儼之說法，於其著作《華嚴五教章》卷 4、《探玄記》卷 9、《華嚴金師子章》集大成，且舉了金獅子與房舍兩個著名的譬喻加以解說。《華嚴五教章》所舉的房舍椽瓦喻：房舍是總相；椽瓦是別相；椽瓦同爲房舍的因緣，是爲同相；椽瓦互不相同，是爲異相；椽瓦等諸緣和合成房舍，是爲成相；雖爲一房舍，但椽瓦不改本來面目仍爲椽瓦，是爲壞相。〔註 174〕一切事物皆具此六相而互不相礙，全體與部分、部分與全體皆一體化，圓融無礙，所以法藏指出六相圓融的目的，是爲了顯示一乘圓教法界緣起，無盡圓融自在，相即無礙鎔融。〔註 175〕

法藏於《探玄記》詮釋六相之理體，即以八不十不等形式，皆悉會事入

73，頁 475 中。

〔註 171〕《華嚴五十要問答》卷下，《大正藏》冊 45，頁 531 下。

〔註 172〕參見《搜玄記》卷 3，《大正藏》冊 35，頁 66 中。

〔註 173〕參見石井教道：《華嚴教學成立史》，頁 404。

〔註 174〕參見《華嚴五教章》卷 4，《大正藏》冊 45，頁 507 下～508 下。

〔註 175〕參見《華嚴五教章》卷 4，《大正藏》冊 45，頁 507 下。

理，亦即入理圓融於事，依相即相入，成就普賢法。六相中，總、同、成三相是平等圓融門，別、異、壞三相是差別行布門，以上說明了六相能以理融事，又能相即相入，則能建立事事無礙觀，它是依於緣起法的本末關係，共有三門：末依於本，而有起、不起；所起的末帶本，故有同、有異；帶本之末，爲本攝收，故有存、有壞。若不具此三義，就不構成緣起；又因三義各有二相，故爲六相。法藏以六相來解說緣起，爲事法觀，又以金獅子、房舍等事相來解釋，故其教學體系具有事事無礙緣起門的立場。〔註176〕所以，由「六相」轉變爲「六相圓融」，其濫觴是始自於法藏，已經與法界緣起融合爲一體。

　　澄觀之六相說，於《華嚴經疏》云：「此言說解釋，應知除事者。此顯立意，謂此六相爲顯緣起圓融之法。勿以陰界入等事相執取。」〔註177〕澄觀依據法藏之說法，六相之立意是爲了顯示一乘圓教之事事無礙。至於《十地經論》之「除事」，指「陰、界、入」三科之事法，並非不具六相，只是不令人隨事執取事相，而說「除事」。澄觀又引用慧遠之說法，五陰中不具六相，若就體性一一陰中悉具六相。澄觀表面上似乎是立於理事無礙之立場來解釋六相義，只是依據慧遠所說，而違背法藏之華嚴正統，其實「澄觀所立之理事無礙，應知道是趣入於事事無礙上所說也」，〔註178〕也就是澄觀引用理事無礙的觀點，其主要目的是爲了要趣入事事無礙法界，亦即先要達成理與事相即一體的理事無礙，方能顯現事與事相即相融的事事無礙。

　　澄觀於《華嚴經疏·序》詮釋事事無礙法界：「理隨事變，則一多緣起之無邊；事得理融，則千差涉入而無礙。」〔註179〕以上二句中，初句依理成事，一與多互爲緣起，是事理無礙；後句以理融事，故云事得理融，是事事無礙。「事事無礙法界」，是以理融事，亦即事與事之間是彼此相礙難以圓融的，理具有「周遍」、「含容」二義，故必須通過理才能融通事，也就是只有在理事圓融的基礎上才能建立事事無礙觀。亦即，事事無礙法界若去掉了「理」，則事象相互間的自由交流、融合，即無法保障。換言之，理的存在是支持著事事無礙的根本。〔註180〕所以，在事事無礙法界中，透過以理融事，則事物與

〔註176〕參見《探玄記》卷9，《大正藏》冊35，頁282上～中。

〔註177〕《華嚴經疏》卷31，《大正藏》冊35，頁739下。

〔註178〕龜川教信著，釋印海譯：《華嚴學》，頁289。

〔註179〕《華嚴經疏》卷1，《大正藏》冊35，頁503上。

〔註180〕參見木村清孝著·李惠英譯：《中國華嚴思想史》，頁202。

事物間不再是彼此相礙，而是圓融無礙，一方面泯除了對立矛盾的現象，另一方面則又顯現彼此相互交涉，重重無盡的境地。法藏與澄觀對於六相圓融之說法，皆是導歸於事事無礙，但其趣入的方式有所不同。法藏其教學體系是立基於事事無礙緣起門的立場，澄觀則是先引用慧遠之理事無礙，再導向於事事無礙，是站在理事無礙因果門的立場，可見澄觀是別有用心，而非鳳鳴所說，澄觀是依於如來藏之一心，立於終教立場，而批評他：「觀師只認他立，保守以爲圓極，豈不謬哉。」〔註181〕

「六相」一詞的發展，在《十地經》只是菩薩行化之助道法，到了《十地經論》發展爲一種語法概念，慧遠則是從一切事法的理體來談六相，表達了理事無礙的終教如來藏思想，智儼已由事法圓融來談六相，建立了事事無礙的雛形，之後經過法藏、澄觀之努力，形成六相圓融之事事無礙。所以六相之發展過程：《十地經》之菩薩助道法→《十地經論》以六相之語法概念來分析十句式→地論師之「六相體義」→華嚴宗之六相圓融。〔註182〕

以上是從宗趣論、判教論、六相說等三方面，來說明南道地論師對華嚴宗的影響，其中澄觀《華嚴經疏》對後代的影響，茲整理分述如下：

（一）澄觀的華嚴宗趣論，爲「因果緣起理實法界不思議」，比法藏多了「不思議」三字。「不思議」，主要詮釋《華嚴經》之法界融通無障礙，是「體即用，用即體，體用雙顯，體用鎔融」的，以不思議融攝因果緣起、理實法界，〔註183〕也突顯《華嚴經》之殊勝性及優越地位，其宗趣論成爲華嚴宗師對於《華嚴經》的共同見解，一直爲後世所延用至今。

（二）澄觀之判教論，對於性相二宗，提出「性相決判」，主張禪宗、天台宗等法性宗之優越地位，來對付唯識法相宗。澄觀將始教之相始教歸爲四法界之「事法界」，而將空始教之空同理，歸爲「理法界」；將禪宗歸爲頓教，而使得華嚴宗與禪宗互相融通，開了禪教合一之先河，澄觀可謂華嚴禪之濫觴，而結合二者並發揚光大者則爲宗密。澄觀當時，佛教內部有台禪之爭，爲了與天台宗對峙，遂抬高己宗，貶抑天台宗，以《華嚴經》爲頓頓、頓圓、圓融具德之別教一乘，《法華經》爲漸頓、漸圓、同頓‧同實之同教一乘。澄觀五教之次第爲小→始→終→頓→圓，十宗則依準於四法界之次第，更改爲

〔註181〕《華嚴五教章匡眞鈔》卷6，《大正藏》冊73，頁475中。
〔註182〕參見阿張蘭石：《Ψ-Ω0123：心靈華嚴──辨證互明的心靈學與圓融證悟次第體系》（台北：中華超心理學會，2011年12月），頁1024。
〔註183〕參見高峰了州著，釋慧嶽譯：《華嚴思想史》，頁204。

小→始→頓→終→圓之順序。

（三）澄觀之六相說，先依據慧遠之理事無礙，再趣入法藏之事事無礙，是別有用心，而非只停留在理事無礙之終教立場。事事無礙法界是《華嚴經》的旨趣，也是華嚴宗的最高境界，屬於五教中的圓教。在事事無礙法界中，理與事是相即一體，則事事之間也能呈現相即相融的關係，則萬物皆能相即相入，一即一切，一切即一，互涉無礙，從而進入圓滿平等的境界。

第三章 《華嚴經疏・十地品》 科判探析

　　本章《華嚴經疏・十地品》科判探析，分為四節：第一節考察科判的起源，說明印度與中國科判的發展情形。第二節介紹〈十地品〉在《華嚴經》的結構地位，又可分為二方面：〈十地品〉在《華嚴經》三分科判的地位、〈十地品〉在四分五周的地位。《華嚴經》的三分科判中，〈十地品〉屬於《華嚴經》的正宗分；〈十地品〉在傳譯過程，乃是獨立的單行經，本身已具備了三分科判。〈十地品〉在四分之位置，屬於第二分「修因契果生解分」；在五周之位置，屬於第二周「差別因果」之差別因。第三節通論〈十地品〉之科文，包括來意、釋名、宗趣三門。來意，為了突顯〈十地品〉之十聖位較三賢位殊勝。釋名，藉由約人、約處、約法三義之闡明，彰顯十地法之殊勝。宗趣，顯示行布圓融二門的融通、因果為宗趣、華嚴宗別教一乘的殊勝。第四節探討〈十地品〉之十分科判：序分、三昧分、加分、起分、本分、請分、說分、地影像分、地利益分、地重頌分。前六分屬於初地，第七分「說分」，涵蓋十地階位，第八至十分，皆在十地法雲地。

第一節　科判的起源

　　科判是指註釋經論時所作的綱要目錄，為我國古代註經者所常使用的詮釋方式。在原始佛教時代，為了口誦記憶的方便，而發展出一種「摩呾理迦」（mātṛkā，本母）的綱目形式；到了部派佛教阿毘達磨的論書中，則在一論之首，列出基本的綱要，也稱為摩呾理迦。至於大乘佛教的注釋書，則對摩呾

理迦的體裁，是先總標再依次解釋，稱爲「總標別釋」，瑜伽學者稱之爲優波提舍——論議。〔註1〕例如：無著所造的《金剛般若論》標七種義句，世親所造的《發菩提心經論》標十二義、《無量壽經優波提舍願生偈》標五念門，以及《妙法蓮華經憂波提舍》初品標七種功德成就等，以上四部論書，皆是先總標再別釋。在《十地經論》對《十地經》「十數文句」的詮釋中，則往往是初句爲總，餘九句爲別的方式顯示，〔註2〕可說是另一種方式的「總標別釋」。根據日本學者高崎直道的推斷，彌勒宣說的《瑜伽師地論》等五部大論約在四世紀末成形，無著生存年代約爲西元 380～460 年，世親則爲 400～480 年。〔註3〕這些論書的科判已經非常成熟，推測在四、五世紀大乘論師已開始採用科判了。

佛教大約在兩漢之際傳入中國，其傳播方式與基礎的鞏固，則是到了東漢末年，有了漢譯佛典開始。在漢地將佛典的注疏運用科判的方式呈現，則是從東晉道安開始。道安使用「起盡」一詞，就是現在所說的科判，於《出三藏記集‧道安法師傳》云：「安窮覽經典，鉤深致遠，其所注《般若》、《道行》、《密迹》、《安般》諸經，並尋文比句，爲起盡之義，及析疑甄解，凡二十二卷。序致淵富，妙盡玄旨，條貫既敘，文理會通，經義克明，自安始也。」〔註4〕「起盡」是指何義呢？根據《法華文句記》的記載：「起盡者，章之始末也。」〔註5〕所以，起盡、始末，皆是指科段或科判。此外，道安也曾爲《放光般若經》作《起盡解》一卷。〔註6〕《起盡解》已經亡佚，無法得知道安如何分科，根據吉藏《仁王般若經疏》云：「然諸佛說經，本無章段。始自道安法師，分經以爲三段：第一序說，第二正說，第三流通說。」〔註7〕自此之後，序分、正宗分、流通分，則成爲科判釋經的主要方法。

從東晉道安創立科判釋經開始，注疏日漸增多，故湯用彤曾讚揚：「道安

〔註1〕 參見釋印順：《說一切有部爲主的論書與論師之研究》（台北：正聞出版社，1992 年 10 月），頁 31。

〔註2〕 例如：「總者是根本入，別相者餘九入。」以及「此十句中，厚集善根是總，餘九種是別。」《十地經論》卷 1，《大正藏》冊 26，頁 125 上、134 下。

〔註3〕 參見高崎直道：〈瑜伽行派の形成〉，收入平川彰等編：《唯識思想》（東京：春秋社，1982 年），頁 33。

〔註4〕 《出三藏記集》卷 15，《大正藏》冊 55，頁 108 上。

〔註5〕 《法華文句記》卷 1，《大正藏》冊 34，頁 152 下。

〔註6〕 《出三藏記集》卷 5，《大正藏》冊 55，頁 39 下。

〔註7〕 《仁王般若經疏》卷 1，《大正藏》冊 33，頁 315 下。

以前，雖有注經。然注疏創始，用功最勤，影響最大者，仍推晉之道安。」
〔註8〕《華嚴經》有晉譯與唐譯兩種漢譯本，晉譯本的《華嚴》注疏，目前現存的有智儼的《搜玄記》，以及法藏的《探玄記》；唐譯本的注疏，則有慧苑的《刊定記》、李通玄的《新華嚴經論》，以及澄觀的《華嚴經疏》。這五部《華嚴經》的注疏，皆可窺見其精密的科判分類。至於〈十地品〉的獨立論疏，則有《十住論》與《十地經論》二部，也皆有作科判綱目。

　　根據釋印順的說法，「印度論有二種：一者、同於中國之註疏，逐句解釋文義，謂之釋經論；一者、為宗經論，依經義為宗，予以發揮，不重文句。」
〔註9〕中國祖師所撰述的《華嚴經》注疏，是屬於「宗經論」或「釋經論」呢？《華嚴經》的注疏，並沒有單純的宗經論，〔註10〕而是宗經論與釋經論的混合。《搜玄記》立五門釋經：「今分判文義以五門分別：一、歎聖臨機德量由致；二、明藏攝分齊；三、辨教下所詮宗趣及能詮教體；四、釋經題目；五、分文解釋。」〔註11〕此外，《探玄記》、《刊定記》、《華嚴經疏》皆立十門釋經，而且十門大致相同，今只列舉澄觀之十門釋經：「將釋經義，總啓十門：一、教起因緣；二、藏教所攝；三、義理分齊；四、教所被機；五、教體淺深；六、宗趣通局；七、部類品會；八、傳譯感通；九、總釋經題；十、別解文義。」〔註12〕在《搜玄記》中，前四門是屬於宗經論，第五門「分文解釋」，則是釋經論；《華嚴經疏》的前九門也是宗經論，第十門「別解文義」，則是釋經論。其中宗經論的部分，皆是通論全經的科文，釋經論則是最後一門，開始逐文釋義。至於〈十地品〉的二部論書《十住論》與《十地經論》，皆是釋經論，解釋〈十地品〉的經義。

第二節　〈十地品〉在《華嚴經》的結構地位

　　在這一節中，主要探討〈十地品〉在《華嚴經》的結構地位，分二個部分來論述：一為「〈十地品〉在《華嚴經》三分科判的地位」，包括《華嚴經》

〔註8〕湯用彤：《漢魏兩晉南北朝佛教史》，頁480。
〔註9〕釋印順：《華雨集》第1冊，頁356。
〔註10〕宗經論的注疏，例如：天台智顗《法華玄義》所立「五重玄義」：「釋名第一，辨體第二，明宗第三，論用第四，判教第五。」《大正藏》冊33，頁681下～682上。
〔註11〕《搜玄記》卷1，《大正藏》冊35，頁13下。
〔註12〕《華嚴經疏》卷1，《大正藏》冊35，頁503下。

的三分科判、〈十地品〉的三分科判；另一為「〈十地品〉在四分五周的地位」，《華嚴經》本身的文義豐富，而將其大綱改以「文」（四分）、「義」（五周因果）來分判，並說明〈十地品〉在四分及五周因果之位置。

一、〈十地品〉在《華嚴經》三分科判的地位

〈十地品〉在《華嚴經》三分科判的地位，將從二個方面來探討：一為《華嚴經》的三分科判中，〈十地品〉屬於《華嚴經》的正宗分；二為〈十地品〉的三分科判，其在傳譯過程，乃是獨立的單行經，本身已具備了三分科判。兩者之地位有何差異呢？

（一）《華嚴經》的三分科判

澄觀著有《華嚴經疏》六十卷，又稱《新華嚴經疏》、《清涼疏》、《華嚴大疏》、《大疏》，收於《大正藏》第三十五冊。本疏主要敘述唐譯《華嚴》之綱要，並解釋其文義。澄觀為了發揚賢首法藏的華嚴正統，因而著作了《華嚴經疏》、《演義鈔》，予以反駁慧苑的邪說異議，以挽回宗風，因其以「扶持正宗」為宗旨，而企圖恢復法藏的學說有功，而使得華嚴學再度成為顯學，故被尊稱為華嚴宗的第四代祖師。〔註13〕在《華嚴經疏》一開始，先總啟十種義門，懸談一經之大意，使知教法興起之緣由，稱為十門釋經。在這十門中，前二卷主要詮釋前三門；第三卷則說明第四～九門；第四卷～六十卷則闡明第十門。在十門釋經中，前九門只是宗經論，篇幅不多，只佔了三卷；主要的重心則是在第十門「別解文義」之釋經論，正式解釋經典的文句。

在「別解文義」中，澄觀提出古德之十種科判：「一、本部三分科；二、問答相屬科；三、以文從義科；四、前後襴疊科；五、前後鉤鎖科；六、隨品長分科；七、隨其本會科；八、本末大位科；九、本末遍收科；十、主伴無盡科。」〔註14〕這十種科判，其組織架構大部分承襲慧苑而來：「前中本疏科此一部經文，總為十例：一、本末部類；二、本部三分；三、問答相屬；四、以文從義；五、前後攝襲；六、隨品長分；七、隨會次第；八、本末大位；九、本末遍收；十、主伴無盡。」〔註15〕慧苑十種科判中，目前現存只

〔註13〕參見拙著：〈澄觀判教思想之研究——兼論與法藏判教之差異〉，頁273。
〔註14〕《華嚴經疏》卷4，《大正藏》冊35，頁527上。
〔註15〕《刊定記》卷2，《卍續藏》冊3，頁596上。

有八種，亦即本末部類、主伴無盡已亡佚。「本末部類」，主要顯示《華嚴經》之重重無盡，並非科文，故澄觀將其改爲「前後鉤鎖」。前後鉤鎖，分爲十重因果：依報、正報、依起、差別、圓融、平等、出現、成行、法界、證入等因果，有的是前因後果，有的是前果後因，最後以善財以下的流通分，無盡因果作結。〔註16〕其它九項除了順序、名稱稍有差異外，其內容也有所不同。〔註17〕慧苑的十種科判中，第五、六、七項爲十重或十分；澄觀科判的第四、五、六、七項，亦是如此。顯示了華嚴宗人慣用「十」這個圓滿數字的概念，不僅彰顯無盡數法，也是爲了表示無限的本義，進而攝盡一切諸法而無所遺漏。〔註18〕雖然慧苑的著作中有此十種體系性的組織科判，然未見其教學內容中，所以此十項科判可說是澄觀獨自卓見的分科論。〔註19〕

　　古德十種科判中，第一種「本部三分科」，是依據東晉道安的分法，將傳統佛經分爲三大分：序分、正宗分、流通分。《華嚴經》同樣也可以用三分來科判，一般以初品〈世主妙嚴品〉爲序分，〈如來現相品〉（晉譯《華嚴》爲〈盧舍那佛品〉）以下爲正宗分，這是比較沒有疑議的。但流通分之分法則有種種異說，法藏對於流通分則列舉了四種說法來論有、無，於《探玄記》云：

> 初一品是序分，〈盧舍那品〉下明正宗，流通有無以四義釋：一、以「眾生心微塵」下二頌爲流通，以結歡勸信故；二、爲經來不盡，闕無流通；三、爲此經是稱法界法門說，故總無流通；……四、以餘三乘等法，逐機差別，利益眾生，爲流通益相。〔註20〕

四義中的前面二種說法，乃是承襲智儼之觀點。第一種說法，晉譯《華嚴》

〔註16〕　參見《華嚴經疏》卷4，《大正藏》冊35，頁527下～528上。
〔註17〕　慧苑、澄觀十種科判內容之差異：(1)本部三分科：流通分七種異說中，慧苑採取第四說〈入法界〉末後二頌爲流通分；澄觀則採取第二說，乃慧遠所云「善財童子」以下爲流通分。(2)問答相屬科：慧苑第二會〈名號品〉，諸菩薩念請有「五十問」；澄觀則爲「四十問」。(3)隨品長分科、隨其本會科：此二科中，慧苑之十分與澄觀之十分，其意義相同，但名稱不同。(4)本末大位科：慧苑除了本會、末會之外，還多了序分；澄觀則只有本、末二會。(5)本末遍收科：關於三千大千世界微塵數善友，根據慧苑的說法有一百二十四分；澄觀則爲一百二十六分。參見《刊定記》卷2，《卍續藏》冊3，頁596上～597中。《華嚴經疏》卷4，《大正藏》冊35，頁527上～528中。
〔註18〕　參見楊政河：《華嚴哲學研究》，頁564。
〔註19〕　參見高峰了州著，釋慧嶽譯：《華嚴思想史》，頁203。
〔註20〕　《探玄記》卷2，《大正藏》冊35，頁125上～中。

卷六十「眾生心微塵」以下八句偈頌，是流通分。第二種說法，根據龍樹的傳說，《華嚴經》的梵文本有十萬偈，晉譯《華嚴》才譯出三萬六千偈，故正宗分的大部分及流通分，尚未傳譯。〔註21〕後面二種說法，則是法藏的觀點。《華嚴經》堪稱爲法界妙法門，不必有終結的流通分；如果要明示流通，即以隨順機宜的三乘教法爲《華嚴經》的流通分之旨趣。因此，法藏主張此經的修行法門沒有終盡，所入的法界也沒有終極，故不必有流通分。

澄觀不贊成法藏的說法，他認爲佛經應有流通分才算完備，故提出流通分在古時的七種異說：

1. 北魏・光統，以〈入法界品〉整品爲流通分，因爲「入法界廣無邊」。
2. 隋・慧遠，以〈入法界品〉內的「善財童子」以下爲流通分，因爲「寄人顯法」。
3. 隋・靈裕，以〈入法界品〉最後的偈頌爲流通分，因爲「歎德無盡」。
4. 有人說，以末後二頌爲流通分，因爲「結說無盡，歎益勸修」。
5. 還有人說，此經還未譯竟，因而沒有流通分。
6. 又有人說，以其他的眷屬經爲此經的流通分，〔註22〕因爲「彼是此所流出」。
7. 更有人說，此經說法無盡，所以沒有流通分。《大般若經》每一會之後都有流通分，全經之末尾也就有流通分；而《華嚴經》每一會之後沒有流通分，因此全經之末尾也就無流通分。〔註23〕

上述七種流通分異說中，前四種皆以「入法界品」爲流通分，只是分界點不同而已；第六種是以「華嚴經眷屬經」爲流通分；第五、七種，則無流通分。澄觀認爲以上七說雖各有其道理，但以隋代慧遠的判釋最爲合理，因而認爲《華嚴經》是三分俱全的，於《華嚴經疏》云：

〔註21〕 參見《搜玄記》卷1，《大正藏》冊35，頁16中。
〔註22〕 「華嚴眷屬經」，是指某些單行經，與晉譯和唐譯《華嚴經》沒有相應經文，但在形式和某些內容上與華嚴典籍有相似處，曾被某些經錄列入「華嚴部」。例如：鳩摩羅什譯《佛說莊嚴菩提心經》、實叉難陀譯《大方廣普賢所說經》、提雲般若譯《大方廣佛華嚴經修慈分》、失譯人《度諸佛境界智光嚴經》、闍那崛多譯《佛華嚴入如來德智不思議境界經》、曇摩流支譯《信力入印法門經》、吉迦夜譯《佛說大方廣菩薩十地經》、竺佛念譯《十住斷結經》。參見魏道儒：《中國華嚴宗通史》，頁20。桑大鵬：《三種《華嚴》及其經典闡釋研究》，頁68〜73。
〔註23〕 古時流通分七種異說，參見《華嚴經疏》卷4，《大正藏》冊35，頁527上。

夫聖人設教，必有其漸，將命微言，先彰由致，故受之以「序分」。
由致既彰，當機受法，故受之以「正宗」。正宗既陳，務於開濟，非
但篤於時、會，復令末葉傳芳，永耀法燈，明明無盡，故受之以「流
通」。非唯一部，當會當品等，皆容有之，故依三也。雖六解皆通，
今依第二，以奇（寄）人進修，示物有分，流通相故。故慈氏云：「若
有敬慕心，亦當如是學。」初之一解，今正宗中，關於證入；第三，
但屬善財之一相故；末後二偈，但結偈中佛德，非通一部，十行等
末，類有此偈；經來未盡，未必在後；眷屬流通，但約義故。故依
遠公。〔註24〕

澄觀首先肯定道安的貢獻，將佛經分爲三分科判，是「彌天高判，冥符西域」，
古今所共同遵循的法則，所以三者缺一不可。其次，他認爲七種流通分異說
中，前六種皆能解得通，但以慧遠的說法最爲合理，又指出其餘五種說法尙
有缺失，故一一予以擊破，並提出自己的觀點：「謂前九會是本會，亦是佛會，
佛爲主故。從文殊至福城東已後，並是末會，亦是菩薩會，以諸善知識爲會
主故。」〔註25〕澄觀從會主來區分正宗分與流通分，一以佛會爲主，一以菩
薩會爲主。菩薩會是指〈入法界品〉中，善財童子出場以後當作流通分，不
同於正宗分以佛爲會主，而是以參訪五十三位善知識爲會主，所以「若將結
歎佛德爲流通，則一部之中無菩薩德。」〔註26〕整部《華嚴經》雖是以文殊、
普賢二菩薩爲主角，但八十《華嚴》之前八會，佛陀（毘盧遮那佛）爲最高
的主人公，登場之菩薩雖爲各個中心人物，卻均以佛陀爲背景，悉受統一於
佛陀聖格之旨趣；第九會，專由善財童子爲中心人物，介紹其求道巡歷之實
地表現。〔註27〕故澄觀之三分科判，以會主來區分正宗分與流通分，具有特
殊之洞見與意義。

　　《華嚴經》三分科判的流通分，諸位祖師的見解有所不同：智儼主張七
種異說的第四、五種；法藏主張第七種、隨順機宜的三乘教法爲流通分；慧
苑主張第四種；澄觀主張第二種。所以，智儼、法藏皆主張《華嚴經》沒有
流通分。自澄觀提出《華嚴經》三分俱全之後，華嚴宗視澄觀之說法爲正

〔註24〕《華嚴經疏》卷4，《大正藏》冊35，頁527上～中。
〔註25〕《華嚴經疏》卷4，《大正藏》冊35，頁527下。
〔註26〕《華嚴經疏鈔玄談》卷9，《卍續藏》冊5，頁852上。
〔註27〕參見一玄：〈讀「華嚴經」記〉，張曼濤主編：《現代佛教學術叢刊》44，1978
　　　年7月，頁165。

統，因而以〈入法界品〉內的善財童子以下為流通分的三分說，也成為後來
賢首宗諸師解說此經的通論。所以澄觀將唐譯《華嚴》分為三科，即〈世主
妙嚴品〉為序分，從〈如來現相品〉至〈入法界品〉「而亦不離此逝多林如來
之所」為正宗分，從〈入法界品〉「爾時文殊師利童子，從善住樓閣出」以
下，為流通分。

（二）〈十地品〉的三分科判

三分科判，即序分、正宗分、流通分。「序分」，又作序說、教起因緣分，
即一經之開頭，介紹說法的因緣、請法者，以及與會的大眾。「正宗分」，又
作正宗說、聖教正說分，是全經最重要的部分，論述此經之宗旨及主要內
容。「流通分」，又作流通說，乃敘說受持本經之利益，以及付囑大眾廣為流
傳。玄奘於《佛地經論》亦有三分說：教起因緣分、聖教所說分、依教奉行
分，〔註28〕與道安之三分科判，名異而實同。

從整部的《華嚴經》來看，〈十地品〉是屬於三分科判的正宗分。但從《華
嚴經》之傳譯過程來看，它是獨立譯出的單行經，其在經典敘述形式上，具
有完整的序分、正宗分、流通分之形態，與獨立經典並無兩樣。〔註29〕所以
〈十地品〉或《十地經》，剛開始只是一部獨立的單行經典，到後來才編入大
部的《華嚴經》之中，所以它的組織形式相當完整，不但有法門的名稱，也
具備了佛經的三分科判。伊藤瑞叡也指出：《十地經》是菩薩行體系的典型，
它在大本成立以前和以後，都具備了序分、結分的內容而單獨別行，有別於
大本中其它各會沒有序分與結分。因此，《十地經》可以視為華嚴菩薩道的頂
點，佔有重要的核心地位。〔註30〕

關於〈十地品〉的科判，智儼分為三、六、九、十分，以及依據《十地
經論》分為四十八分。〔註31〕法藏則以增數展轉法的方式，將它總為一分，
或分為二、三、四，乃至十分，以及四十八分，共十一種科判。〔註32〕澄觀
承襲法藏的說法，亦作如是分判。〔註33〕在這十一種科判中，一般佛經較常
採用的是三分科判，茲分述澄觀的三分科判於下：

〔註28〕《佛地經論》卷1，《大正藏》冊26，頁291下。
〔註29〕參見龜川教信著，釋印海譯：《華嚴學》，頁40。
〔註30〕參見伊藤瑞叡：《華嚴菩薩道の基礎的研究》，頁31。
〔註31〕參見《搜玄記》卷3，《大正藏》冊35，頁48中。
〔註32〕參見《探玄記》卷9，《大正藏》冊35，頁277下～278下。
〔註33〕參見《華嚴經疏》卷31，《大正藏》冊35，頁736上～下。

或爲三分，爲序、正、流通。然教證不同，三分亦異。就教三者：
初至起分，是其由致，以發起正說故；二、本分已去，是其正宗，
正說地故；三、地利益分，以爲流通，益末代故。二、就證三者：
序分爲序，三昧分爲正宗，因入此定，顯實證故。故論云：「三昧是
法體故也。」加分已去，皆是流通，由說自所得，令信行菩薩證入
地故。〔註34〕

〈十地品〉的三分科判，在智儼時期就已分爲教與證兩種，法藏、澄觀亦承
襲之。「教」是指教道，是基於教說而實踐者；「證」是指證道，則是契合悟
境眞理之實踐。〈十地品〉主要敘述佛升至他化自在天宮摩尼寶殿，十方世界
諸大菩薩都來集會。金剛藏菩薩由於佛的威神力，入大智慧光明三昧，受到
諸佛讚歎並摩頂。出定後，向大眾宣說十地的名稱。這時解脫月菩薩請他解
說，佛也放光加持，於是金剛藏菩薩便向大眾演說甚深的十地法門。〈十地品〉
分爲證道三分、教道三分，茲配合釋文之十分，分述如下：從證道角度而言，
著重在證悟眞理，所以金剛藏菩薩所趣入的「大智慧光明三昧」是本品的核
心，故三昧分是「正宗分」，因入三昧正顯實證，即《十地經論》所說「三昧
是法體」；在此之前開頭的序分是「序分」；在此之後的加分至地重頌分則是
「流通分」，金剛藏菩薩將自己所證悟之三昧德廣爲流被，令信行菩薩皆能證
入十地，廣爲流通。從教道角度而言，著重在說法的內容，因此從本分至地
影像分是正說，開顯金剛藏菩薩所說的十地法門，是全經的主要部分，爲「正
宗分」；在此之前的序分至起分共四分，是一經的開頭，以發起正說，是「序
分」；在此之後的地利益分、地重頌分，勸信傳持，付囑流通十地法門，則是
「流通分」。〈十地品〉的二種三分中，一般是使用教道三分做爲三分科判，
亦即「序分」爲序分至起分，收入於《華嚴經疏》之卷三十一；「正宗分」爲
本分至地影像分，分布於卷三十一至卷四十四；「流通分」爲地利益分、地重
頌分，則是收入於卷四十四。

表 3-1：證道三分與教道三分

〈十地品〉三分	序　分	正宗分	流通分
證道三分	序分	三昧分	加分－地重頌分
教道三分	序分－起分	本分－地影像分	地利益分、地重頌分

〔註34〕《華嚴經疏》卷31，《大正藏》冊35，頁736上。

綜觀〈十地品〉在《華嚴經》的科判地位，可從二個面向來討論：一是從整部《華嚴經》來看，〈十地品〉屬於三分科判的正宗分，是全經的主體思想之一，也是《華嚴經》的核心部分，更是一切佛法的根本。二是將〈十地品〉視為獨立的經典，其本身已具備了三分科判，所以可以將〈十地品〉之內容，分為序分、正宗分、流通分等三分。將〈十地品〉視為正宗分，與視為獨立經典，其地位有何不同呢？在八十《華嚴》中，從品數而言，正宗分是從第二品至第三十九品的少部分，共三十八品，〈十地品〉只是其中一品而已，只佔了三十八分之一，約為 2.63%，故整體而言其地位較低；若是獨立經典，則三分科判俱全，是一部結構完整的經典，其地位相對地提高。

二、〈十地品〉在四分五周的地位

上文已介紹了三分科判，這是大部分經典所使用的科判方式，但也有例外者：如圓測《般若波羅蜜多心經贊》說《心經》只有正宗分，〔註 35〕智顗的《妙法蓮華經文句》把《法華經》分成兩重序分、正宗分、流通分。〔註 36〕由於《華嚴經》本身的文義豐富，故不以傳統的三分科判來分類，而將《華嚴經》之大綱改以「文」、「義」來分判，文是指能詮的言教，義是指所詮的義理。此種分判的起源最初來自慧遠，於《探玄記》云：「大遠法師分此經為四分：初品名緣起淨機分；二、〈舍那品〉名標宗策志分；三、〈名號品〉下至第八會來名顯道策修分；四、末後普賢所說偈名屬累流通分。」〔註 37〕慧遠之四分科中，將三分科之流通分混入，是不恰當的分類。

智儼之分科，乃是依據其師智正而來，有二種方式：第一種分法是將《華嚴經》的「正宗分」區分為三分：以〈盧舍那品〉至〈光明覺品〉，為舉果勸樂生信分；〈明難品〉以下，為修因契果生解分；〈離世間品〉以下，為依緣修行成德分。〔註 38〕依緣修行成德分，又分為二分：〈離世間品〉為託法進修分，〈入法界品〉為依人入證分。〔註 39〕第二種分法，共有四分：增加了〈世間淨眼品〉之序分，正宗分仍維持三分，但第七會〈離世間品〉、第八會〈入

〔註 35〕 參見《般若波羅蜜多心經贊》，《大正藏》冊 33，頁 543 中。
〔註 36〕 參見《妙法蓮華經文句》卷 1 上，《大正藏》冊 34，頁 2 上。
〔註 37〕 《探玄記》卷 2，《大正藏》冊 35，頁 125 中。
〔註 38〕 《搜玄記》卷 1，《大正藏》冊 35，頁 19 下。
〔註 39〕 《搜玄記》卷 4，《大正藏》冊 35，頁 82 中。

法界品〉名稱則改爲依人入證分。〔註40〕智儼第二種分法之四分科中，將三分科之序分混入，亦是不恰當的分類。

　　法藏結合了智儼之二種分法，而將《華嚴經》依能詮之文分成五分，除了序分之名稱改爲「教起因緣分」，其餘正宗分之名稱皆與智儼的相同，但每一分與所對應的品名則有所改變，又擴大其組織範圍，與五周因果搭配，而成五分五周因果。法藏是將智儼之信、解、行、證四分，配置於五周因果。茲列表說明如下：

表 3-2：法藏之五分五周因果 〔註41〕

三分科	五分科	《華嚴經》品名	五周因果
序　分	教起因緣分	〈世間淨眼品〉	
正宗分	舉果勸樂生信分	〈盧舍那品〉	所信因果
	修因契果生解分	〈如來名號品〉－〈佛小相光明功德品〉	差別因果
		〈普賢菩薩行品〉、〈寶王如來性起品〉	平等因果
	託法進修成行分	〈離世間品〉	成行因果
	依人入證成德分	〈入法界品〉	證入因果
流通分			

　　澄觀認爲《華嚴經》的形體結構異於其它的經典，故應依本身的特點來選擇科判，在古德十種科判中，主要使用的是「問答相屬科」，以及「以文從義科」二種科判。問答相屬科，就是《華嚴經》的「綱」，以信、解、行、證四分揭其綱；以文從義科，即是《華嚴經》的「要」，以五周因果提其要，兩者合之，則爲四分五周因果。澄觀依據法藏之五分五周因果，而有所調整，將唐譯《華嚴》九會三十九品，分爲四分五周因果，〔註42〕首先介紹「四分」，《華嚴經疏》云：

　　　二、問答相屬科者，古云：此九會中，大位問答，總有五番：第一會中，大眾起四十問，或當會答盡，名舉果勸樂生信分。二、從第二會初有四十問，至第七會末答盡，名修因契果生解分。……三、第八會初起二百句問，當會答盡，名託法進修成行分。四、第九會

〔註40〕《花嚴經文義綱目》，《大正藏》冊35，頁501上。
〔註41〕《花嚴經文義綱目》，《大正藏》冊35，頁501上～中。
〔註42〕澄觀比法藏少了「教起因緣分」，而成四分。

初起六十句問，如來自入師子頻申三昧現相答，名頓證法界分。

五、福城東善財求法等，別問別答，名歷位漸證分。古德以善財猶屬正宗故，今既判入流通，則前唯四，兼取流通以為五分，未爽通塗。〔註43〕

在法藏之五分中，除了序分「教起因緣分」外，其餘正宗分之四分皆有大位問。澄觀應是依據此種原理，於問答相屬科中，指出古德判為五分之缺失，即在於第五分「歷位漸證分」無大位問，以及屬於流通分，故不應獨立為一分。若取流通分為第五分，於理上亦無違失，但因無大位問，故澄觀予以抉擇而成四分，第四分之名稱為「依人證入成德分」，是指合四、五二分「頓證法界分」、「歷位漸證分」而成。〔註44〕問答相屬科，即是信解行證四分。信、解、行、證是佛教修行實踐的教理依據，澄觀將唐譯《華嚴》之要義，依能詮之文歸納為四分，這四分為舉果勸樂生信分、修因契果生解分、託法進修成行分、依人證入成德分。「舉果勸樂生信分」，略稱信分，即第一會中六品，宣說如來依正二報殊勝之果德，以勸勉眾生對佛果功德生起欣樂、淨信之心。「修因契果生解分」，略稱解分，即第二會至第七會共三十一品，顯示十信、十住、十行、十迴向、十地所修之圓因，以及所契之妙果，令聞者生勝解。「託法進修成行分」，略稱行分，即於第八會攝解成行，隨舉一行而六位頓修。「依人證入成德分」，略稱證分，即於第九會中善財童子經善知識的教導，證入法界，成就果德。

其次，介紹五周因果，《華嚴經疏》云：

三、以文從義科者，此經一部有五周因果，即為五分：初會中一周因果，謂先顯舍那果德，後〈遮那〉一品明彼本因，名所信因果。

二、從第二會至第七會中〈隨好品〉，名差別因果，謂二十六品辯因，後三品明果，亦名生解因果。三、〈普賢行品〉辯因，〈出現品〉明果，即明平等因果，非差別顯故，亦名出現因果。四、第八會初明五位因，後明八相果，名出世因果，亦名成行因果。五、第九會中，初明佛果大用，後顯菩薩起用修因，名證入因果。〔註45〕

〔註43〕《華嚴經疏》卷4，《大正藏》冊35，頁527中。

〔註44〕《華嚴經疏》卷4：「然此經體勢少異，故依五分釋文，而合後二，名依人證入。」《大正藏》冊35，頁528下。《演義鈔》卷17：「第四應名依人證入成德分。」《大正藏》冊36，頁128上。

〔註45〕《華嚴經疏》卷4，《大正藏》冊35，頁527中～下。

五周是《華嚴經》教理行果的內容，也是修行次第的因果環節，〔註46〕依所詮之義理歸納爲五周因果：所信因果、差別因果、平等因果、成行因果、證入因果。「所信因果」，是指第一會的前五品顯示舍那的果德，後一品闡明佛之本因，以令人生信心而樂受。「差別因果」，又稱修生因果、生解因果，是指從第二會〈如來名號品〉到第七會〈如來隨好光明功德品〉共二十九品，前二十六品明五十一位因的差別，後三品說佛三德差別的果相，以令行者生解。「平等因果」，又稱修顯因果、出現因果，是指第七會之〈普賢行品〉及〈如來出現品〉，〈普賢行品〉說普賢平等之圓因，〈如來出現品〉明如來出現之果德。「成行因果」，又稱出世因果，是指第八會的〈離世間品〉所說二千行法中，初說五位之因行，後示八相作佛之大用果相，以使行者成行。「證入因果」，是指第九會〈入法界品〉，初明佛果自在之大用，後示善財童子於南方參學歷程之因行，因果二門俱時證入。以上五周因果中，所信因果、證入因果，皆是先果後因的順序，其餘三周因果，則爲先因後果的順序。

表 3-3：澄觀之四分五周因果

四分科	《華嚴經》品名	五周因果
舉果勸樂生信分	〈世主妙嚴品〉－〈毘盧遮那品〉共 6 品	所信因果
修因契果生解分	〈如來名號品〉－〈如來隨好光明功德〉共 29 品	差別因果
	〈普賢行品〉、〈如來出現品〉	平等因果
託法進修成行分	〈離世間品〉	成行因果
依人證入成德分	〈入法界品〉	證入因果

此外，澄觀還有八十《華嚴》七處九會之著作爲《新譯華嚴經七處九會頌釋章》一卷，全文之卷首爲七言八句之歸敬偈，主要內容分爲頌分、釋分二部分。頌分爲五言六十八句之頌文，敘述八十《華嚴》七處九會三十九品之要義；釋分則是對頌分所做的解釋。全文雖僅有一萬三千餘言，卻已將八十華嚴之要義揭示殆盡，且其文辭淺顯易懂，連初學者亦能了解，被視爲入華嚴教海之津梁。〔註47〕

〔註46〕參見釋賢度：《華嚴學講義》，頁 60。
〔註47〕參見《新譯華嚴經七處九會頌釋章‧序》，《大正藏》冊 36，頁 709 下。

　　以上已說明了《華嚴經》的四分五周因果，〈十地品〉在四分之位置，屬於第二分「修因契果生解分」，十地是六位圓因之第五位；在五周之位置，屬於第二周「差別因果」之差別因。差別因，著重在由凡夫入聖位之修行因位上的差別，共有五十一位因的差別：第二會在普光明殿，說十信法門，還是凡夫位；第三會在忉利天宮，說十住法門，已進入三賢位之始，屬於下賢位；第四會在夜摩天宮，說十行法門，屬於中賢位；第五會在兜率天宮，說十迴向法門，已進入三賢位之終，屬於上賢位；第六會在他化自在天宮，說十地法門，已進入聖位，能親證法性而得法身，賢聖有隔，已越過化樂天宮而直登他化自在天宮；第七會在普光明殿，說等覺法門。

　　差別因之五十位因，[註48] 也可從佛之說法處、放光處、所說法門來探討。說法的地點，是由人間的普光法堂，漸次地向欲界天的忉利天宮→夜摩天宮→兜率天宮→他化自在天宮，一層一層地向上昇高。放光的部位，也由人體的最下方慢慢向上昇高：兩足輪→兩足指→兩足上指→兩膝輪→眉間。所說法門，亦由淺而深漸次提昇：十信→十住→十行→十迴向→十地。茲以圖表說明如下：

表3-4：佛之說法處、放光處、所說法門之比較

會　別	說法處	放光處	所說法門
第二會	普光法堂（人間）	兩足輪	十信
第三會	忉利天宮（第二天）	兩足指	十住
第四會	夜摩天宮（第三天）	兩足上指	十行
第五會	兜率天宮（第四天）	兩膝輪	十迴向
第六會	他化自在天宮（第六天）	眉間	十地

　　由上表可知，說法處、放光處、所說法門，皆是由下而上，由淺而深之次第性。故釋印順云：「說法的地點，一次一次的向上昇高。說法以前，佛一定放光，放光的處所，也從足輪而高達眉間。象徵法門的由淺而深，是《華嚴》初編者應有的意圖。」[註49] 石井教道亦持相同之看法。[註50]

〔註48〕差別因有五十一位因，其中十信、等覺之說法處皆在普光法堂，故省略等覺法門。

〔註49〕釋印順：《初期大乘佛教之起源與開展》，頁1019。

〔註50〕參見石井教道：《華嚴教學成立史》，頁170。

第三節　通論〈十地品〉之科文

通論〈十地品〉之科文，即是將〈十地品〉分爲四門來說明。澄觀在《華嚴經疏》中，從第二品〈如來現相品〉開始，一直到第三十九品〈入法界品〉，詮釋每一品皆分爲四門：「將釋此品，四門分別：一、來意；二、釋名；三、宗趣；四、釋文。然下諸品，多用此四，若有增減，至文當辯。」〔註51〕每一品的四門分別，並非澄觀獨創，而是承襲智儼、法藏之說法，於《搜玄記》云：「文有四門分別：一、辨名；二、來意；三、明宗趣；四、釋文。」〔註52〕《探玄記》云：「將釋此文，四門分別：一、釋名；二、來意；三、宗趣；四、釋文。」〔註53〕三位祖師四門之名稱是相同的，只是澄觀將智儼、法藏的第一門、第二門順序對調而已。在這四門中，將於下文中把前三門合併爲一節來討論，稱爲「通論〈十地品〉之科文」；第四門「依文釋義」又分十項來詮釋，故將其獨立爲一節，稱爲「〈十地品〉之十分科判」。

一、來意

「來意」主要闡釋此品如何承接前品之緣由，以及此品所具有的意義與價值。澄觀於此科目之下再分爲五項說明：

（一）總明答問，即是以問答方式，來說明此品產生的因緣，只是問與答出現在不同「會」。來意是「承接前品」之提問，緣自於第二會普光法堂會〈如來名號品〉中，與會大眾提出了十地之問題，〔註54〕因此在第六會中予以解答，即這一品產生之由來。

（二）立理明次，即是說明三賢位、聖位修行次第的關係。十住、十行、十迴向三心是鄰聖的三賢位，以地前菩薩之因行爲因分；接著進入十地的聖位，證智冥同於果海，以地上菩薩之親證十眞如爲果分。前賢後聖，或前因後果，皆是說明修行次第的前後關係。

（三）辯定法門，指地前的教道與地上的證道具有相資相成的關係，有

〔註51〕《華嚴經疏》卷9，《大正藏》冊35，頁562上。
〔註52〕《搜玄記》卷1，《大正藏》冊35，頁19中。
〔註53〕《探玄記》卷3，《大正藏》冊35，頁146下。
〔註54〕在八十《華嚴‧如來名號品》有「十住、十行、十迴向、十藏、十地、十願、十定、十通、十頂」，爲了回答第二會中諸菩薩十位，而有〈十住品〉、〈十行品〉、〈十迴向品〉、〈十無盡藏品〉、〈十地品〉、〈十地品‧初地十願〉、〈十定品〉、〈十通品〉、〈十忍品〉諸品與之對應。

三賢位之因，才能證入聖位之定果。三心的教道與十地的證道，並非截然分割的，而是相資的，故「教為證因，證即證前三心之教。」〔註55〕三賢位是教道，雖循言教未契理體，它是證得十地之因；十地是證道，必須從初發心一直經歷十住直心、十行深心、十迴向大悲心等三種菩提心，至十地齊證前三心之教淨，才能進入聖位。

（四）引論證成，指澄觀引用《攝大乘論》來證成初地菩薩的正聞熏習種子，是清淨的出世心種子。《攝大乘論釋》云：「論曰：又此正聞熏習種子下中上品，應知亦是法身種子，與阿賴耶識相違，非阿賴耶識所攝，是出世間最淨法界等流性故，雖是世間，而是出世心種子性。」〔註56〕正聞熏習種子，不是賴耶自性，而是法身種子，為法身所攝。十地菩薩到第八地不動地才將煩惱斷盡，故初地菩薩仍是有漏，此正聞熏習雖是有漏卻是清淨的出世心種子性，是無漏心資糧性。

（五）辯其通別，說明晉譯與唐譯《華嚴》第六會之差異。晉譯《華嚴》與唐譯《華嚴》第六會是有差別的，晉譯《華嚴》第六會「他化天宮會」總共有十一品，亦即從〈十地品〉第二十二至〈寶王如來性起品〉第三十二，一會有十一品，故品會意趣有別；而唐譯《華嚴》第六會只有〈十地品〉，一會之中只有一品，故釋名宗趣品會無差是通，也是此品殊勝之處。

綜上所述，「總明答問」是宣講此品的由來，「立理明次」說明十地已進入聖位，「辯定法門」，十地之證道已悟入三昧境界，「引論證成」，十地是出世心種子，「辯其通別」，唐譯《華嚴》第六會〈十地品〉之釋名宗趣品會無差。藉由「來意」五項之分科，突顯〈十地品〉之十聖位較三賢位還要殊勝。

二、釋名

「釋名」乃是解釋本品命名之由來及意義。關於〈十地品〉之釋名，澄觀乃是在法藏的基礎上予以補充，不過因為兩位祖師所使用的《華嚴經》譯本不同，以致於稍有差異。

法藏使用六十卷《華嚴經》，對〈十地品〉名稱的詮釋如下：

初釋名亦二：先釋會名者，他化天會約處為名。謂他化作樂，具自

〔註55〕《華嚴經疏》卷31，《大正藏》冊35，頁735上。
〔註56〕《攝大乘論釋》卷3，《大正藏》冊31，頁395上。

得受用，顯非己力，表入地所證眞如，非由緣造，故名也。二、品
名者，此品名有四種：一、別譯本名《漸備一切智德經》。二、下文
名《集一切智智法門品》。此二就功能立名，謂十地因行，能集生一
切佛智德。然十德漸增，故云漸備。三、更別譯一本，名《十住
經》。四、此中名十地，此二約義帶數受稱。謂十是一周圓數，地是
就義約喻爲名，謂生成佛智住持故也。〔註57〕

澄觀則使用八十卷《華嚴經》，而做如下之詮釋：

會名有三：一、約人，名金剛藏會。二、約處，名他化自在天會，
謂他化作樂具，自得受用。表所入地，證如無心，不礙後得而起用
故；事理存泯，非即離故；因他受用而有所作，非自事故，自他相
作皆自在故，將證離欲之實際故。不處化樂者，表凡聖隔絕故。
三、約法，名十地會，即同品名，所以得此名者。《本業》云：地名
爲持，持百萬阿僧祇功德；亦名生成一切因果，故名爲地。……有
別行譯本名《十住經》，住是地中一義，故《仁王》兼明云：入理般
若名爲住，住生功德稱爲地。而下經又名《集一切智智法門》，亦兼
因果。復有別譯名《漸備一切智德經》，以後後過前前，故名爲漸
備。漸備即是集義。若名十地，就義約喻以受其名。若云十住，唯
就法稱。十是一周圓數，十十無盡，皆帶數釋。後之二釋，皆是依
主，一切智智之法門故，漸備一切智之德故。〔註58〕

法藏所使用的經典文本爲晉譯《華嚴》，第六會有十一品，〈十地品〉只是其
中一品，故無法以會釋名；而澄觀則使用唐譯《華嚴》，第六會只有一品，故
在釋名時，則以會釋名，故稱「會名有三」，這是兩者最大的差異。澄觀在詮
釋〈十地品〉時，會名具有三義，其中第二義，與法藏之說法相同。第一義，
是指說法者爲金剛藏菩薩，以說法者爲主體，故稱「金剛藏會」。第二義，是
以說法處在欲界的第六天他化自在天，以說法處爲主體，故稱「他化自在天
會」。第三義，是以所說之法及品名來命名，故稱「十地會」。

茲介紹釋名之三義如下：

第一義，金剛藏會。「金剛」，表地智有堅、利二義，如金剛能壞煩惱，
是利義；如金剛善根堅實，是堅義。「藏」是堅義，又有能藏、所藏之別：「能

〔註57〕《探玄記》卷9，《大正藏》冊35，頁277上。
〔註58〕《華嚴經疏》卷31，《大正藏》冊35，頁735上～中。

藏」，以樹藏爲喻，如樹心堅密，能生長枝葉華實，地智亦爾，能生因果；「所
藏」，以子孕在胎藏爲喻，善業所持，堅不可壞，而得生長。〔註59〕所以，以
樹藏、胎藏爲喻，不僅具有堅義，還有生長之義。〈十地品〉以金剛藏爲說法
主，不但說明十地法猶如金剛堅實，能破除一切煩惱，具有十地之智，而且
還能生成無漏因果。大陸學者楊維中認爲，金剛藏菩薩宣講十地法之殊勝有
二點：一是金剛藏菩薩以身所證爲會眾修行的示範，二是此菩薩所具有的堅
固如金剛的善根使其證入「十地」的保證。〔註60〕

　　第二義，他化自在天會。他化自在天，爲欲界的第六天，此天有情能於
他所變化的欲境自在受樂，因而得名。「他化自在」用來表法，具有三層意
義：一約二智，初地證人、法二空自化之根本智，不礙起利益眾生化他大用
之後得智，故證得眞如，而能「自化自在」；二約事理，事理互爲自他，即
他人無心，我爲彼化，以自望他，是他人所化，故稱「化他自在」；三約自
他，爲了他人受用而有所作，以及自他相作皆能自在，稱爲「自他自在」。
〔註61〕〈十地品〉在他化自在天宮說法，顯示了處勝，從他化所代表的法
義，不僅代表了十地之法能證得十種眞如之自利，也顯示菩薩化他的利他表
現，更突顯了十地法之自他二利之殊勝。此外，他化自在天在欲界天頂，鄰
近梵天，色界之梵天是離欲的，欲界之凡與色界之聖是相鄰的，故十地接近
佛果位。

　　第三義，十地會。十地之品名具有四個名稱，《十地經》、《十住經》、《集
一切智智法門》、《漸備一切智德經》，可分爲二組來解釋：《十地經》、《十住
經》是一組，是數與義的關係；《集一切智智法門》、《漸備一切智德經》是一
組，是因與果的關係。在《十地經》與《十住經》中，「十」是數字，故是帶
數釋，表示無窮無盡而圓滿無礙之法界；「地」有持、生、成之義，能持無量
功德，及出生、成就一切因果；「住」是「地」這個多義詞中的其中一義，它
具有住生功德之意，故十地又譯成十住。在《集一切智智法門》與《漸備一
切智德經》中，漸備即是聚集之意，是就因果立名，十地是因，能成就一切
佛智是果。〈十地品〉以「十地」之品名來命名，「地」有持、生、成之義，
此三義皆通因果，故更突顯了十地法重視因果的關係。

〔註59〕參見《華嚴經疏》卷31，《大正藏》冊35，頁737下。
〔註60〕楊維中：《經典詮釋與中國佛學》，頁197。
〔註61〕《演義鈔》卷52，《大正藏》冊36，頁406上～中。

從以上釋名之三義，「金剛藏會」表十地能破除眾生煩惱，「他化自在天會」表十地能證得十種真如，「十地會」表十地能生成一切因果。藉由約人、約處、約法，釋名三義之闡明，更能彰顯十地法之殊勝。

三、宗趣

澄觀與法藏對於宗趣的詮釋具一致性，是指「語之所尚曰宗，宗之所歸曰趣。」〔註62〕澄觀將〈十地品〉的宗趣分成三個面向來討論：一為正明宗趣；其次為別示體性；最後為問答料揀。

（一）正明宗趣

澄觀先對〈十地品〉之宗趣作說明：「三、宗趣者，先總後別。總有二義：一、以地智、斷、證、寄位、修行為宗，以顯圓融無礙行相為趣；二、前二皆宗，為成佛果為趣。」〔註63〕澄觀將〈十地品〉的宗趣分為總說、別說二種。其中總說部分，與法藏有所不同，〔註64〕總說又有二義：一、以次第行布門為宗，以圓融相攝門為趣，亦即以別教一乘行位論的「約寄位顯」為宗趣；二、以「約寄位顯」為宗，而以成就佛果為趣。所以，總說的二義，其實是以因果為宗趣。第一義以行布門為因，圓融門為果；第二義以二門為因，以佛果為果。

別說部分有十義，則是承襲法藏之說，但稍有改變。澄觀於《華嚴經疏》云：

> 後別者，別於上總，略有十義：一、約本，唯是果海不可說性，以離能所證故，雖通一部，此品正明。二、約所證，是離垢真如。三者、約智，謂根本、後得，亦通方便。四、約所斷，謂離二障種現。五、約所修，初地修願行，二地戒行，……十受位行。六、約修成，有四行，謂初地信樂行，二戒行，三定行，四地已上皆慧行。……七、約寄位行，十地各寄一度。八者、約法，有三德，謂證德、阿含德，及不住道，是十地之德故。九、約寄乘法，謂初、二、三地，寄世間人天乘，四、五、六、七，寄出世三乘，八地已上，出出世

〔註62〕《華嚴經疏》卷3，《大正藏》冊35，頁521上。

〔註63〕《華嚴經疏》卷31，《大正藏》冊35，頁735中。

〔註64〕法藏將宗趣分為二：先明會宗，二明品宗。品宗再分為總說、別說，其中總說並無分宗、趣兩種，只有宗一種而已：「二、品宗者，此品約總，正以十地證行為宗。」《探玄記》卷9，《大正藏》冊35，頁277中。

間，是一乘法，故以諸乘爲此地法。十者、撮要，謂六決定，宗辯
此故。〔註65〕

〈十地品〉的根本思想，乃是從別說十義而展開，茲分述如下：1.約本，性海
果分是佛所證悟的境界，不可言說。2.約所證，指於初地見道位，證出障離垢
眞如。3.約智，有根本、後得、方便三智。4.約所斷，斷除了所知、煩惱二障
之種子所起的現行。5.約所修，十地修行的法門不同，初地修願行，乃至十地
修受位行。6.約修成，十地修行的成就不同，初地信樂行，二地戒行，三地定
行，四地以上皆慧行，其中四至六地是二乘慧，七地以上是菩薩慧。7.約寄位
行，十地成檀等十度行，十地各寄一度，即初地爲布施波羅蜜多，乃至十地
爲智波羅蜜多。8.約法，十地之三德爲證德、阿含德及不住道。9.約寄乘法，
初至三地爲寄世間人天乘，四至七地爲寄出世間三乘，八至十地爲出出世間
一乘。10.撮要，指六決定，是地上菩薩依聖智證眞順理的六種善決定。

　　澄觀在宗趣別說十義中，前六義之名稱、內容，與法藏相同，但第七義
以後則有所不同。首先是順序的調整，法藏第八義爲「約寄乘法」，澄觀則爲
第九義；法藏第九義「約寄位之行」，澄觀則爲第七義。其次是名稱、內容的
調整，法藏第七義爲「約位」，有證位、阿含位，〔註66〕是指十地之位；澄觀
則修改爲第八義「約法」，有證德、阿含德、不住道，是指十地所具備之三德。
其中最大的差異是第十義，法藏第十義爲「約報，現十王事相」，〔註67〕乃是
盡攝閻浮提王乃至摩醯首羅天王等十王，心念三寶，引導眾生；澄觀則爲「撮
要，謂六決定」，是指地上菩薩之六種明了抉擇。

　　〈十地品〉的宗趣爲總說與別說二種，其中總中含別、別中從總，形成
緊密的連結關係。澄觀於《演義鈔》云：

　　　然總含別義，謂證即初、二，初證契合，二即所證故，智即第三，
　　　斷即第四，修行即五、六，寄位即七、九，證及修行共爲第八，其
　　　撮要宗，不出上九，亦含在總中。〔註68〕

澄觀在總說第一義中，「以地智、斷、證、寄位、修行爲宗」，亦即十地的
「智、斷、證、寄位、修行」是有初後次第的行布門。總中含別，是總說的
行布門與別說十義的連結。總說中的「證」，相當於別說十義的本（所證悟的

〔註65〕《華嚴經疏》卷31，《大正藏》冊35，頁735中。
〔註66〕參見《探玄記》卷9，《大正藏》冊35，頁277中。
〔註67〕《探玄記》卷9，《大正藏》冊35，頁277下。
〔註68〕《演義鈔》卷52，《大正藏》冊36，頁407上。

境界)、所證;總說的「智」,相當於別說的智;總說的「斷」,相當於別說的所斷;總說的「修行」,相當於別說的所修、修成;總說的「寄位」,相當於別說的寄位行、寄乘法;總說的「證、修行」,相當於別說的法;別說的撮要不出上面九義,故總中含別。

　　別說十義,以義收束,不出圓融、行布二門。別中從總,是指別說十義與總說的行布、圓融二門之連結。別中從總,《華嚴經疏》云:「於此十中,二、三、四、八、十,通於圓融行布,初一雙非,餘皆行布,多約寄法顯淺深故。若以圓融融彼行布,則無不圓融,故以別從總,皆十地宗。」〔註69〕在別說十義中,第二、三、四、八、十義,通於別教一乘行位論的「約寄位顯」,包括行布門、圓融門。例如:第二義所證十如,若約十如各異,即行布門;若約一如無二如,十如之德各互相收,即圓融門。第三義約十親證淺深之異,即行布門;若約證如之智,如既圓融,智無異相,一證一切證,即圓融義。第四義若約所斷十障,即行布門;皆是所知,一斷一切斷,即圓融門。〔註70〕其它第八義、第十義,例前可知。行布門與圓融門,圓融不礙行布,初後相即,兩者互為一體,無不圓融。別說十義之第一義,皆非二門,因為性海果分是佛所證悟的境界,無法用語言來詮釋,故是離言;其餘的五、六、七、九義,是行布門,從淺到深,從微至著,次第分明,菩薩可由此漸次進修至佛果位。

　　為何說〈十地品〉的根本思想是別說十義呢?楊維中曾在其〈論《華嚴經‧十地品》的佛學思想及其對中國佛學的影響〉一文中,探討「《十地品》所言十地的修行諸行相」,將澄觀所說的別說十義,再加上「約來意、約果」二項,〔註71〕而形成十地的十二種別相。這十二種別相中,約本、約智、約

〔註69〕《華嚴經疏》卷31,《大正藏》冊35,頁735中。

〔註70〕參見《演義鈔》卷52,《大正藏》冊36,頁407下。

〔註71〕楊維中加上「約來意、約果」的理由:「第三,世親《十地經論》、法藏《探玄記》、澄觀《華嚴經疏》等在每一地開始之初,都有『來意』來綜合說明每一地修證的相關內容。第四,在《十地品》中都有專門的經文敘述各『地』修行所得之果,而法藏所說約『報』,現『十王事相』僅僅是果報的內容之一,不能完全反映經文的實際,因此,應該將其改為約『果』,並且將『報』相列入其中。」參見《經典詮釋與中國佛學》,頁216。以上這一段引文中,世親《十地經論》在每一地開始之初,並沒有「來意」,此說法有待商榷。法藏、澄觀在詮釋十地中,每一地皆作七門:一、釋名;二、來意;三、斷障;四、證理;五、成行;六、得果;七、釋文。而「來意、約果」則是這七門中的其中二門,或許更為貼切。《探玄記》卷10,《大正藏》冊35,頁300上。

法、約攝要等四項，是十地的共同特徵，它可以涵蓋整個十地，共同來討論。至於約來意、約所證、約所斷、約所修、約修成、約寄位行、約寄乘法、約果等八種別相，則是每一地有所不同，故每一地皆用此八種別相來詮釋，故須個別討論。〔註72〕

（二）別示體性

〈十地品〉的體性，可分為二種：一是別示十體，二是以總收別。先說明別示十體，《華嚴經疏》云：

> 一、即離言體。二、所證體。《梁攝論》云：「出離真如，為地體故。」三、能證體。《無性論》云：「法無我智，分地位故。」此論亦名為智地故。其所斷約離，故非地體，若取離惑所顯，又即真如。四、合能所證以為地體，獨不立故。《梁攝論》云：「如如及如如智獨存故。」五、收五、六、七，及其第九為隨相體，此等皆為成地法故。六、取光明三昧，即證入體，正相應故。論云：「三昧是法體故。」七、就德體，即教證不住三道為體。八、隨要體，謂六決定。九、總攝體。《成唯識》云：「總攝一切有為、無為功德，為自性故。」十、唯因體，取其別相，異果海故。〔註73〕

別示十體，是指：1.離言體，是別說十義「約本」之體，不可言詮。2.所證體，是別說十義「約所證」之體。3.能證體，是別說十義「約智」之體。4.能所契合體，是將別說十義「能證、所證」結合，以為十地之體。5.隨相體，是將別說十義的「所修、修成、寄位行、寄乘法」等行布門合起來而為一體。6.三昧體，金剛藏菩薩所證入的大智慧光明三昧即證入體，是「能證、所證」之結合。7.就德體，是別說十義「約法」之體。8.隨要體，是別說十義「攝要」的六決定之體。9.總攝體，是總攝有為法、無為法之功德。10.唯因體，是應眾生機緣而說教之緣起因分。

以上別示十體，不出總含、尅實、離言三體，稱為以總收別。十體的第一即離言體，二、三、四、六為尅實體，五、七、八、九、十為總含體。〔註74〕其中的尅實體，是指智與證；總含體與總攝體是同義，總攝有為無為

《華嚴經疏》卷33，《大正藏》冊35，頁756中。

〔註72〕參見楊維中：《經典詮釋與中國佛學》，頁217～222。

〔註73〕《華嚴經疏》卷31，《大正藏》冊35，頁735中～下。

〔註74〕參見《演義鈔》卷52，《大正藏》冊36，頁408上。

功德以爲自性。〈十地品〉之體性所攝有二種：一爲因分，是有爲功德；一爲果分，是無爲功德。總含體、尅實體爲因分，離言體爲果分，但因果不二，始終無礙，言慮雙絕是爲地體。所以〈十地品〉的體性，不管分爲別示十體或以總收別，皆是以因果爲體性。

（三）問答料揀

〈十地品〉的第三個宗趣，則以問答方式來表示。《華嚴經疏》云：

> 問：何爲地前顯圓融德，地上行布彰淺劣耶？答：顯一乘故。云何顯耶？三乘之位，地前行布，地上圓融；今一乘位，地前、地上，俱有行布、圓融。……故於地前但顯圓融，已過三乘，地上多明行布，以顯超勝勝相。……世親以六相而圓融，意在斯矣。〔註75〕

華嚴的判教思想爲五教，即小、始、終、頓、圓。其中的「圓教」，又稱一乘圓教，分爲同、別二教。別教一乘，即是別於三乘，指《華嚴經》的「無盡緣起」；同教一乘，即是《法華經》開三乘方便顯一乘眞實的「會三歸一」，三乘與一乘的教義有共通之處，只是淺深的程度不同而已。在問答料揀中，澄觀區分三乘教與一乘教的差異，且提出〈十地品〉的宗趣是「地前顯圓融，地上彰行布」，其主要目的是爲了顯示別教一乘的殊勝。在三乘教中，地前是行布門，地上是圓融門，它是約相而說，就二門來分位前後，說明同教一乘只是方便法門。在一乘教中，地前地上皆具行布圓融二門。若地前行布，地上圓融，則與三乘教相同，前淺後深；若地前圓融，地上行布，則是〈十地品〉的宗趣，在地前已圓融自在，超過三乘，在登地之後，以顯一乘深廣。一乘教，是約體而說，就十地法之前後相入，圓融自在，說明別教一乘異於三乘。澄觀對比三乘教與一乘教，其中三乘教是方便門，主要目的是爲了破斥天台宗，認爲天台宗不了解華嚴一乘教義，而將圓融、行布二門分開，而失去圓融之義。

澄觀在「宗趣」部分，與法藏相同的只有「正明宗趣」的別說十義。別說十義中，兩位祖師最大的差異是第十義，法藏是「約報，現十王事相」，澄觀則更改爲「攝要，謂六決定」，其更改的原因，是爲了配合整體的討論，皆集中於「六相圓融」。其餘的「別示體性」、「問答料揀」則是澄觀之發揮，更多著墨於行布圓融二門的融通，主要目的是爲了詮釋世親《十地經論》的「六

〔註75〕《華嚴經疏》卷31，《大正藏》冊35，頁735下。

相圓融」，總、同、成三相屬圓融門，與別、異、壞三相屬行布門，是圓融不礙行布，行布不礙圓融。行布門爲施設種種差別相所說之方便法門，圓融門則是從理性之德用所說之眞實法門。由圓融門來看，理性之德用與差別相的關係，兩者似乎是互相矛盾，但其實是互爲一體，是相即相入、因果不二、性相圓融，故華嚴宗強調信滿成佛，十信滿位，當成佛果。〔註 76〕

以上已探討了〈十地品〉之宗趣，其中「正明宗趣」分總說、別說二義，總說之二義，是以因果爲宗趣，別說十義是〈十地品〉的根本思想，總說與別說，皆不出行布、圓融二門；「別示十體」是別說十義之體，是以因果爲體性；「問答料揀」，彰顯〈十地品〉的宗趣爲「地前顯圓融，地上彰行布」，顯示華嚴宗別教一乘的殊勝，是六相圓融的事事無礙法界。所以，澄觀所詮釋的〈十地品〉之宗趣，包括因果關係、行布圓融二門二種。其中因果，亦是《華嚴經》的宗趣，故〈十地品〉特殊的宗趣應是行布圓融二門。

第四節 〈十地品〉之十分科判

〈十地品〉之十分科判，是指澄觀〈十地品〉四門分別的第四門「釋文」部分。澄觀將〈十地品〉分爲十個段落來詮釋：序分、三昧分、加分、起分、本分、請分、說分、地影像分、地利益分、地重頌分。這十分的前六分乃是承襲《十地經論》而來，十地法門的初地分爲八個部分：「十地法門，初地所攝八分：一、序分；二、三昧分；三、加分；四、起分；五、本分；六、請分；七、說分；八、校量勝分。」〔註 77〕澄觀採取了《十地經論》初地的前六分，第七分也是「說分」，但有所調整。《十地經論》的「說分」只限於初地，智儼認爲應通於十地，於《搜玄記》云：「次第七，明其說分，乃至十地通，亦是說法難解，宜以喻顯故。」〔註 78〕澄觀則承襲智儼之說法：「既有初地說分，即知十地皆有說分。」〔註 79〕所以說分，包括了十地階位：歡喜地、離垢地、發光地、焰慧地、難勝地、現前地、遠行地、不動地、善慧地、法雲地。

〔註 76〕 參見方立天：《法藏》，頁 185～186。
〔註 77〕 《十地經論》卷 1，《大正藏》冊 26，頁 123 中。
〔註 78〕 《搜玄記》卷 3，《大正藏》冊 35，頁 48 下。
〔註 79〕 《華嚴經疏》卷 33，《大正藏》冊 35，頁 756 上。

澄觀〈十地品〉的十分，除了承襲《十地經論》初地的序分至請分的六分外，其餘的四分應是根據智儼的說法：「言爲九者，始從序分乃至請分則以爲六，說分已去判爲第七，地影像分說爲第八，地利益分是其第九。亦可分十，增其重頌。」〔註80〕所以，〈十地品〉的第七分爲說分，第八分爲地影像分，第九分爲地利益分，第十分爲地重頌分。而智儼的第八、九分之名稱，則是依據《十地經論》第十地法雲地所攝八分的第七、八分而來：「此地中有八分差別：一、方便作滿足地分；二、得三昧滿足分；三、得受位分；四、入大盡分；五、地釋名分；六、神通力無上有上分；七、地影像分；八、地利益分。」〔註81〕第十分，則是《十地經論》所無，因《十地經》的原文並沒有重頌部分。

以下將介紹澄觀〈十地品〉的「釋文」之十分法：序分、三昧分、加分、起分、本分、請分、說分、地影像分、地利益分、地重頌分。

一、序分

序分，即是一經的開頭，述說一經教說產生的因緣。在一般佛經的通序有六成就，〈十地品〉爲《華嚴經》的一品，故只有別序之時、主、處、眾四成就。《華嚴經》云：

> 爾時，世尊在他化自在天王宮摩尼寶藏殿，與大菩薩眾俱。……解脫月菩薩，如是等無數、無量、無邊、無等、不可數、不可稱、不可思、不可量、不可說，諸菩薩摩訶薩眾，金剛藏菩薩而爲上首。
>
> 〔註82〕

〈十地品〉是世尊在成道後不久，在他化自在天宮的摩尼寶殿，他方世界諸大菩薩都來集會，而以金剛藏爲上首菩薩，其請法上首爲解脫月菩薩。這場法會的說法主爲金剛藏菩薩，是受到佛力的加持而宣說〈十地品〉。

六成就，是指每部佛經篇首之通序所必須具備的六項內容，又稱六種成就、六事成就，即信成就、聞成就、時成就、主成就、處成就、眾成就。今〈十地品〉攝入《華嚴經》的一品，故沒有通序中的「如是」「我聞」之信、聞二成就。所以《華嚴經‧十地品》只有別序中之四成就：「爾時」，是時成就；「世尊」，是主成就；「他化自在天王宮」，是處成就；「與大菩薩眾俱」，

〔註80〕《搜玄記》卷3，《大正藏》冊35，頁48下。
〔註81〕《十地經論》卷12，《大正藏》冊26，頁193下。
〔註82〕八十《華嚴》卷34，《大正藏》冊10，頁178中～179上。

是眾成就。澄觀依據《十地經論》的說法，四成就中的「時間、處所」具有特殊的勝法：「時、處等，校量顯示勝故。此法勝故，在於初時及勝處說。」〔註83〕「爾時」，是時勝，即世尊二七日才開始說法；「他化自在天王宮」，是處勝，在欲界的第六天說法，選擇在欲界的他化自在天說法，而不在色界的原因，是因為欲界是感果的地方，謂機感在此。又色界為八難之一的長壽天難，〔註84〕不能感果，故能感勝果之處必是欲界。

世尊悟道後，是在何時開始說法呢？佛在初七日，只是正觀十二因緣、思惟法義、享受法樂，尚未說法。〔註85〕初七日的思惟行、因緣行，乃是為了顯示不共法的殊勝，是佛所獨自證悟的真理，不共於二乘人，故稱不共般若，如《華嚴經》。根據華嚴宗的系統，世尊悟道後的說法是在二七日。《十地經》云：「成道未久，第二七日，在他化自在天中，自在天王宮，摩尼寶藏殿，與大菩薩眾俱。」〔註86〕在梵語原文中，也有相同的意思，即梵文（R. Kondo Daśa-bhūmika P.1）記載釋尊成道後第二七日，到他化自在天宮對許多菩薩說此十地經。〔註87〕由此可見，世親的時代，《十地經》的版本是記載第二七日說法的。在五種〈十地品〉的諸譯本中，《漸備一切智德經》、《十住經》、晉譯本、唐譯本，皆沒有「成道未久第二七日」的表述，只有唐‧尸羅達摩《佛說十地經》有此記載。所以，成道後二七日於他化自在天說〈十地品〉，只記載於《十地經》、梵文原典，以及《佛說十地經》。

至於天台宗的系統，世尊第一次說法則是在三七日，其依據為《妙法蓮華經》（以下簡稱《法華經》）云：「我始坐道場，觀樹亦經行，於三七日中，思惟如是事。」〔註88〕判定佛成道後三七日間，觀樹經行，思惟如何說妙法度化眾生。以及《天台四教儀備釋》著名的別五時說法頌：「《阿含》十二《方等》八，二十二年《般若》談，《法華》、《涅槃》共八年，《華嚴》最初三七

〔註83〕《華嚴經疏》卷31，《大正藏》冊35，頁736下。
〔註84〕八難：地獄、畜生、餓鬼、長壽天、邊地、盲聾瘖瘂、世智辯聰、佛前佛後。
〔註85〕根據諸部經典的記載，世尊初成正覺時，尚未說法。《普曜經》卷7：「以成正覺，諸天皆來，嗟歎佛已；如來正坐一心觀樹，目未曾瞬，禪悅為食、解慧為漿，永安無橫；宿夜七日，觀道場樹，以報其恩。」《大正藏》冊3，頁524下。《大寶積經》卷11：「夙夜七日，悉存法樂，觀佛道樹，不以為厭，目未曾眴。」《大正藏》冊11，頁64下。
〔註86〕《十地經論》卷1，《大正藏》冊26，頁123中。
〔註87〕神林隆淨著，許洋主譯：《菩薩思想的研究‧下》，頁252。
〔註88〕《法華經》卷1，《大正藏》冊9，頁9下。

日。」〔註 89〕將佛陀所說之一代聖教，分判爲五時：華嚴時、鹿苑時、方等時、般若時、法華涅槃時，其中華嚴時爲第一時，乃佛陀成道最初三七日間說《華嚴經》之時期。

　　世尊成道後第一次說法的時間，歷來諸經典的記載有所不同，以華嚴宗的二七日、天台宗的三七日最受矚目，其它還有初七日、五七日、六七日、七七日、八七日，甚至一年後的不同說法。〔註 90〕

　　關於世尊說《華嚴經》的時間，菩提流支認爲晉譯《華嚴》八會中，前五會乃佛成道後之初七日所說，而第六會以後，則爲第二七日所說。〔註 91〕澄觀則有三種詮釋方式：第一種「約不壞前後相說」，係採菩提流支的說法，但對於第九會又有所修正，唐譯《華嚴》九處中，前五會爲初七日之說法，第六、七、八等三會爲第二七日之說法，第九會〈入法界品〉則爲後時之說法。澄觀將《華嚴經》之九會分爲三階段，主要說明世尊說《華嚴經》仍有次第性，它是由淺至深循序漸進，讓學人悟入華藏大海。第二種「順論釋」，是依據《十地經》，九會皆在二七日後所說，亦名始成期。第三種「約實圓融釋」，是依據法藏的觀點，在初成道的一念之中，一音頓演七處九會無盡之文，海印定中一時印現。〔註 92〕亦即「佛初成道第二七日，在菩提樹下，猶如日出先照高山，於海印定中，同時演說十十法門，主伴具足，圓通自在。」〔註 93〕

〔註 89〕《天台四教儀備釋》卷上，《卍續藏》冊 57，頁 608 下。

〔註 90〕佛之初次說法在何時呢？根據《探玄記》卷 2：「依《普曜經》，第二七日於鹿野圍，爲彼五人三轉四諦，此是小乘。依《密迹力士經》，第二七日鹿圍，爲於無量大眾轉法輪時，有得羅漢、辟支菩薩道等，此是三乘。依此經，第二七日於樹王下，爲海會菩薩轉無盡法輪，明是一乘。上三同時者，約法表本末同時，約人顯機感各異。依《法華》三七日；《四分律》六七日；《興起行經》七七日；依《五分律》八七日；《智論》五十七日；《十二遊經》一年方說。此竝末教機異，宜聞各別，故致不同。本教機定，故唯二七。」《大正藏》冊 35，頁 127 下～128 上。日本學者石井教道的說法，與法藏略有出入：「初七日」的說法來自菩提流支；「二七日」見於《十地經論》；「三七日」見於《法華經》；「五七日」見於《大智度論》；「六七日」見於《四分律》；「七七日」見於《出曜經》；「八七日」見於《五分律》；「一年後」見於《十二遊經》。參見《華嚴教學成立史》，頁 368。

〔註 91〕參見《探玄記》卷 2，《大正藏》冊 35，頁 127 中。

〔註 92〕參見《華嚴經疏》卷 4，《大正藏》冊 35，頁 529 下～530 上。

〔註 93〕《華嚴五教章》卷 1，《大正藏》冊 45，頁 482 中。

二、三昧分

三昧，其梵文爲 samādhi，或稱三摩地、三摩提，是一種禪定的境界，指修行者將心定於一處而不散亂之狀態。此處則是指說法者金剛藏菩薩證入一種無漏禪定的境界，能引發無上的智慧光明。

《華嚴經》云：「爾時，金剛藏菩薩承佛神力，入菩薩大智慧光明三昧。」〔註94〕金剛藏菩薩爲了開演十地法門，以及顯示此法門之殊勝，故先入大智慧光明三昧。三昧分，澄觀分爲四方面來詮釋：釋文、會論、出體、入意。

（一）釋文，指金剛藏菩薩承佛之威神力，證入「大智慧光明三昧」，其中「三昧」，是顯示所入之定名，爲通稱，「大智慧光明」爲別名，將各別說明。「大」具有二義：揀異於凡夫、小乘；能斷大惑、證大理、成大果。「智慧」是體，照二無我，證如名慧，即照理是根本智；照事名智，是後得智。「光明」是用，以上二智，慧能破初地分別隨眠之見惑，智能斷除十地中每一地之二愚的無明。〔註95〕

（二）會論，即《十地經》所說之「大乘光明三昧」，〔註96〕「光明」即「智」，光明是從喻而得名，全喻「智慧」，與大智慧光明三昧相同，皆雙含體用。〔註97〕大乘光明三昧，與《成唯識論》修行十地的四種定學之初定「大乘光明定」名稱相同，此禪定能引發照了大乘之理、教、行、果（所詮之義理、能詮之言教、能成之修行、所成之證果）之智慧光明，是一種無漏定。〔註98〕亦即此定能引發的智慧光明，能破無明，徹見二空所顯之眞如理體，而流出三藏十二部之大乘教法，並修習布施等十種勝行，而證得大菩提、大涅槃果。

（三）「出體」，即體性出三昧體：定、慧、所證如，以三合爲體，非獨爲定。此三昧之體性，具有能證、所證，兼寂照故。〔註99〕

（四）入意，即入定略辨有六意：此三昧是法體故，非證不說故，顯此法非思量境故，觀機審法故，爲受佛加故，成軌儀故。〔註100〕入三昧，即是

〔註94〕八十《華嚴》卷34，《大正藏》冊10，頁179上。
〔註95〕參見《華嚴經疏》卷31，《大正藏》冊35，頁738上。
〔註96〕《十地經論》卷1，《大正藏》冊26，頁124上。
〔註97〕參見《演義鈔》卷52，《大正藏》冊36，頁410中。
〔註98〕參見《演義鈔》卷52，《大正藏》冊36，頁410中。
〔註99〕參見《華嚴經疏》卷31，《大正藏》冊35，頁738上。
〔註100〕參見《華嚴經疏》卷17，《大正藏》冊35，頁633上。

入定，此文只具有六意之其中二義：一爲顯示此禪定境界之深，「非思量境界」，故不可用心意卜度、語言分別，直就諸法之本質來顯示其離言狀態；二爲約人就法而言，顯金剛藏菩薩已證入三昧，故「非證入則不說」，〔註101〕若不證而說，則是生滅心行，說實相法。

三、加分

「加」，是指諸佛以慈悲心加護眾生，又稱加被、加備、加祐、加威、加護。佛所加被之力，稱爲加被力或加威力；蒙受其力加被而欲爲大眾說法，稱爲加說。《華嚴經》云：

> 入是三昧已。……金剛藏！乃能入是菩薩大智慧光明三昧。善男子！此是十方各十億佛剎微塵數諸佛共加於汝，以毘盧遮那如來應正等覺本願力故，威神力故，亦是汝勝智力故，欲令汝爲一切菩薩說不思議諸佛法光明故。……（口加）善男子！汝當辯說此法門差別善巧法，所謂承佛神力，如來智明所加故、淨自善根故、普淨法界故、……（意加）爾時十方諸佛，與金剛藏菩薩無能映奪身、與無礙樂說辯、與善分別清淨智、……（身加）爾時十方諸佛，各伸右手，摩金剛藏菩薩頂。〔註102〕

在顯加中，若未入定，佛不加被，「入是三昧已」，表金剛藏菩薩已入大智慧光明三昧，故蒙受佛之加被。雙辯加定因緣，有四種因緣：「十方各十億佛剎微塵數諸佛共加於汝」，是伴佛同加；「以毘盧遮那如來應正等覺本願力故」，是主佛本願；「威神力故」，是主佛現威；「亦是汝勝智力故」，是定者智力。四因中，初因爲伴佛同加是得定因，先由佛加，才能入定；後三因通於定因（能入定）、加因（得佛加）等二因。〔註103〕得定，是由諸佛加；佛加，是由主佛本願力，是加因。加相有三，十方諸佛以口、意、身三種方式加被金剛藏菩薩，令他說十地法門。根據《華嚴經疏》云：「加有二種：一者、顯加，具於三業；二者、冥加，但與智令說。普光法界，無顯有冥，餘皆具二，顯必有冥故。」〔註104〕顯加，是指佛菩薩對眾生所施顯而易見之加被。如佛陀於華嚴會上，以身業摩菩薩頂，增加其威力；以口業勸說法音，幫助其辯才

〔註101〕參見《華嚴經疏》卷31，《大正藏》冊35，頁738上。
〔註102〕八十《華嚴》卷34，《大正藏》冊10，頁179上～中。
〔註103〕參見《華嚴經疏》卷31，《大正藏》冊35，頁738中。
〔註104〕《華嚴經疏》卷1，《大正藏》冊35，頁506下。

能力；以意業加持，通於三業，增加其智慧。其利益皆明顯可見，故稱為顯加。冥加，又作冥應、冥助，謂冥冥之間蒙佛菩薩等加護。佛菩薩之感應，隱密難見，故稱冥加。八十《華嚴》九會中，普光攝二、七、八等三會，法界即是第九會，故此四會只有冥加，其餘五會皆具顯加、冥加二種。〔註105〕所以，〈十地品〉為第六會，具有顯加、冥加二種。加與定，其先後次第為何呢？是先定後加呢？或先加後定呢？《華嚴經疏》云：「若正釋者，加有二種：若約內外善根威神，願力冥資，令其得定，則在定前；若約與智讚述，摩頂勸說，三業顯加，則居定後。」〔註106〕冥加是在禪定之前加被令其得定，顯加則是在禪定之後方受加被。在〈十地品〉中，「金剛藏菩薩承佛神力，入菩薩大智慧光明三昧。」其中的「承佛神力」，即是佛之神通力對金剛藏菩薩的加被，使其進入禪定，是冥加；顯加，則是在金剛藏菩薩證入「大智慧光明三昧」之後才加被，有伴佛同加、主佛本願、主佛現威、定者智力等四種加定因緣，為了加被說法者，使其身、口、意三業能如法演說十地法門。

　　此外，毘盧遮那佛之加相次第則有所不同，「若約舍那，先意令得定，當有所說；次身光照觸增威；後雲臺說偈令演，亦義次第，非有優劣。」〔註107〕毘盧遮那佛先意加，再身加，最後為口加。亦即先承佛神力之冥加，其次放身光成臺，最後才在雲臺中勸說。〔註108〕

四、起分

　　起分，是指金剛藏菩薩在三昧中，受到諸佛加被之後，從禪定中出定，準備說法。《華嚴經》云：「摩頂已，金剛藏菩薩從三昧起。」〔註109〕說法主金剛藏菩薩，從三昧中起身，表示三昧事已訖，受到諸佛加被，而得勝力。金剛藏菩薩已得諸佛勝力加被，為顯已證，而欲宣說十地法門，所以從定中

〔註105〕參見《演義鈔》卷5，《大正藏》冊36，頁34中～下。

〔註106〕《華嚴經疏》卷17，《大正藏》冊35，頁633下。

〔註107〕《華嚴經疏》卷31，《大正藏》冊35，頁740下。

〔註108〕《演義鈔》卷53：「意加，即承佛神力，入菩薩大智慧光明三昧。次身光照觸等者，即下如來加請文中，放眉間光，照十方竟，云：又照十方一切世界，一切諸佛所說法菩薩金剛藏之身是。後雲臺下，口加者，時光臺中，以諸佛威神力故，而說頌言：『佛無等等如虛空，十力無量勝功德，人間最勝世中上，釋師子法加於彼』是也。言令演者，彼次偈云：『佛子當承諸佛力，開此法王最勝藏，諸地廣智勝妙行，以佛威神分別說』，即其文也。」《大正藏》冊36，頁420上～中。

〔註109〕八十《華嚴》卷34，《大正藏》冊10，頁179中。

出。定中是離言的狀態，沒有言說，所以出定後才開始說法。

五、本分

　　本分之「本」，指能產生下二分（請分、說分），故於此中只簡略宣說十地之綱要，即地體、地相。若廣說者，請分、說分之中，皆有地體、地相；若別說者，請分廣顯地體，說分廣顯地相。〔註110〕本分是進入說法的前行階段，只略示十地之綱要，可分為三部分：一、以六決定為地體，二、列舉十地的名稱，三、十方諸佛皆讚歎十地法門的殊勝，所以本分只是舉法歎勝，令起樂欲之心。《華嚴經》云：

> （以六決定為地體）普告一切菩薩眾言：諸佛子！諸菩薩願善決定，
> 無雜；不可見；廣大如法界；究竟如虛空，盡未來際；遍一切佛剎，
> 救護一切眾生；為一切諸佛所護，入過去未來現在諸佛智地。……
> （列舉十地的名稱）何等為十？一者歡喜地，二者離垢地，三者發
> 光地，四者焰慧地，五者難勝地，六者現前地，七者遠行地，八者
> 不動地，九者善慧地，十者法雲地。……（十方同說彰地要勝）佛
> 子！我不見有諸佛國土，其中如來不說此十地者。何以故？此是菩
> 薩摩訶薩向菩提最上道，亦是清淨法光明門，所謂分別演說菩薩諸
> 地。佛子！此處不可思議，所謂諸菩薩隨證智。〔註111〕

本分略示十地之綱要共三部分，以下之說明則將其重心放在六決定。六決定，亦即六種善的決定，是初地以上菩薩所發的菩提心，亦即所發的本願，它是十地之本體，也是十地的核心要義。在〈十地品〉或《十地經》的原文中，〔註112〕只有「善決定」，並沒有六種善決定，茲引《十地經》的原文如下：

> 諸佛子！是諸菩薩願善決定。無雜、不可見、廣大如法界、究竟如
> 虛空，盡未來際、覆護一切眾生界。佛子！是諸菩薩乃能入過去諸
> 佛智地，乃能入未來諸佛智地，乃能入現在諸佛智地。諸佛子！此
> 菩薩十地是過去、未來、現在諸佛已說、今說、當說，我因是事，
> 故如是說。〔註113〕

〔註110〕《演義鈔》卷54，《大正藏》冊36，頁424中。

〔註111〕八十《華嚴》卷34，《大正藏》冊10，頁179中。

〔註112〕唐譯《華嚴》與世親《十地經論》的「十地品」版本不同。為了區隔兩個版本，〈十地品〉指唐譯《華嚴》版，《十地經》指世親《十地經論》版。

〔註113〕《十地經論》卷1，《大正藏》冊26，頁126中～下。

世親則將「無雜」、「不可見」、「廣大如法界」、「究竟如虛空，盡未來際」、「覆護一切眾生界」、「入一切諸佛智地」等六項，詮釋為六成就，於《十地經論》云：

> 善決定者，真實智攝故。善決定者，即是善決定。此已入初地，非信地所攝。此善決定有六種：一者、觀相善決定，真如觀一味相故，如經「無雜」故。二者、真實善決定，非一切世間境界，出世間故，如經「不可見」故。三者、勝善決定，大法界故，一切佛根本故，如經「廣大如法界」故。大勝高廣一體異名法相義故，一切法法爾故。復法界大真如觀，勝諸凡夫二乘智等淨法法爾故。復法界大方便集地，謂說大乘法法爾故。復法界大白法界善法法爾故。四者、因善決定有二種：一、成無常愛果因善決定。是因如虛空，依是生諸色，色不盡故，如經「究竟如虛空」故；二、常果因善決定。得涅槃道，如經「盡未來際」故。五者、大善決定，隨順作利益他行，如經「覆護一切眾生界」故，次前善決定，此願世間涅槃中非一向住故。六者、不怯弱善決定，入一切諸佛智地不怯弱故，如經「佛子！是諸菩薩」乃至「入現在諸佛智地」故，復此十地生成佛智住持故，如經「諸佛子！此菩薩十地是過去、未來、現在諸佛已說、今說、當說故」。〔註114〕

善決定，是真如實智之所攝，是入初地的菩薩所修習。法藏則將六決定，以六義來概括：「通論有六義：一、約行體，決定堅固不退；二、望所證，決定己證；三、約煩惱，決定能斷；四、約所信，決定不疑；五、約所化，決定能度；六、望佛果，決定能成。」〔註115〕澄觀亦承襲法藏的說法，只是文字更為簡潔。〔註116〕六決定，即宗趣之別示十體之「隨要體」，以六決定為體。茲配合法藏的六義，與世親的《十地經論》，對六決定作詮釋：（一）觀相善決定，從「修行體相」而言，菩薩之正智決定觀照真如之理而不退轉，契同一味，如經中「無雜」之相。（二）真實善決定，從「所證智慧」而言，菩薩之實智是出世間之智，決定已證真理，如經所說「不可見」。（三）勝善決定，從「所斷煩惱」而言，菩薩之行大勝高廣，為一切諸佛之根本，決定

〔註114〕《十地經論》卷1，《大正藏》冊26，頁126下～127上。
〔註115〕《探玄記》卷9，《大正藏》冊35，頁286上。
〔註116〕參見《華嚴經疏》卷31，《大正藏》冊35，頁742中。

具足斷除煩惱的勝德，如經所說「廣大如法界」。（四）因善決定，從「所信因果」而言，菩薩之行因決定無疑有成果之功能。無常愛果因善決定，能生萬事萬物，生生不息，如經所說「究竟如虛空」；常果因善決定，得有餘涅槃、無餘涅槃，如經所說「盡未來際」。（五）大善決定，從「所化眾生」而言，菩薩利他之行決定能度一切眾生，無有局限，如經所說「覆護一切眾生界」。（六）不怯弱善決定，從「成就佛果」而言，菩薩證果德，入一切諸佛智地，決定成佛而無怯懼，如經所說「佛子！是諸菩薩」乃至「入現在諸佛智地」。此外，菩薩十地是從佛果初起，至佛果圓滿，能使佛法久住，如經所說「諸佛子！此菩薩十地是過去、未來、現在諸佛已說、今說、當說」。

　　《十地經論》之六決定，其最終的目的是爲了導歸六相圓融：「於中善決定者是總相，餘者是別相；同相者善決定，異相者別相故；成相者是略說，壞相者廣說故，如世界成壞。」〔註117〕此六決定，根據世親、法藏、澄觀的說法，是初地菩薩所攝；但智儼則持不同看法，認爲六決定不僅通十地，亦通十地之前的十住、十行、十迴向。〔註118〕

六、請分

　　請分，是爲了顯示〈十地品〉的殊勝，金剛藏菩薩列舉十地之名後默然不語，引起解脫月菩薩、與會大眾及如來等三家共五次的請求，懇請金剛藏菩薩解說十地法，是爲三家五請。《華嚴經》云：

> 爾時金剛藏菩薩，說此菩薩十地名已，默然而住，不復分別。（解脫月初請）是時一切菩薩眾，聞菩薩十地名，不聞解釋，咸生渴仰，作如是念：何因何緣，金剛藏菩薩唯說菩薩十地名，而不解釋？解脫月菩薩知諸大眾心之所念，以頌問金剛藏菩薩曰……（解脫月二請）爾時解脫月菩薩聞是說已，白金剛藏菩薩言：佛子！今此眾會，皆悉已集，善淨深心，善潔思念，善修諸行，善集助道，善能親近百千億佛，成就無量功德善根。……此諸菩薩，於如是等甚深之處，皆能證知。……（解脫月三請）爾時解脫月菩薩重白金剛藏菩薩言：佛子！願承佛神力，分別說此不思議法，此人當得如來護念而生信

〔註117〕《十地經論》卷1，《大正藏》冊26，頁127上。
〔註118〕《華嚴經孔目章》卷3：「此六決定，是十地體，通十地故，亦通十住已來。故經云：十住中有五決定，十行亦同，除大善，十迴向有三決定。」《大正藏》冊45，頁561中～下。

－137－

受。……（大眾同請）爾時諸大菩薩眾，一時同聲，向金剛藏菩薩
而説頌言：……（如來加請）爾時世尊從眉間出清淨光明，……時
十方諸佛悉亦如是，從眉間出清淨光明，……時光臺中，以諸佛威
神力故，而説頌言。〔註119〕

三家五請中的「三家」，是指最初解脱月菩薩請，第二大眾請，第三如來請。
「五請」是指眾中之上首解脱月菩薩共三請，大眾及如來各一請，共為五
請。其中解脱月菩薩是正請，眾人及如來是助請。為何解脱月菩薩要三請，
其內容為何呢？這三請，包括三請與二止：〔註120〕

一、怪默騰疑請；二、法深難受止；三、歎眾堪聞請；四、不堪有
損止，謂雖有堪者，亦有不堪故；五、雙歎人法請，謂不堪聞者，以
法深故，亦得佛護，固應為説，於是剛藏理窮，更無違請。〔註121〕

第一請「怪默騰疑請」，因大眾目睹金剛藏菩薩默然不語而生疑，或解脱月菩
薩有疑欲問而致請。第一止「法深難受止」，因十地法門深奧難説、難聞，世
間無人能堪受，故金剛藏菩薩默然不説。第二請「歎眾堪聞請」，解脱月菩薩
看到與會大眾皆是善根深厚者，已證得地前之教淨，以及地上之證淨，堪能
聽聞信受十地法。第二止，「不堪有損止」，雖然有些眾生善根純熟堪受大法，
但仍有部分根劣眾生，不堪受大法，聞之生疑而墮入惡道，金剛藏菩薩愍此
眾生故默然不説。第三請「雙歎人法請」，「歎法請」是指十地法門深奧難懂，
故必須仗佛神力加被，來説此不思議法；「歎人請」是指聽法之人，得佛護念，
而能信受，故不生疑謗。

第二家是「海會大眾同請」。首先「歎人堪能請」，主要讚歎説法者金剛
藏菩薩於教證二道皆已通達，且與會大眾具有大善根，堪聞教證之法，有欲
者求法轉深，樂求聞思修證四種法。其次「歎法利益請」，所説法中具足廣大
智，能進入諸地而地地轉勝，成就十力無障礙之佛菩提。

第三家是「如來加請」。前面雖已有二家四請，為顯十地法之殊勝，又有

〔註119〕八十《華嚴》卷34，《大正藏》冊10，頁179下～180下。
〔註120〕澄觀在詮釋解脱月菩薩請時，出現了二止三請，與三止三請不一致的情形，
相差一止的原因，是澄觀又將「金剛藏菩薩説此菩薩十地名已，默然而住」
歸為初止，故云：「謂初止，通抑不堪。」本文則根據科判之五段，分為三請
二止。參見《華嚴經疏》卷32，《大正藏》冊35，頁744中～下。《演義鈔》
卷54，《大正藏》冊36，頁429下。
〔註121〕《華嚴經疏》卷32，《大正藏》冊35，頁744下。

第三家之「如來加請」。主佛毘盧遮那佛，已於上文論及「承佛神力」以意加於金剛藏菩薩，今欲以身口二業復加。「身加」，是指如來現神通力放眉間白毫光照十方世界，十方諸佛亦放光照此娑婆世界，不以常身展敬，而以光業代替。「口加」，不以常口求請，而以雲臺說偈來發言。澄觀接著又說明「佛請」的殊勝：

> 又佛請者，即名爲加，謂衆雖已請，要假主佛威光，方堪說故亦名爲教，如來教說，顯剛藏說，傳佛教故。又前二家請，顯此地法，因人修故，後一家請，顯此地法，佛所證故。前之二請，餘經容有，後之一請，餘經所無，《法華》三請，但是一家，良以地法甚深，寄位難說故。〔註122〕

佛請與前二家請，具有二項差別：一爲「主伴分別」。前二家只是因加勸說之輔助，只可名請，而第三家是以如來爲主，上力加被下說者，故有加言。二爲「因果分別」。前二家顯十地法是「人修之因」，而第三家則顯十地法是「佛所證之果」。此外，澄觀又探討《華嚴經‧十地品》比《法華經‧方便品》之殊勝，可分四點來說明：其一，〈方便品〉只是舍利弗一家之請，〈十地品〉則有三家之請。其二，〈方便品〉只是聲聞一家請，而〈十地品〉則爲佛、菩薩、大衆三家請。其三，〈方便品〉只是三請，而〈十地品〉則有五請。其四，〈方便品〉只是因人請於因法，而〈十地品〉則有因人請、佛請二種，請於佛慧。〔註123〕所以，「佛請」、「五請」是其餘經典所沒有的，更顯《華嚴經》別教一乘之優越性，超越了天台宗《法華經》的同教一乘。在諸經典中，如此殷勤請法，可與《法華經》相比擬的，唯有《華嚴經》：「餘經無此殷勤之請，唯《華嚴》解脫月請金剛藏，可爲連類。」〔註124〕「佛智至深，是故三止四請，如此艱難比於餘經，餘經則易。……唯《華嚴》中請金剛藏，可爲連類。」〔註125〕

七、說分

　　說分，可分爲來意、釋名、釋文三方面來詮釋。「來意」，主要闡釋前分與此分之承接，以及二者之差異，又分爲二義：一爲約法以明，在請分

〔註122〕《華嚴經疏》卷32，《大正藏》冊35，頁744中。
〔註123〕參見《演義鈔》卷54，《大正藏》冊36，頁429中。
〔註124〕《演義鈔》卷54，《大正藏》冊36，頁429中。
〔註125〕《法華玄義》卷10上，《大正藏》冊33，頁800下。

中，三家五請之請法儀式之後，金剛藏菩薩決定向大眾宣說十地法門，先闡示十地之分齊，即示說正地之二大（義大、說大），以彰其地實；但地實是果分，屬於佛果不可言說的部分，故只能「許說一分」，寄顯在地相之因分，所以說分即是宣說十地之因分，廣明地相。二為就益以辯，在請分中，已說地體，令上根者生其正解；在說分中，則說地相，令中下根者，起而行修。〔註126〕

「釋名」，即是演暢、宣陳十地的差別，故名說分。〔註127〕《十地經論》的「說分」只限於初地，法藏、澄觀則承襲智儼的說法，說分通於十地。說分，是指正式而詳細的宣說十地的內容，所以說分實質上是全經的最主要部分。

「釋文」，十地即分為十個段落，每一段落解釋一地，於每一地中皆有七門分別：來意、釋名、斷障、證理、成行、得果、釋文。根據《十地經論》的分法，十地共分為四十八分，茲分述如下：

初歡喜地，分為序分、三昧分、加分、起分、本分、請分、說分、較量勝分等八分。第二離垢地，分為發起淨、自體淨等二分。第三明地，分為起厭行分、厭行分、厭分、厭果分等四分。第四焰地，分為清淨對治修行增長因分、清淨分、對治修行增長分、彼果分等四分。第五難勝地，分為勝慢對治、不住道行勝、彼果勝等三分。

第六現前地，分科和第五地相同，只是此三分比第五地更加轉勝，是以十平等法對治取染淨分別慢。第七遠行地，分為樂無作行對治差別、彼障對治差別、雙行差別、前上地勝差別、彼果差別等五分。第八不動地，分為總明方便作集地分、得淨忍分、得勝行分、淨佛國土分、得自在分、大勝分、釋名分等七分。第九善慧地，分為法師方便成就、智成就、入行成就、說成就等四分。第十法雲地，分為方便作滿足地分、得三昧滿足分、得受位分、入大盡分、地釋名分、神通力無上有上分、地影像分、地利益分等八分。

所以，十地共四十八分中，初地、第十地，各攝八分；二地為二分；三、四、九地，各攝四分；五、六地，各三分；七地共五分；八地為七分，故十地合為四十八分。

〔註126〕參見《華嚴經疏》卷33，《大正藏》冊35，頁756上。
〔註127〕參見《華嚴經疏》卷33，《大正藏》冊35，頁756上。

八、地影像分

地影像分，相當於《十地經論》法雲地的第七分。在地影像分中，法說難解，故以譬喻來顯法，就像依影像而知形質。《華嚴經》云：

> 佛子！此菩薩摩訶薩十地行相，次第現前，則能趣入一切智智。（池喻）譬如阿耨達池，出四大河，其河流注，遍閻浮提，既無盡竭，復更增長，乃至入海，令其充滿。佛子！菩薩亦爾，從菩提心，流出善根大願之水，以四攝法，充滿眾生，無有窮盡，復更增長，乃至入於一切智海，令其充滿。（山喻）佛子！菩薩十地，因佛智故而有差別。如因大地，有十山王。何等為十？所謂：雪山王、香山王、鞞陀梨山王、神仙山王、由乾陀山王、馬耳山王、尼民陀羅山王、斫羯羅山王、計都末底山王、須彌盧山王。……佛子！此十寶山王，同在大海，差別得名；菩薩十地，亦復如是，同在一切智中，差別得名。（大海喻）佛子！譬如大海，以十種相，得大海名，不可移奪。何等為十？一、次第漸深；二、不受死屍；三、餘水入中，皆失本名；四、普同一味；五、無量珍寶；六、無能至底；七、廣大無量；八、大身所居；九、潮不過限；十、普受大雨，無有盈溢。菩薩行亦復如是，以十相故，名菩薩行，不可移奪。……（寶珠喻）佛子！譬如大摩尼珠，有十種性，出過眾寶。何等為十？一者、從大海出；二者、巧匠治理；三者、圓滿無缺；四者、清淨離垢；五者、內外明徹；六者、善巧鑽穿；七者、貫以寶縷；八者、置在瑠璃高幢之上；九者、普放一切種種光明；十者、能隨王意，雨眾寶物，如眾生心，充滿其願。佛子！當知菩薩亦復如是，有十種事，出過眾聖。〔註128〕

在地影像分中，是以池、山、海、摩尼寶珠四種功德為譬喻，來描述十地菩薩的功德，以池喻修行功德，以山喻上勝功德，以海喻難度能度大果功德，以珠喻轉盡堅固功德。四種譬喻功德中，只有池喻沒有與十地的對應關係，其餘三種皆有。池、山、海、珠，四種譬喻功德中，慧遠所持的觀點是前三種是阿含德，第四種是證德，〔註129〕法藏乃承襲此說法。〔註130〕澄觀則持不

〔註128〕八十《華嚴》卷39，《大正藏》冊10，頁208下。
〔註129〕參見《演義鈔》卷73，《大正藏》冊36，頁578中。
〔註130〕參見《探玄記》卷14，《大正藏》冊35，頁377下。

同的觀點，以前二種是阿含德，後二種是證德，〔註131〕故其差異主要是在海喻，以十德互遍，來比喻證德。

表 3-5：三種譬喻功德與十地之對照表〔註132〕

地名＼喻名	山王喻	大海喻	寶珠喻
初地	經書技藝，文頌呪術	出生大願漸次深故	發一切智心
二地	戒行威儀	不受一切破戒屍故	持戒頭陀，正行明淨
三地	禪定神通，解脫三昧	捨離世間假名字故	諸禪三昧，圓滿無缺
四地	道品殊勝智慧	與佛功德同一味故	道行清白，離諸垢穢
五地	自在如意神通	出生無量方便神通	方便神通，內外明徹
六地	入緣起理聲聞果證	觀察緣生甚深理故	緣起智慧，善能鑽穿
七地	方便智慧獨覺果證	廣大覺慧善觀察故	貫以種種方便智縷
八地	自在行差別世界	示現廣大莊嚴事故	置於自在高幢之上
九地	生滅智行	得深解脫行於世間	觀眾生行，放聞持光
十地	如來力等，一切佛事	能受諸佛如來大法明雨	受佛智職，廣作佛事

池、山、海、珠四種譬喻，圓教的詮釋方式是有所不同的：「初一即是圓家漸，次喻圓中漸，珠喻即是漸圓，海喻即圓圓也，四喻圓融。」〔註133〕四種譬喻，雖都表示圓融義，但仍是有差別的，池譬喻圓家漸，山譬喻圓中漸，珠譬喻漸圓，海譬喻圓圓。圓漸、漸圓、圓圓之觀念，來自智顗，〔註134〕澄觀則將其發揮爲華嚴的圓教行位。漸圓是指三乘諸教的行布門，亦即《法華經》開三乘方便顯一乘真實的「會三歸一」，爲同教一乘；而圓圓則是指初後相即的圓融門，即《華嚴經》的圓融無盡說，爲別教一乘。澄觀在此以「海喻即圓圓」的華嚴別教一乘，勝過「珠喻即漸圓」的天台同教一乘，更加突顯《華嚴經》的殊勝。

此外，大海喻之「次第漸深」等十相即是十德，〈疏序〉云：「具足同時，

〔註131〕參見《華嚴經疏》卷44，《大正藏》冊35，頁838上～中。
〔註132〕參見八十《華嚴》卷39，《大正藏》冊10，頁208下～209中。
〔註133〕《華嚴經疏》卷44，《大正藏》冊35，頁838中。
〔註134〕《法華玄義》卷9：「自有漸圓，自有圓漸，自有漸漸，自有圓圓。」《大正藏》冊33，頁796上。

方之海滴」，說明十玄門之第四「同時具足相應門」，即以海水爲喻，大海是百川匯聚之處，隨舉大海一滴之水，自然具足百川的滋味，十種之德。〔註135〕同時具足相應門，是事事無礙法界之總相，是十玄的總說，故隨一法攝無盡法，其餘九門都是此門之別義、發揮。

九、地利益分

地利益分，相當於《十地經論》法雲地的第八分。主要說明十地法門具有生信功德與供養功德，顯示此法具有殊勝性，勸修眾生皆能趣入。《華嚴經》云：

> （說益生信）佛子！此集一切種一切智功德菩薩行法門品，若諸眾生不種善根，不可得聞。……是故當知，要得聞此集一切智功德法門，乃能信解、受持、修習，然後至於一切智地。（動地生信）爾時佛神力故，法如是故，十方各有十億佛刹微塵數世界，六種十八相動，所謂：動、遍動、等遍動，起、遍起、等遍起，涌、遍涌、等遍涌，震、遍震、等遍震，吼、遍吼、等遍吼，擊、遍擊、等遍擊。（供養功德）雨眾天華、天鬘、天衣，及諸天寶莊嚴之具、幢幡繒蓋、奏天妓樂，其音和雅，同時發聲，讚一切智地所有功德。
> 〔註136〕

生信功德，分爲說益生信與動地生信。其中的動地生信，是指六種十八相震動。依佛典記載，在釋尊誕生、成道、說法或如來出現時，大地皆有六種震動。金剛藏菩薩說〈十地品〉時，因佛之神通力，而大地六種震動，即動、起、涌、震、吼、擊等六相。〔註137〕各相復分小、中、大等三種，故有十八相。爲何大地震動有如何多的相狀呢？根據《十地經論》的說法，眾生所居住的世界，有四種眾生依聚：依不善眾生，令因地動修諸善故；依信種種天眾生，令生厭捨起求法故；依我慢眾生，令因地動知無常故；依呪術眾生，

〔註135〕參見《演義鈔》卷2，《大正藏》冊36，頁10上。

〔註136〕八十《華嚴》卷39，《大正藏》冊10，頁209中～下。

〔註137〕六種震動，各部經典不太相同。《十地經》的六種震動，爲「動、踊、覺、起、震、吼」；《十地經論》則爲「動、踊、上去、起、下去、吼」。《十地經》的「覺、震」與《十地經論》的「上去、下去」有所不同，根據慧遠的詮釋：「上去是令人覺，下去謂振下，如世虛物振撼。」故兩者的意思是相同。參見《十地經論》卷12，《大正藏》冊26，頁202下～203上。《演義鈔》卷73，《大正藏》冊36，頁579下。

令因大動知己劣故。由於這些眾生有下、中、上的差別，所以就有動乃至吼等十八種不同的相狀。〔註138〕至於供養功德，是指從天上降下無數的天華、天鬘、天衣，及種種莊嚴寶具，並有眾多的天樂，在天空中一齊奏響，皆是為了讚歎十地法門的殊勝及其功德，而來供養種種妙具。

此外，在初品〈世主妙嚴品〉亦有六種十八相震動：「爾時華藏莊嚴世界海，以佛神力，其地一切六種十八相震動，所謂動、遍動、普遍動；起、遍起、普遍起；涌、遍涌、普遍涌；震、遍震、普遍震；吼、遍吼、普遍吼；擊、遍擊、普遍擊。」〔註139〕澄觀提出〈世主妙嚴品〉動何所為，共有七緣：「依《勝思惟梵天經》，所為有七：一、令諸魔怖故；二、為說法時大眾心不散亂故；三、令放逸者生覺知故；四、令眾生知法相故；五、令眾生觀說法處故；六、令成熟者得解脫故；七、令隨順問正義故。」〔註140〕以上七緣，是佛始成正覺時，演說《華嚴經》之一乘法，令諸眾生攝受正法，獲得解脫。

〈世主妙嚴品〉與〈十地品〉之六種十八相震動，是同或異呢？澄觀提出，「此上七緣，正是今經所為。《地論》有四，非當此文。」〔註141〕地動的原因，從別相而言，〈世主妙嚴品〉是以七緣來攝受眾生，〈十地品〉則是為了化度四類眾生，故有所不同；但其總相，皆是對治顛倒眾生使生信解，皆是先動地，後興供，則是相同的。

十、地重頌分

在《十地經論》並無地重頌分，因為《十地經》的原文並沒有重頌部分。地重頌分，又分為說偈儀意、正顯偈辭二部分，即以長行、偈頌的方式，把十地重新再講一遍。《華嚴經》云：

> （說偈儀意）爾時金剛藏菩薩，觀察十方一切眾會，普周法界，欲讚歎發一切智智心，欲示現菩薩境界，欲淨治菩薩行力，……欲令如是地義轉更開顯，承佛神力，而說頌言：（正顯偈辭）其心寂滅恆調順，平等無礙如虛空，離諸垢濁住於道，此殊勝行汝應聽。百千億劫修諸善，供養無量無邊佛，聲聞獨覺亦復然，為利眾生發大

〔註138〕參見《十地經論》卷12，《大正藏》冊26，頁203上。
〔註139〕八十《華嚴》卷5，《大正藏》冊10，頁25下。
〔註140〕《華嚴經疏》卷8，《大正藏》冊35，頁561下。
〔註141〕《華嚴經疏》卷8，《大正藏》冊35，頁561下。

心。……十方國土碎爲塵，可於一念知其數，毫末度空可知量，億劫說此不可盡。〔註142〕

說偈儀意，又分爲說儀、說意兩部分。「爾時金剛藏菩薩，觀察十方一切眾會，普周法界」，即是說儀，只是敘述一般開頭說法的形式；說意即是「欲讚歎發一切智智心」以下，主要說明每一會的重點，以及總結十地。至於正顯偈辭，一般長行散說，偈頌則是總攝大義令易受持，總共有四十二頌，初偈總讚勸聽，中間四十偈正顯諸地，最後一偈結說無盡。

綜上所述，〈十地品〉之十分科判中，「序分」爲金剛藏菩薩受到佛力加持，將宣說〈十地品〉，「三昧分」爲說法主證入三昧，「加分」指十方諸佛以三業加被說法主，「起分」爲說法主出定，「本分」指進入說法的階段，「請分」爲三家五請金剛藏菩薩說法，「說分」指正式宣說十地的內容，「地影像分」以池、山、海、珠四喻，描述十地的功德，「地利益分」指十地具有生信、供養功德，「地重頌分」則以長行、偈頌方式把十地再重講一遍。

〈十地品〉的十個次第，又可歸納爲三義：「一、就化相，通爲起說；二、就化意，通爲顯證；三、隨宗要，教證雙辯。」〔註143〕通爲起說，即是從教道的角度來詮釋他化自在天會說法的內容，爲因行可說的部分。在《搜玄記》、《探玄記》二位祖師之注疏皆有說明教道十分，但以澄觀之說法最爲精要，且以四言偈頌來表達：（一）起說由致，故有序分；（二）顯證能說，有三昧分；（三）示說不虛，故有加分；（四）定無言說，故有起分；（五）起先略陳，故有本分；（六）聞名渴仰，故有請分；（七）正爲廣陳，故有說分；（八）別說難曉，以喻總明，有影像分；（九）爲說既竟，顯勝勸修，有利益分；（十）散說難知，有偈頌分。〔註144〕

通爲顯證，即是從證道的角度來詮釋，爲佛陀所證悟的眞理，屬於果分不可說的部分。初分爲顯證由致，餘九正顯證相，又分爲：就相顯證、就說顯證、就益顯證、重述證德。前三就相顯證：三昧分，寄入顯證；加分，因加顯證，由得加故，顯證不虛；起分，寄出顯證，不起無言，不能顯寂。次四就說顯證：本分略說顯證、請分拂相顯寂、說分及影像分，寄修相以表德，但兩者稍有不同，說分是寄修表德，地影像分是借喻顯德，故法喻不同。次

〔註142〕八十《華嚴》卷39，《大正藏》冊10，頁209下～210下。
〔註143〕《華嚴經疏》卷31，《大正藏》冊35，頁736中。
〔註144〕《華嚴經疏》卷31，《大正藏》冊35，頁736中。

一地利益分，就益顯證；後一地重頌分，重述證德。教證雙辨，即是從教道、證道二個角度來詮釋，包括因分可說、果分不可說的部分。初一為由序，後九正顯教、證之相。其中，入三昧分是顯證道部分，後八分是顯教道部分，且從加分開始即以言說來表達。〔註145〕

　　〈十地品〉的十分科判，其雛形來自《十地經論》，此十分在《十地經論》之名稱已具足了九分，只缺地重頌分。但經過了智儼的有機組合，以及將「說分」擴展至十地，使得十分科判含攝了〈十地品〉的各個環節及其內容，而且又從教道、證道、教證雙辨的角度來詮釋，可說將十地法門展現無餘。

〔註145〕參見《華嚴經疏》卷31，《大正藏》冊35，頁736中～下。

第四章 《華嚴經疏‧十地品》釋經方法

　　澄觀的《華嚴經疏》，乃是解釋唐譯八十《華嚴經》之文，但其中〈十地品〉的釋經體例則與前面各品有所不同，部分是依據《十地經論》來造疏。澄觀在造疏時，出現體例不統一的現象，並非自己獨創，乃是承襲智儼《搜玄記‧十地品》、法藏《探玄記‧十地品》而來。所以，祖師們在詮釋〈十地品〉時，除了依據《華嚴經》之外，還涉及到《十地經論》，已成為一般注疏者之共識。

　　欲了解《華嚴經疏‧十地品》的義理，必先了解其釋經方法。本章《華嚴經疏‧十地品》釋經方法，分為四節：第一節介紹澄觀《華嚴經疏‧十地品》釋經方式的承襲與開展，主要是指承襲法藏釋文前的七門分別，以及補充古德釋經之四項不足。第二節考察澄觀引用經論的情形，主要針對明引部分做分析，共引用超過四十部經論，本文只對《瑜伽師地論》、《攝大乘論》、《成唯識論》、《大智度論》、《俱舍論》等五部論書中具有系統性部分進行考察。至於五部論書對〈十地品〉的影響，五部論書的引用情形，主要集中在四禪、十二緣起、四念處，即是每一地中要精勤修行才能得果，偏向於修行法門的部分。第三節是詞義的解釋，澄觀運用了中國傳統的訓詁學對經典進行解說，分別從三個面向來釋義：詞義的訓解、佛教名相的解釋、依相對概念釋義。第四節是譬喻的運用，澄觀引用了許多譬喻法，讓信眾易於了解佛教義理，分為三項說明：解釋佛教名相、解釋佛教義理，及法喻合、法喻合結。

第一節　釋經方式的承襲與開展

澄觀《華嚴經疏‧十地品》的釋經方法，包括承襲與開展兩種方式。承襲是指澄觀《華嚴經疏‧十地品》，在每一地釋文前的七門分別，乃承襲法藏《探玄記‧十地品》而來。開展是指其發現古德釋經方式仍有不足之處，故予以修正，可謂突破舊傳統，創造新方法。

一、釋經方式的承襲

澄觀《華嚴經疏‧十地品》在每一地釋文前，結構上皆參考法藏的《探玄記‧十地品》。在「說分」的十地中，法藏就每一地分為七門：「就初地中略作七門：一、釋名；二、來意；三、斷障；四、證理；五、成行；六、得果；七、釋文。」〔註1〕澄觀亦承襲法藏之說法：「就初地中七門分別：一、來意；二、釋名；三、斷障；四、證理；五、成行；六、得果；七、釋文。」〔註2〕只是澄觀將法藏的第一門、第二門順序對調而已。

十地中，每一地分為七門，其中前六門的詮釋，亦是參考法藏的說法，法藏廣引諸經論對六門加以說明，但澄觀並不是全盤接受，而是有所抉擇，筆者從中歸納出其十地六門整體引用的經論比法藏更少，且更具有系統性。

（一）來意

在初門「來意」中，法藏沒有固定引用何種經論，且引用的次數不多。澄觀在四地焰慧地指出：「所以來者，《瑜伽》七十八引《解深密》」，〔註3〕是指《解深密經》的原文，在《瑜伽師地論》中被引用，故《瑜伽師地論》的原文，出自《解深密經》。《解深密經》有八品，〔註4〕除〈序品〉外，其餘正宗七品皆收錄在《瑜伽師地論》卷七十五至卷七十八。澄觀「《瑜伽》引《解深密》」，應視為一部或二部經論呢？法藏視為《瑜伽》、《深密》為二部經論，〔註5〕筆者也擬參照法藏的作法，視為二部經論。澄觀在六門中，唯獨

〔註1〕　《探玄記》卷10，《大正藏》冊35，頁300上。
〔註2〕　《華嚴經疏》卷33，《大正藏》冊35，頁756上。
〔註3〕　《華嚴經疏》卷37，《大正藏》冊35，頁788下。
〔註4〕　《解深密經》八品：〈序品〉、〈解深密經勝義諦相品〉、〈心意識相品〉、〈一切法相品〉、〈解深密經無自性相品〉、〈分別瑜伽品〉、〈地波羅蜜多品〉、〈如來成所作事品〉。
〔註5〕　《探玄記》卷10云：「依《瑜伽》七十八及《解深密經》第四，同約二義釋。彼云：『成就大義，得未曾得出世間心，生大歡喜故。』」《大正藏》冊35，頁300上。

「來意」一門，引用的經論比法藏還多，但更具有系統性，即四至十地皆引用《瑜伽師地論》。茲說明如下：

表4-1：「來意」門

祖師 地名	法　　藏	澄　　觀
二地	十地論	十地論
三地	深密經	深密經
四地	深密經、十地論	瑜伽論、深密經、十地論
五地	十地論、仁王經、瓔珞經	瑜伽論、十地論、仁王經、瓔珞經
六地	唯識論	瑜伽論
七地		瑜伽論
八地	梁釋論、莊嚴論	梁釋論、瑜伽論、莊嚴論
九地		瑜伽論
十地	十地論	瑜伽論、十地論

（二）釋名

第二門「釋名」中，法藏十地皆引用的經論有：《成唯識論》、《攝大乘論》、《十住論》、《解深密經》。引用超過六次的經論有：《世親攝論》、《無性攝論》、《瑜伽師地論》、《金光明經》、《仁王經》、《大乘莊嚴經論》。澄觀十地皆引用的經論有：《成唯識論》、《攝大乘論》。引用超過六次的經論有：《十住論》、《瑜伽師地論》、《解深密經》、《金光明經》、《大乘莊嚴經論》。釋名中，澄觀十地皆引用者，集中在唯識論書《成唯識論》及《攝大乘論》，法藏則廣引四部經論。此外，法藏廣引《世親攝論》、《無性攝論》、《仁王經》此三部經論，澄觀則較少引用。茲說明如下：

表4-2：「釋名」門

祖師 地名	法　　藏	澄　　觀
初地	唯識論、攝論、世親攝論、無性攝論、十住論、瑜伽、深密經、十地論	唯識論、攝論、十住論、瑜伽論、深密經、十地論

二地	唯識論、攝論、世親攝論、無性攝論、十住論、瑜伽論、深密經、十地論	唯識論、攝論、世親攝論、十住論、瑜伽論
三地	唯識論、攝論、世親攝論、無性攝論、十住論、瑜伽論、深密經、十地論、金光明經、顯揚論、智論、仁王經	唯識論、攝論、十住論、瑜伽論、十地論、金光明經、智論、仁王經
四地	唯識論、攝論、世親攝論、無性攝論、十住論、瑜伽論、深密經、金光明經、顯揚論、智論、莊嚴論	唯識論、攝論、瑜伽論、深密經、金光明經、顯揚論、智論、莊嚴論
五地	唯識論、攝論、世親攝論、無性攝論、梁釋論、十住論、瑜伽論、深密經、金光明經、顯揚論、仁王經、莊嚴論	唯識論、攝論、世親攝論、十住論、瑜伽論、深密經、顯揚論、仁王經、莊嚴論
六地	唯識論、攝論、世親攝論、無性攝論、梁釋論、十住論、瑜伽論、深密經、十地論、金光明經、仁王經、莊嚴論	唯識論、攝論、世親攝論、十住論、瑜伽論、深密經、莊嚴論
七地	唯識論、攝論、世親攝論、十住論、深密經、十地論、金光明經、仁王經、莊嚴論	唯識論、攝論、世親攝論、十住論、深密經、金光明經、仁王經、莊嚴論
八地	唯識論、攝論、世親攝論、無性攝論、梁釋論、十住論、深密經、金光明經、仁王經	唯識論、攝論、世親攝論、十住論、深密經、金光明經、仁王經
九地	唯識論、攝論、世親攝論、無性攝論、十住論、瑜伽論、深密經、金光明經、智論、仁王經、莊嚴論	唯識論、攝論、無性攝論、十住論、瑜伽論、深密經、金光明經、智論、仁王經、莊嚴論
十地	唯識論、攝論、無性攝論、十住論、深密經、金光明經、仁王經、莊嚴論	唯識論、攝論、無性攝論、十住論、瑜伽論、金光明經、莊嚴論、起信論

（三）斷障、證理

第三門「斷障」中，法藏十地皆引用《成唯識論》、《梁釋論》、《十地經論》；《金光明經》則從三地至十地，引用八次之多。澄觀十地皆引用的只有《成唯識論》，且有些是暗用，沒有指明出自《成唯識論》。第四門「證理」中，法藏十地皆引用《成唯識論》；引用超過七次的論書為《世親攝論》、《無性攝論》、《辯中邊論》。澄觀只有《成唯識論》十地皆引用，且有些是暗用。

斷障、證理二門中，澄觀十門皆引用的論書集中在《成唯識論》；法藏於斷障中，十門皆引用的論書則有三部，證理只引用《成唯識論》。法藏於斷障、證理二門中，廣引諸經論，澄觀則以《成唯識論》為主，其它經論則較少。茲說明如下：

表 4-3：「斷障」門

祖師地名	法　　　　藏	澄　　觀
初地	唯識論、梁釋論、十地論、寶性論	唯識論、梁釋論、十地論
二地	唯識論、梁釋論、十地論	唯識論
三地	唯識論、梁釋論、瑜伽論、深密經、十地論、金光明經	唯識論、十地論
四地	唯識論、世親攝論、梁釋論、瑜伽論、深密經、十地論、金光明經	唯識論
五地	唯識論、梁釋論、瑜伽論、深密經、十地論、金光明經	唯識論
六地	唯識論、梁釋論、瑜伽論、深密經、十地論、金光明經	唯識論
七地	唯識論、梁釋論、十地論、金光明經	唯識論
八地	唯識論、梁釋論、十地論、金光明經	唯識論
九地	唯識論、梁釋論、深密經、十地論、金光明經	唯識論
十地	唯識論、梁釋論、十地論、金光明經、集論	唯識論

表 4-4：「證理」門

祖師地名	法　　　　藏	澄　　觀
初地	唯識論、世親攝論、無性攝論、梁釋論	唯識論、梁釋論
二地	唯識論、無性攝論	唯識論
三地	唯識論、梁釋論、無性攝論	唯識論、梁釋論
四地	唯識論、世親攝論、無性攝論、梁釋論、中邊論	唯識論
五地	唯識論、攝論、世親攝論、梁釋論、中邊論	唯識論
六地	唯識論、攝論、世親攝論、無性攝論、中邊論	唯識論、攝論
七地	唯識論、攝論、世親攝論、無性攝論、中邊論	唯識論
八地	唯識論、世親攝論、無性攝論、中邊論	唯識論
九地	唯識論、無性攝論、中邊論	唯識論
十地	唯識論、世親攝論、無性攝論、中邊論	唯識論

（四）成行、得果

第五門「成行」中，法藏三至十地皆引用《大乘莊嚴經論》，澄觀則沒有引用任何經論。第六門「得果」中，法藏十地皆引用《梁釋論》，三至十地共八地引用《金光明經》；澄觀則十地皆引用《梁釋論》，有些是暗用。成行、得果二門中，澄觀只有「得果」一門引用經論，以《梁釋論》為主，其它經論較少；法藏則以《大乘莊嚴經論》、《梁釋論》、《金光明經》為主。茲說明如下：

表4-5：「得果」門

祖師 地名	法　　藏	澄　　觀
初地	唯識論、梁釋論	唯識論、梁釋論
二地	梁釋論	梁釋論
三地	梁釋論、金光明經	梁釋論、金光明經
四地	梁釋論、金光明經	梁釋論
五地	梁釋論、金光明經	梁釋論
六地	梁釋論、金光明經	梁釋論
七地	梁釋論、金光明經	梁釋論
八地	梁釋論、金光明經	梁釋論
九地	梁釋論、金光明經	梁釋論、金光明經
十地	梁釋論、金光明經	梁釋論、金光明經

第七門「釋文」，主要詮釋八十《華嚴・十地品》的內容，其體系過於龐大，無法一一列舉，將在第五、六、七章，「十地菩薩之修行特色」中，予以說明。綜上分析，法藏十地六門中，引用的經論較多、較雜：「釋名」，引用《成唯識論》、《攝大乘論》、《十住論》、《解深密經》；「斷障」，引用《成唯識論》、《梁釋論》、《十地經論》、《金光明經》；「證理」，引用《成唯識論》；「成行」，引用《大乘莊嚴經論》；「得果」，引用《梁釋論》、《金光明經》，所以法藏引用的經論不局限於唯識的經典，且其譯者也較多，包括：鳩摩羅什、曇無讖、真諦、菩提流支、波羅頗蜜多羅、玄奘等，較無特定的譯者。澄觀雖承襲法藏的思想，但有所抉擇，可看出更具有系統性：「來意」，引用《瑜伽

師地論》;「釋名」,引用《成唯識論》、《攝大乘論》;斷障、證理二門,引用
《成唯識論》;「得果」,引用《梁釋論》。由上可知,澄觀十地六門所引用的
經論,主要的是唯識論書,而且以玄奘所翻譯的著作為主,包括:《瑜伽師地
論》、《成唯識論》、《攝大乘論本》三部,以及眞諦所譯的《梁釋論》一部。
其原因何在呢?在第一章第三節之二「《華嚴經疏・十地品》與八宗之關涉」
第四項「法相宗」,曾論及唯識五位與〈十地品〉實際關連的是通達位、修習
位等二位,但澄觀於詮釋經文時,則增加了「加行位」、「究竟位」,所以澄觀
運用了唯識宗菩薩四階位來詮釋〈十地品〉的菩薩階位。澄觀大量吸收玄奘
所翻譯的唯識論書來解釋十地,可見《華嚴經疏・十地品》為了說明菩薩修
行階位的縱向次第性之行布門,運用五教中始教之相始教的唯識學來詮釋,
與唯識學大致相同;但橫向圓融門之一位中具足一切位,其境界則與唯識學
大相逕庭。此外,十地六門中涉及義理的部分,將於下章再做討論。

二、釋經方式的開展

澄觀對《華嚴經疏・十地品》的釋經方法,雖有所本,亦有其創見之處,
於《演義鈔》就說「釋文」部分,異於古者有四項,所以這四項可說是其釋
經的開展,也是其注疏的獨特之處,分述如下:

(一)經論對會

澄觀在《演義鈔》中,對於「釋文」引用論書,異於古人者,使用了牒
經文、牒論釋、牒論、牒論文等詞語,故先對「牒釋」、「牒文」做說明。根
據《佛光大辭典》「牒釋」一詞,是指牒文作釋之略稱。將長篇文章分成段落,
稱為牒文;若依其所分,逐段加以解釋,稱為牒釋。此係解釋經論所用方法
之一。〔註6〕

經論對會,指對照經論來注疏,乃承襲慧遠的注疏方式,《演義鈔》云:
「謂論先具牒經文,後以論釋。遠公先委釋經,後復釋論,後人多取遠公釋
論之文,不觀前文釋經之處,故多闕略。今皆對會二處釋文,為一異也。」
〔註7〕《十地經論》先引一段《十地經》的原文,之後才有世親的釋論。慧遠
的注疏方式,今舉「加分」為例,先分為三小段:「就加分中,初結前生後,

〔註6〕 佛光大辭典編修委員會編:《佛光大辭典》(高雄:佛光出版社,1988年初
　　　　版),頁5520。
〔註7〕 《演義鈔》卷52,《大正藏》冊36,頁408中。

下釋其文，經中有三：一、入三昧故，諸佛同讚許，為作加；二、『又一切菩薩』以下，明加所為；三、『汝當辨』下，示現加相。」〔註8〕慧遠先列舉《十地經》的經文前幾個字為代表，再釋此段經文的意思，最後才詮釋《十地經論》。但後代祖師在注釋〈十地品〉時，只選取慧遠釋論之文，而忽略了釋經之文。澄觀認為後人注疏方式有缺失，故承襲慧遠的注疏方式，對會經論二文，以補其不足。

今列舉一段注疏，說明如下，《華嚴經疏》云：

三、「在他化」下，處勝。論云：「此處宮殿勝故。」宮即自在天宮，勝下五天故；殿即摩尼寶藏，純寶所成，勝寶嚴故。他化天宮，既表地智無心而成化事。摩尼寶殿，亦表慈覆無心，出用無盡。若以欲頂為表勝者，色界尤勝，何不彼說。論云：「此處感果故。」謂機感在此故，又色界為長壽天難，不能感果，能感勝果，必是欲界之身，故《密嚴》中明：此處十地菩薩常所游履。《大乘同性經》云：此處有報佛淨土，故於此處說，若唯約機感，失所表義。〔註9〕

「在他化」下，是指八十《華嚴》的經文，與慧遠的注疏方式相同，先列舉經文的前幾個字作為代表，其原文為：「在他化自在天王宮，摩尼寶藏殿。」〔註10〕再釋此段經文的意思，是指處勝。諸經之通序，皆有信、聞、時、主、處、眾等六種成就，〈十地品〉只是《華嚴經》的一品，闕信聞二成就，故只有別序之四成就。〈十地品〉是指世尊在「他化自在天宮」之說法，屬於處成就，故稱處勝。澄觀這段經文中，引用二次《十地經論》來注疏，即論云：「此處宮殿勝故」、「此處感果故」，其餘的文字皆是澄觀的解釋。由上例可知，澄觀是對會經論來注疏，釋經在前，釋論在後。

澄觀依據經論來注疏，為了省時，對於經論的名稱，往往使用簡稱，茲說明如下：八十《華嚴‧十地品》的原文，往往以「□□下」、「經云」、「今經」、「初分經云」來表示；六十《華嚴‧十地品》以「晉經」、「晉譯」表示；《十地經》以「彼經云」、「論經云」、「論經」表示；《十地經論》以「論云」、「本論云」、「論又云」、「論釋云」、「論總釋云」、「下論云」、「論上云」、「上論云」、「論結云」、「論總云」、「本分論云」來表示。茲說明如下：

〔註8〕《十地經論義記》卷1，《卍續藏》冊45，頁36上。
〔註9〕《華嚴經疏》卷31，《大正藏》冊35，頁737上。
〔註10〕八十《華嚴》卷34，《大正藏》冊10，頁178中。

表4-6：經論注疏簡稱對照表

經論名稱	注疏簡稱
八十《華嚴·十地品》	□□下、經云、今經、初分經云
六十《華嚴·十地品》	晉經、晉譯
《十地經》	彼經云、論經云、論經
《十地經論》	論云、本論云、論又云、論釋云、論總釋云、下論云、論上云、上論云、論結云、論總云、本分論云

（二）文句抉擇

澄觀注疏文句的抉擇，乃是結合經論而成。《演義鈔》云：

> 二、昔人或釋經竟，後牒論釋；或復牒論，而後釋論。今則經中易
> 者，則直用論為疏釋之，或令義顯，加一兩字。若經文難，則先釋
> 經，後引論釋。若論難者，先牒論文，後方疏釋；或先取論意以解
> 經文，後引論證，為二異也。〔註11〕

古德注疏方式有二種：一為經論分開，即先釋經完成，再分段釋論；一為只
釋論，即先分段，再逐段釋論。澄觀則結合經論來注疏，並對注疏文句加以
選擇，可分為三種方式：一為經文易於了解者，直接引用《十地經論》來注
疏，或為令義顯，則增添一些文字；二為經文較難者，則先釋經，再引論做
解釋；三為論較難者，則先分段引論之原文，再注疏解釋。或者先以論之意
解釋經文，再引其它論書來證成。茲分別舉例，說明如下：

1. 直接引用《十地經論》來注疏

《華嚴經疏》云：「言怖畏者，論云：『不愛、疑慮、憂想，共心相應
故。』不愛是所畏事，不活等五，令心憎惡故，疑慮、憂想，正是畏體，
所畏不定，便生疑慮，所畏決定，便生憂想，由心畏故，相現在身，名毛
豎等。」〔註12〕「怖畏」一詞，淺顯易懂，澄觀就直接引用《十地經論》來
注疏。

為令義顯，添加一二字。例：《十地經論》：「論曰：何故多佛加？顯法及
法師，增長恭敬心故。」〔註13〕澄觀則添加為：「何要顯此多佛加耶？論云：

〔註11〕 《演義鈔》卷52，《大正藏》冊36，頁408中。
〔註12〕 《華嚴經疏》卷33，《大正藏》冊35，頁759中。
〔註13〕 《十地經論》卷1，《大正藏》冊26，頁124中。

顯於法及法師，增長恭敬心故。」〔註14〕澄觀注疏時，為令經論意義更加顯明，往往會增添一些字上去。

2. 先釋經，再引論做解釋

《華嚴經疏》云：「爾時者，時勝，以是初時，得名為勝，故論云：『婆伽婆成道未久，第二七日故。』論經別行，故標二七，今經攝在大部，但云爾時，即是初會始成正覺時也。且依論明，若以初表勝，初七最初，何故不說。」〔註15〕澄觀先解釋〈十地品〉的「爾時」，是別序四成就的時成就。〈十地品〉是八十《華嚴》的其中一品，故稱攝在大部。八十《華嚴》的初會：「如是我聞，一時佛在摩竭提國，阿蘭若法菩提場中，始成正覺。」〔註16〕所以，八十《華嚴・十地品》的「爾時」，是指佛陀始成正覺的初七日，尚未說法。《十地經》是《華嚴經》的別行本，其經文的內容與八十《華嚴・十地品》有些差異，則是指世尊悟道後的二七日，開始說法。從以上例子分析，八十《華嚴・十地品》與《十地經》的經文有所不同，澄觀為了釐清兩者之不同，所以先釋經，再引《十地經論》做說明。

3. 先分段引論之原文，再注疏解釋

《華嚴經疏》云：「論云：『龍世界長壽，亦得聞此經，偈言：雖在於大海故。』而言長壽者，如有經說：右脅著地，未動之間，已經賢劫千佛出世。更一轉亦爾，但暫臥息尚爾，況其一生。」〔註17〕澄觀先引出《十地經論》的原文，再對「長壽」這一詞做說明。右脅著地，未動之一剎那，對龍來說只是一剎那的時間，但對凡夫而言已歷經了賢劫千佛出世那麼長久的時間。若由此可推出，龍的壽命是相當長壽的。

先以論之意解釋經文，再引其它論書來證成。例：「論云：『非二作，但隨順生故，無知者故，作時不住故。』意謂但行順無明緣，不得不生，互無知者，故非二作。若爾，但隨順生，即是共生，何要知者？故末句云：『既從緣生，則念念不住，誰為共耶？』此同對法無作用故。又中論云：『和合即無性，云何和合生？』」〔註18〕澄觀以《十地經論》來解釋經文的「無明緣行」

〔註14〕《華嚴經疏》卷31，《大正藏》冊35，頁738中。
〔註15〕《華嚴經疏》卷31，《大正藏》冊35，頁736下～737上。
〔註16〕八十《華嚴》卷1，《大正藏》冊10，頁1中。
〔註17〕《華嚴經疏》卷32，《大正藏》冊35，頁749下。
〔註18〕《華嚴經疏》卷40，《大正藏》冊35，頁811下。

是不共生。行隨順無明因緣和合之假生，故稱無生；行、無明互相依無知者，故非二作。無明與行是緣生無自性，念念不住，故不是共生。最後再引《中論》來證成「不共生」。

（三）版本及思想會通

澄觀對於〈十地品〉經論之間的差異，及遠公與賢首說法之不同，亦予以會通。《演義鈔》云：「三、晉經、論經，及今唐本，三經不同。賢首釋晉、遠公釋論，後人但取以釋今經。若不善會，時有差失，今同則不明，異則通會，爲三異也。」〔註19〕六十《華嚴》、《十地經》、八十《華嚴》等三經的版本不同，故經文內容多少有些出入。賢首注釋六十《華嚴》之著作爲《探玄記》，慧遠注釋《十地經論》之著作爲《十地經論義記》，後人則取這兩種版本來注釋八十《華嚴》，澄觀不贊同此種注疏方式，而主張應回歸經論的原文。澄觀考慮到版本之間的差異性，必須謹慎處理，否則時有差錯，故版本間必須做會通的工作。此外，賢首與遠公說法不同處，指兩者思想之差異，也必須做會通。

1.版本差異的會通

版本差異的會通，指六十《華嚴》、八十《華嚴》、《十地經》、《十地經論》這四種版本間的差異，分三項做說明：

（1）對照八十《華嚴》、《十地經論》、六十《華嚴》

《華嚴經疏》云：「言時語者，論云：『知時語，不起自身他身衰惱事故。』謂心事雖實，而迴改見時，或令自他而有衰惱。今菩薩朝見言朝，暮見言暮，故曰知時。晉經名隨，亦順時義。」〔註20〕八十《華嚴》：「性不妄語，菩薩常作實語、眞語、時語。」〔註21〕其中的「時語」一詞，各種版本不同，《十地經論》爲「知時語」，六十《華嚴》爲「隨語」。〔註22〕三種版本雖不太相同，其表達的意思大致相同，即發語心事俱實，合乎當時的實際情況而說，不顚三倒四而說，自惱惱他。

〔註19〕《演義鈔》卷52，《大正藏》冊36，頁408中。
〔註20〕《華嚴經疏》卷35，《大正藏》冊35，頁773上。
〔註21〕八十《華嚴》卷35，《大正藏》冊10，頁185中。
〔註22〕六十《華嚴》卷24：「離於妄語，常眞實語、諦語、隨語。」《大正藏》冊9，頁548下。

（2）對照八十《華嚴》、六十《華嚴》

《華嚴經疏》云：「後五頌發起勝：於中云但以甚深無礙智者，長行所無，故知唯念法性，則同二乘，事理事事皆無障礙，是菩薩學故。晉經全有一偈云：『但以得無礙，甚深微妙智，通達三世故，乃得名爲佛。』又此一句，亦可總頌餘勸。」〔註23〕八十《華嚴》的「但以甚深無礙智」，只是七言偈頌的一句；六十《華嚴》的「但以得無礙，甚深微妙智，通達三世故，乃得名爲佛」，則爲整首的五言偈頌。兩個版本互相對照可發現，「但以甚深無礙智」相當於「但以得無礙，甚深微妙智」，此句的語意似乎不夠完整，有如講話只講到一半，澄觀爲了讓經義能夠融會貫通，才引用六十《華嚴》加以補充。

（3）八十《華嚴》有，而《十地經》無

《華嚴經疏》云：「六、『爲一切』下，是不怯弱善：上入智地，不怯弱故，論經闕於『一切諸佛所護』一句，但云『入智地不怯弱』。若準此經，由護故，入智無怯。言佛護者，智造佛境，佛智照故，故佛所護，與入智地，反覆相成。」〔註24〕在八十《華嚴》有「爲一切諸佛所護」，而《十地經》則無。「爲一切諸佛所護」，是指由諸佛所護而入智地故無怯弱。佛護，即入智地故得佛護，由佛護而入智地，兩者具有相成的作用。由於《十地經》缺少此句，《十地經論》則只論及「六者、不怯弱善決定，入一切諸佛智地，不怯弱故。」〔註25〕此是六決定的第六種「不怯弱善決定」，菩薩已證得果德，入一切諸佛智地，決定成佛而無怯懼。由上可知，澄觀對比兩個版本，更加貼切的表達「一切諸佛所護」這句，由於諸佛的慈悲加護，令眾生產生無比的信心而入智地，故不怯懼。

2. 思想差異的會通

以《十地經論義記》與《探玄記》之會通爲主。

> 然二大體相，古說不同。遠公云：「此《地經》中，宗要有四：一是言教；二是所說教道之行；三是所顯證道之行；四是證道所表地法。就此四中，初二爲說大，以行依言成，言依行發，故合爲說；後二合爲義大，以證依法成，法由證顯，故合爲義。」賢首釋云：「此經

〔註23〕《華嚴經疏》卷42，《大正藏》冊35，頁826中。
〔註24〕《華嚴經疏》卷31，《大正藏》冊35，頁743上。
〔註25〕《十地經論》卷1，《大正藏》冊26，頁127上。

　　宗要有六：一、所依果海，如太虛空；二、地智所證十重法界，如
空中所畫之處；三、根本智能證法界，如能依畫相；四、諸地後得，
隨事起行，悲智不住；五、諸地加行所起行解，爲趣地方便；六、
寄法顯成諸地差別，如第二地中十善爲正，三地禪支等。於此六中，
前三合爲義大，後三合爲說大。」〔註26〕

關於義大與說大這二大體相，遠公與賢首說法不同，故必須做會通的工作。
首先，示說與正地兩者間，遠公與澄觀的意見相左：「依經釋：然疏示說正
地，該通二大，遠公以示說爲說大，正地爲義大，乃成穿鑿。」〔註27〕澄觀
依據〈十地品〉的解釋，認爲示說正地通於義大與說大，遠公則牽強附會，
將兩者二分爲示說爲說大，正地爲義大。其次，遠公將宗要分爲四點，初二
是說大，是能詮的言教，故說「行依言成，言依行發」；後二是義大，是所詮
的教理，故說「證依法成，法由證顯」。賢首將宗要分爲六點，前三是義大，
後三是說大，賢首不取能詮，他認爲義大中也有可寄言說者，故分爲可說不
可說來詮釋。根據《十地經論》的說法，因分可說，果分不可說。〔註28〕賢
首則突破《十地經論》的說法，義大可分爲可說、不可說，說大亦可分爲可
說、不可說，〔註29〕而賢首宗要的義大，亦是可寄言說，故與遠公說法不同。
二位祖師對義大與說大的見解不同，澄觀則比較認同賢首的說法。

（四）補充注疏之不足

　　澄觀之注疏，結合古德釋經及後人釋論之不足，予以補充。《演義鈔》
云：「四、古德隨難釋論而不具用，意令經論相對而講故無論本，釋經不盡。
後人則多牒論，又不委釋論語，既難對於論本，講之尤難。今則歎（難）易
皆牒，難者則釋，設有不引，彼論易了故，有論無論，講皆無滯，爲四異
也。」〔註30〕首先，澄觀先說明古德釋經的不足。古德釋論，只注釋困難的

〔註26〕《華嚴經疏》卷32，《大正藏》冊35，頁750下。
〔註27〕《演義鈔》卷56，《大正藏》冊36，頁441上。
〔註28〕《十地經論》卷2：「前言十地義，如是不可得說聞，今言我但說一分，此言
　　　　有何義？是地所攝有二種：一、因分；二、果分。說者謂解釋，一分者是因
　　　　分，於果分爲一分，故言我但說一分。」《大正藏》冊26，頁133下～134
　　　　上。
〔註29〕參見《探玄記》卷10，《大正藏》冊35，頁295下。《華嚴經疏》卷32，《大
　　　　正藏》冊35，頁750下～751上。
〔註30〕《演義鈔》卷52，《大正藏》冊36，頁408中。

部分，故不完備，若要配合經論來講解，又因缺少釋經部分，所以沒有完整的論本。其次，說明後人釋論的不足。後人釋論，先分段引述原文，又不詳細解釋論本的文句，若要根據論本來講解，則有困難。澄觀有鑑於此，其所做的注疏，結合了經論且注重整體的貫穿，對於經文難易部分皆講解，易於了解部分就直講，困難的部分就引論加以注釋，這樣不管有沒有論書，皆能講解無礙。所以，澄觀的注疏，是以《華嚴經‧十地品》為主，《十地經論》為輔。茲說明如下：

1. 只解釋經文

八十《華嚴》云：「於中殺生之罪，能令眾生墮於地獄、畜生、餓鬼，若生人中，得二種果報：一者、短命；二者、多病。」〔註31〕澄觀之注疏為：「十惡即分為十：初、殺生中，殺令夭折，不終天年，故得短命，即正惡等流。二、未死受苦，故獲多病，即方便等流，怖無精光，感外增上，資具等物，乏少光澤。」〔註32〕此段經文，淺顯易懂，澄觀就直接註解殺生者投胎為人所獲得的二種果報。

2. 解釋經文，又引論注釋

八十《華嚴》云：「圖書、印璽、地水火風，種種諸論，咸所通達。」〔註33〕澄觀之注疏為：「二、『圖書至咸通達』，即當因明。咸通達者，正是明義。種種論者，言論、尚論、諍論、毀謗論、順正論、教道論等，類非一故。地水火風，即是諍論中攝。……圖書印璽，即尚論，隨世所聞故，又此圖書亦正教量，即治所用事中忘障。論云：『取與寄付，即事中障；聞法思義，解中障；作、不作、已作、未作、應作、不應作，皆業中障。』印障亦是現量，又治所取物不守護障；璽即玉印。」〔註34〕此段經文，是解釋五明中的因明。澄觀先對「咸通達」、「種種論」、「地水火風」、「圖書印璽」等詞語做解釋，在詮釋「圖書印璽」時，引用《十地經論》的說法。以「圖書」來對治四種障之「所用事中忘障」。

以上已探討了澄觀對於《華嚴經疏‧十地品》之四種釋經方法，接著說明這四種方法與法藏《探玄記‧十地品》相異處：一、「文句抉擇」中，澄觀

〔註31〕八十《華嚴》卷35，《大正藏》冊10，頁185下。
〔註32〕《華嚴經疏》卷35，《大正藏》冊35，頁775下。
〔註33〕八十《華嚴》卷36，《大正藏》冊10，頁192中。
〔註34〕《華嚴經疏》卷38，《大正藏》冊35，頁799下。

引用《十地經論》來注疏，為令義顯，添加一二字，法藏則較忠於《十地經論》的原文，沒有增添文字。二、「版本差異的會通」中，澄觀必須對六十《華嚴》、八十《華嚴》、《十地經》、《十地經論》這四種版本間的差異做比對，法藏則只有三個版本之比對，分為二部分：《十地經》有，而六十《華嚴》無；《十地經論》有，而六十《華嚴》無。三、法藏無「思想差異的會通」。四、「補充注疏之不足」中，法藏對於經文易於了解部分就省略，澄觀則注重整體的貫穿，對於經文難易部分皆講解。

　　澄觀釋經方式的優點：一、經論對會中，兼取經論來注疏，而不是專取一經或一論，其注疏視野更為寬廣。二、對於注疏文句之抉擇，視經論之難易度來調整注疏方式，而不局限於特定的方式，可見其注疏的方法是活潑且靈活地運用。三、版本差異之會通，澄觀為了讓經義能夠融會貫通，以及更貼切表達原意，主張回歸經論的原文，所以引用了四個版本間的差異做比較；思想差異的會通，對於祖師間意見相左處，予以分析，並提出自己的看法。四、結合古德釋經及後人釋論之不足，不局限於困難部分才注疏，而是重視疏文之整體連貫性，簡易部分直講，困難部分才引論注釋，不必再透過經論對照，直接看疏文就能一目了然。綜觀澄觀的注疏方式，回歸經文的旨意，強調整體經義的貫穿與融通，不遺餘力突破傳統注疏之疏漏與不足，開創新的釋經方法，無非是讓後學能了解《華嚴經》，可見其用心之難能可貴。

第二節　五部論書的引用及其影響

　　澄觀引用的經論，包括明引與暗用兩種。明引是指出所引用的經論出自何處，澄觀《華嚴經疏・十地品》明引的經論超過四十部；暗用則沒有說明出處，經筆者研究發現主要以《十地經論義記》、《探玄記》、《成唯論識》三部為主。本節探討經論的引用，主要以明引這部分為主，暗用部分則不做考察。

　　澄觀在《華嚴經疏・十地品》所引用的佛教經論有：《法華經》、《大乘密嚴經》、《大乘同性經》、《仁王經》、《瓔珞經》、《相續解脫如來所作隨順處了義經》、《解深密經》、《金光明最勝王經》、《正法念處經》、《大品般若經》、《大般若經》、《楞伽阿跋多羅寶經》、《諸法無行經》、《大方等大集經》、《勝鬘師

子吼一乘大方便方廣經》、《菩薩地持經》、《維摩詰所說經》、《合部金光明經》、《大般涅槃經》、《緣起聖道經》、《大菩薩藏經》、《探玄記》、《彌勒菩薩所問經論》、《究竟一乘寶性論》、《大乘起信論》、《成實論》、《中論》、《大智度論》、《十二門論》、《十住論》、《阿毘達磨大毘婆沙論》、《俱舍論》、《大乘阿毘達磨雜集論》（以下簡稱《雜集論》）、《顯揚聖教論》、《大乘莊嚴經論》、《攝大乘論釋》、《成唯識論》、《瑜伽師地論》、《十地經》、《十地經論義記》、《金剛仙論》、《觀所緣緣論》、《唯識二十論》、《阿毘達磨順正理論》等。對於經論明引部分的討論，只對《瑜伽師地論》、《攝大乘論》、《成唯識論》、《大智度論》、《俱舍論》等五部論書中，具有系統性部分探討，而十地六門的部分，則留待第五至七章第一節「通釋六門」，再予以說明。

一、五部論書的引用

（一）《瑜伽師地論》

澄觀《華嚴經疏・十地品》引用《瑜伽師地論》有 108 次，外加 2 次使用「慈氏論」的名稱，總共有 110 次。其中具有系統性的，除了來意、釋名之外，還有十法、四禪、四空定，茲說明如下：

1.十法

根據《瑜伽師地論》卷七十八，菩薩有極喜等十地，還有佛地，總共有十一地，具足四種清淨：十一地，即極喜等十地及佛地；四種清淨能攝諸地，增上意樂清淨攝初地，增上戒清淨攝第二地，增上心清淨攝第三地，增上慧清淨攝第四地至佛地。而且每一種清淨，都攝十法。〔註35〕

增上意樂清淨攝初地，得十種淨修住法。澄觀引用《瑜伽師地論》卷四十九：「如前〈住品〉所說信等，能淨修治諸住十法，今於此中當知，亦能淨修治地。」〔註36〕《瑜伽・住品》十法，稱為「淨修住法」；《瑜伽・處品》十法，稱為「淨修治地」，名異而實同。此十法，又可二分為前三、後七，「前三是行意樂，故名為心；後七加行造修，故名為行。故論云：此十種行，顯二種勝成就：一、深心成就，謂信悲慈；二、修行成就，謂餘七故。《瑜伽》、《地持》，皆同此說。」〔註37〕《瑜伽・處品》前三法是意樂清淨，後七法是

〔註35〕參見《瑜伽師地論》卷78，《大正藏》冊30，頁729上。
〔註36〕《瑜伽師地論》卷49，《大正藏》冊30，頁565中。
〔註37〕《華嚴經疏》卷34，《大正藏》冊35，頁765下。

加行清淨。〔註38〕

　　增上戒清淨攝第二地，得十種清淨意樂。澄觀列舉了第一、二、五種：「《瑜伽》云：於一切師長尊重福田，不行虛誑意樂。……於同法菩薩，忍辱柔和，易可共住。……於大涅槃，深見勝利者。」〔註39〕

　　增上心清淨攝第三地，得十種淨心意樂作意思惟。澄觀列舉第一、五種作意思惟：「《瑜伽》云：若菩薩先於增上戒住，已得十種清淨意樂。復由餘十淨心意樂，作意思惟，成上品故，入增上心住。……一者、作意思惟，我於十種淨心意樂，已得清淨故。……所修對治，不復退失。……故《瑜伽》十心，皆有作意思惟之言。」〔註40〕

　　四種清淨中，增上慧清淨攝第四地至佛地：「《瑜伽》七十八，引《解深密》，明四種清淨，能攝諸地，前三即意樂、戒、定增上三清淨訖，此下第四訖於佛地，明慧增上。」〔註41〕第四地修十法明入，入初增上慧住：「《瑜伽》四十八云：先於增上心住，以求多聞增上力故，已得十法明入，由此十法明入，成上品故，極圓滿故，入初增上慧住。」〔註42〕

　　2. 四禪

　　「禪」，乃是禪那（dhyāna）之略，意譯為靜慮，又名四靜慮，即色界的初禪、二禪、三禪、四禪。澄觀引用《瑜伽師地論》，先對「靜慮」做詮釋：「《瑜伽》三十三云：於一所緣，繫念寂靜，而審思慮，故名靜慮。」〔註43〕澄觀接著說明，為何要建立「支」的原因：「《瑜伽》十一云：諸靜慮中，雖有餘法，然此勝故，於修定者，為恩重故，偏立為支。」〔註44〕四禪中雖有許多功德法，但初、三禪的五支，二、四禪的四支，是最殊勝的，所以要建立靜慮支。

　　初禪分為四項：離欲惡不善法、有覺有觀、離生喜樂、住初禪，澄觀四項皆引用。

　　（1）離欲惡不善法，各部經論大同小異，《瑜伽師地論》是指五欲、五

〔註38〕參見《瑜伽師地論》卷49，《大正藏》冊30，頁565中。
〔註39〕《華嚴經疏》卷35，《大正藏》冊35，頁771中。
〔註40〕《華嚴經疏》卷36，《大正藏》冊35，頁779下。
〔註41〕《華嚴經疏》卷37，《大正藏》冊35，頁788下。
〔註42〕《華嚴經疏》卷37，《大正藏》冊35，頁789下～790上。
〔註43〕《華嚴經疏》卷36，《大正藏》冊35，頁783中。
〔註44〕《華嚴經疏》卷36，《大正藏》冊35，頁783下。

蓋、惡不善法。「若辨蓋欲之相，廣如《智論》十九，及《瑜伽》十一。《雜集》第八，斷欲恚害，恚即是惡，害即不善法。《瑜伽》三十三，亦合惡不善法。」〔註45〕

（2）有覺有觀，舊譯為覺觀，新譯為尋伺，或稱有尋有伺，《瑜伽師地論》是使用新譯的「尋伺」。「《瑜伽》十一，以尋求伺察不淨慈悲，治欲界欲恚害障。」〔註46〕

（3）離生喜樂，初禪已離欲界之惡法，而生起喜、樂之感受。「《瑜伽》三十三云：離者，已得加行究竟作意故。所言生者，由此為因為緣無間生故，已獲加行究竟果作意故。喜樂者，謂已獲得所希義故，得大輕安，身心調暢，有堪能故。」〔註47〕

（4）住初禪，從欲界入此定為最初禪定，不受一切苦惱逼迫：「《瑜伽》云：安住者，謂於後時，由所修習，多成辦故。得隨所樂，得無艱難，乃至七日七夜，能正安住。」〔註48〕

二禪包括四項：滅覺觀、內淨一心無覺無觀、定生喜樂、住第二禪，澄觀只引用第二項。「《顯揚》十九、《瑜伽》六十三，皆云：內淨以捨念正知為體。」〔註49〕二禪時，尋伺已斷滅，大乘的捨、念、正知三法，為喜支所覆蓋，未能發揮勝用。

三禪包括四項：離喜、住捨有念正知、身受樂、住第三禪，澄觀只引用二、三項。澄觀在詮釋「住捨有念正知」之後，又說：「《瑜伽》三十三，大同於此。」〔註50〕茲列舉原文如下：「第二靜慮已離尋伺，今於此中，復離於喜，是故說言安住於捨。……若復於此第三靜慮不善修故，或時失念，彼喜俱行想及作意時復現行，尋即速疾以慧通達，能正了知，隨所生起能不忍受，方便棄捨、除遣、變吐，心住上捨，是故說有正念、正知。」〔註51〕住捨已捨二禪之喜，住不苦不樂；以正念、正知繼續修習，進而欣求上地的勝法。身受樂，「《瑜伽》云：由捨念正知數修習故，令心踊躍，俱行喜受，便得除

〔註45〕《華嚴經疏》卷36，《大正藏》冊35，頁783下。
〔註46〕《華嚴經疏》卷36，《大正藏》冊35，頁784上。
〔註47〕《華嚴經疏》卷36，《大正藏》冊35，頁784上。
〔註48〕《華嚴經疏》卷36，《大正藏》冊35，頁784上。
〔註49〕《華嚴經疏》卷36，《大正藏》冊35，頁784中。
〔註50〕《華嚴經疏》卷36，《大正藏》冊35，頁784中～下。
〔註51〕《瑜伽師地論》卷33，《大正藏》冊30，頁468上。

滅。離喜寂靜、最極寂靜，與喜相違，心受生起。彼於爾時，色身、意身，領納受樂，及輕安樂，是故說言有身受樂。」[註 52] 身受樂，已離二禪的喜樂，尚有色身、意身領納自地的妙樂，故稱離喜妙樂地。在四禪中，以三禪之妙樂最為殊勝，「下諸地無如是樂及無間捨，上地有捨而復無樂，故諸佛及佛弟子說第三禪，具有能捨，及念正知，而復受樂。故諸樂中，三禪樂勝，此《瑜伽》意。」[註 53] 下地樂捨俱無，上地有捨無樂，只有三禪具足捨念正知，住身受樂。

四禪包括四項：斷樂先除苦喜憂滅、不苦不樂、捨念清淨、住第四禪，澄觀引用一、三項。斷樂先除苦喜憂滅，「《瑜伽》十一云：何故苦根，初禪未斷？答：彼品麁重，猶未斷故。若爾，何不現行？答：由其助伴相對憂根，所攝諸苦，彼已斷故。若初靜慮，已斷苦根，是則行者入初靜慮，及第二時，受所作住，差別應無，由二俱有喜及樂故。」[註 54] 若初禪苦根已斷，便與二禪喜樂等受無差別，故知初禪苦根麁重，尚未斷除。所以，初禪先滅憂受，二禪除苦受，三禪滅喜受，今四禪斷樂受則滅除四受。捨念清淨，「《瑜伽》云：從初靜慮，一切下地災患已斷，謂尋伺喜樂、入息出息，是故此中捨念清淨鮮白，由是此禪，心住無動。……《瑜伽》十一云：又無相者，經中說為無相心定，於此定中，捨根永滅。」[註 55] 在《瑜伽師地論》所說清淨，指捨尋、伺、喜、樂、入息、出息等六事，還包括欲界的憂及苦之現行。在四禪，唯有與捨受相應之意識活動，故仍有捨受。

3. 四空定

四空定，是四種無色界之定，即空無邊處、識無邊處、無所有處、非想非非想處。空無邊處包括三項：超一切色想，滅有對想，不念種種想、入無邊虛空、住虛空無邊處，澄觀只引用第三項。住虛空無邊處，「是彼二依止三昧。《瑜伽》云：『由已超過近分加行究竟作意，入上根本加行究竟果作意定，是故說言空無邊處具足安住。』」[註 56] 彼二依止三昧是根本定，為彼對治及利益支之所依止，是加行究竟果作意，又稱為空無邊處具足安住。

[註 52] 《華嚴經疏》卷 36，《大正藏》冊 35，頁 784 下。
[註 53] 《華嚴經疏》卷 36，《大正藏》冊 35，頁 784 下。
[註 54] 《華嚴經疏》卷 36，《大正藏》冊 35，頁 784 下～785 上。
[註 55] 《華嚴經疏》卷 36，《大正藏》冊 35，頁 785 上。
[註 56] 《華嚴經疏》卷 36，《大正藏》冊 35，頁 786 上。

無所有處包括三項：超一切識無邊處、入無少所有、住無所有處，澄觀只引用第二項。入無少所有，「《瑜伽》云：從識處上進時，離其識外，更求餘境，都無所得。」〔註57〕無所有處，超越識無邊處，破其識相，與無所有相應，即思惟無所有之相而安住。

非想非非想處包括三項：超一切無所有處、知非有想非無想安隱、住非有想非無想處，澄觀只引用第三項。住非有想非無想處，「《瑜伽》云：先入無所有處定，超過一切有所有想，今復超過無所有想，故言非想。又言非無想者，非如無想及滅盡定，一切諸想皆悉滅盡，唯有微細想，緣無想境轉故。即於此處起勝解，則超近分，而入根本。」〔註58〕住非有想非無想處，是彼二依止三昧。澄觀引用《瑜伽師地論》來詮釋非有想、非無想。

（二）《攝大乘論》

《攝大乘論》，為印度無著造，在我國有三種譯本：後魏‧佛陀扇多譯《攝大乘論》，凡二卷，經碼：No.1592；陳‧真諦譯《攝大乘論》，又稱《梁譯攝大乘論》，凡三卷，經碼：No.1593；唐‧玄奘譯《攝大乘論本》，凡三卷，經碼：No.1594。這三種譯本，文義大致相同。本論之注疏極多，印度有世親、無性二位論師所作之注釋。世親之《攝大乘論釋》有三種漢譯本：真諦譯《攝大乘論釋》，又稱《梁譯攝大乘論釋》，略作《攝論釋》、《梁釋論》，凡十五卷，經碼：No.1595。隋‧達摩笈多與行矩等合譯《攝大乘論釋論》，又稱《隋譯世親攝論》凡十卷，經碼：No.1596。玄奘譯《攝大乘論釋》，又稱《唐譯世親攝論》，凡十卷，經碼：No.1597。〔註59〕日本學者水野弘元對三種譯本的內容不一致，提出了質疑，認為真諦譯本多了十信、十解（十住）、十行、十迴向等菩薩階位，乃是依據《仁王》、《瓔珞》等偽經，擅自添加上去。〔註60〕此

〔註57〕《華嚴經疏》卷36，《大正藏》冊35，頁786上。

〔註58〕《華嚴經疏》卷36，《大正藏》冊35，頁786中。

〔註59〕關於世親三種漢譯本的差異，釋印順分二方面來探討：(1)卷數：陳譯最多，有十五卷；隋譯與唐譯的都只有十卷。(2)翻譯的忠實：真諦譯本欠忠實，但他的思想、見解不一定錯誤。細讀他的譯文，有些思想與無性釋相同的，可以推想他是參考無性釋，或當時其他的釋論而綜合糅譯而成。從他的譯文裡，很多地方可以見到初期唯識學的本義。我們雖採用玄奘譯作講本，但對真諦的譯本，應以活潑的方法，客觀的見解去看它，不能抹煞它的價值。此外，無性釋有玄奘的譯本，也可以作為參考。參見《攝大乘論講記》（台北：正聞出版社，1991年），頁4～5。

〔註60〕「如此看來，同樣譯自印度原典，但只有真諦的譯本記載十信、十住、十行、

外，無性之《攝大乘論釋》之漢譯本，僅有玄奘譯《攝大乘論釋》，凡十卷，經碼：No.1598。

經筆者統計，澄觀《華嚴經疏·十地品》引用《攝大乘論》之次數如下：《攝大乘論》之原文，玄奘所譯的三種論本《攝大乘論本》、世親釋·無性釋《攝大乘論釋》，其原文是相同的，共 22 次；世親釋·眞諦譯《梁釋論》共 12 次；無性釋·玄奘譯《攝大乘論釋》共 5 次；世親釋·玄奘譯《攝大乘論釋》共 3 次，總共引用 42 次。由以上的統計可知，澄觀引用《攝大乘論》，論本與釋本比例相當；世親、無性二位論師之注釋，以世親釋本最常使用；世親釋本之三種漢譯本，又以眞諦譯本使用率最高。

澄觀引用《攝大乘論》42 處中，具有系統性的，除了釋名、所得果之外，還有證理、八種過，茲說明如下：

1. 證理

十地的斷障、證理皆有所不同，澄觀只引用初地、三地、六地的證理。證理即是所證眞如。初地：「《梁攝論》中，名爲遍滿，遍滿一切有爲行故。」〔註61〕遠離異生性無明，證得遍滿眞如，此眞如由人法二空所顯，無有一法而不在。

三地：「《梁攝論》云：從眞如流出正體智，正體智流出後得智，後得智流出大悲，大悲流出十二部經，名爲勝流法界。」〔註62〕遠離闇鈍無明，證得勝流眞如。闇鈍無明，即是忘失聞、思、修三慧，照法不能顯現。由二地進入三地，修習勝定，三慧照法顯現，此眞如流出正體智，正體智流出後得智等，此地所證得的眞如，比其他教法更爲殊勝。

六地：「《攝論》名爲無染淨法界。」〔註63〕遠離麁相現行無明，證得無染淨眞如。麁相現行，乃執四諦之苦集二諦爲雜染的，滅道二諦爲清淨的。染淨差別的麁相現行，障蔽了六地無染無淨的妙境。六地菩薩，住緣起智，觀緣起性空，證得無染淨法界相。

十迴向等階位，而其他譯本全都未提及，因此不得不斷定印度原典並未記載這些階位，而是眞諦三藏依據當時在中國流行的《仁王》、《瓔珞》等僞經，擅自添加上去的說法。」水野弘元著，香光書鄉編譯組譯：《佛教的眞髓》，頁389。

〔註61〕《華嚴經疏》卷33，《大正藏》冊35，頁756中。
〔註62〕《華嚴經疏》卷36，《大正藏》冊35，頁779中。
〔註63〕《華嚴經疏》卷39，《大正藏》冊35，頁800下。

2. 八種過

八種過,即菩薩已捨離地前凡夫位,超凡入聖,證入出世間道,共有八種殊勝超過凡夫:入位過、家過、種性過、道過、法體過、處過、業過、畢定過。澄觀只舉第二、三、四過。

第二過,生如來家,即家過,為生家相似法。《華嚴經疏》:「《梁攝論》云:生法王家,具足尊勝。」〔註64〕如世人受胎報,出生在凡夫家,不足為勝,出生在王家,方顯其尊貴;菩薩亦爾,在外道法中出家,不足為勝,今從佛出家,即是生在如來家,得佛所證法,方顯其尊貴。

第三過,無能說其種族過失,即種性過,或種姓過,為子相似法。《華嚴經疏》:「《梁攝論》云:以過二乘,及世間種姓故。」〔註65〕王家所生王子,可以繼承王位;根據法相宗的五種性說,菩薩定性地位尊貴,為大乘修行所生,如得王之體分,超越定性二乘、無性有情的眾生,可以繼承佛位。

第四過,離世間趣,入出世道,即道過,為異生道相似法。〔註66〕異生道相似法,即人道異於三惡道。《華嚴經疏》:「《梁攝論》云:永不作殺生等邪行故。」〔註67〕世間道是有漏法,尚未斷除煩惱垢染,如鬼畜等王之體,仍會犯十惡等邪行;出世間道是無漏法,菩薩已遠離煩惱垢染,如人王之體分,永不作惡,趣向涅槃。

(三)《成唯識論》

澄觀《華嚴經疏・十地品》引用《成唯識論》有標明出處者,總共有 39 處,還有一些是暗用,未標明出處者。其中具有系統性的,除了釋名、斷障、證理之外,還有二世一重因果、十二支義門分別,茲說明如下:

1. 二世一重因果

唯識宗是依大乘的論點,立二世一重因果,與說一切有部的三世二重因果不同。「依《唯識》,合能所引,開能所生,故前十現在,後二未來,十因二果,定不同世。因中前七,與愛等三,或同或異。」〔註68〕根據《成唯識論》卷八,從無明到有十支是因,生和老死二支是果,故立一重因果。然

〔註64〕 《華嚴經疏》卷33,《大正藏》冊35,頁758中。
〔註65〕 《華嚴經疏》卷33,《大正藏》冊35,頁758中。
〔註66〕 《十地經論》、《探玄記》皆為「異道生相似法」。
〔註67〕 《華嚴經疏》卷33,《大正藏》冊35,頁758中。
〔註68〕 《華嚴經疏》卷40,《大正藏》冊35,頁809下。

因與果必須異世，若約現在未來世來說，則十因是現在世，二果是未來世，稱作「二世一重因果」。十因中，前七支與愛、取、有三支，可為同世也可為異世。

在十二支中，無明、行是能引的二支，識、名色、六入、觸、受是所引的五支，此七支亦稱總牽引因。愛、取、有是能生的三支，生、老死是所生的二支。十二支中，澄觀只引用《成唯識論》的識、愛、取、有四支。識支：「然《唯識論》中，但識等種以為所引。而《集論》中，說此識支，通於能引，正取業種為識支故，識種乃是名色支攝。《緣起經》說，通能所引，業種識種，俱名識故，識種但是名色所依，非名色故。」〔註69〕各部經論對「識」的看法有寬狹之不同：《成唯識論》是將識等五支視為所引支；《集論》認為識支是能引支，業種稱為識支，識種屬於名色；《緣起經》的識支通能引支、所引支，其中業種、識種皆為識支，業種是能引支，識種是所引支，識種只是名色所依，並不屬於名色。

愛、取、有，為能生支，「《唯識》云：愛取合潤，能引業種，及所引因，轉名為有，俱能近有後有果故。《瑜伽》第十，唯說業種名為有者，此能正感異熟果故，如後段說。三十八中，復說唯識等五，名為有者，親生當來識等五故。」〔註70〕《瑜伽師地論》只有業種子稱為有，它能夠直接產生異熟果。某些經論，則只取識等五法種子稱為有，它直接產生未來的識。唯識宗，則綜合二家的說法，愛取合潤，能夠產生業種子，以及所引因之識等五支的種子轉名為有，這六類種子都能直接產生未來的結果。

2. 十二支義門分別

十二支義門分別，是指十二支在性質上的差別，總共有十七門，但《成唯識論》並沒有具體名稱，澄觀在《演義鈔》分別為其立名，〔註71〕於《華嚴經疏》引用了三門：惑苦相攝門、四諦門、三苦門。

〔註69〕《華嚴經疏》卷39，《大正藏》冊35，頁804上。
〔註70〕《華嚴經疏》卷39，《大正藏》冊35，頁804上～中。
〔註71〕《演義鈔》卷67：《唯識》第八，諸門分別有十七門：第一、假實分別門；第二、一非一事門；第三、染與不染門；第四、獨雜分別門；第五、色非色門；第六、有漏無漏門；第七、有為無為門；第八、三性門；第九、三界分別門；第十、能治所治門；第十一、學等分別門；第十二、二斷分別門；第十三、三受門；十四、三苦門；十五、四諦門；十六、四緣門；十七、惑苦相攝門。參見《大正藏》冊36，頁540中～541上。

惑苦相攝門：「《唯識》云：有支一分，是業所攝。」〔註72〕惑、業、苦三類包括十二支，其中行支以及有支的一部分，屬業的範疇。四諦門：「《唯識》云：十二皆苦諦攝，取蘊性故；五亦集諦，業、煩惱性故。」〔註73〕四諦，指苦、集、滅、道。十二支都屬於苦諦，皆以五蘊爲主體；行、有二支是業性，無明、愛、取三支是煩惱性，所以這五支屬於集諦。

三苦門：「若準《瑜伽》、《唯識》，十二支全分皆行苦攝，有漏法故。十二支少分苦苦攝，十二支中各容有苦故。十一少分壞苦所攝，以老死位中多無樂受，依樂立壞，所以言無。……若依捨受，以立行苦，則除老死，老死位中無容捨故。」〔註74〕三苦，指苦苦、壞苦、行苦。十二支的全部都屬於行苦，因爲一切有漏法都屬於行苦。十二支的少分屬於苦苦，因爲一切支中都有苦受。十一支的少分屬於壞苦，老死支除外，因爲老死支，大多沒有樂受，壞苦的建立是依據樂受，所以不說老死也是壞苦。若約捨受，十一支的少分屬於行苦，老死支除外，其義如壞苦所說。

（四）《大智度論》

澄觀《華嚴經疏・十地品》引用《大智度論》有 22 次，外加「龍樹判云：佛以甚深因緣答。」〔註75〕亦是引用《大智度論》，故共有 23 次。其中具有系統性的包括初禪、二禪，以及四念處，茲說明如下：

1. 初禪、二禪

四禪中，澄觀引用《大智度論》的部分，只有初禪、二禪。初禪四項中，澄觀只引用前二項：離欲惡不善法、有覺有觀。離欲惡不善法，「若《智論》八十八云：離欲者，謂離五欲；惡、不善法，謂離五蓋。五蓋將人入惡道故，名惡；障善法故，名不善法。若辨蓋欲之相，廣如《智論》十九。」〔註76〕《大智度論》的離欲惡不善法，是指離五欲、五蓋。有覺有觀，《大智度論》是使用舊譯的「覺觀」，初麁後細，即覺是心之粗分別作用，觀是心之細分別作用。「《智論》云：譬如振鈴，麁聲喻覺，細聲喻觀。……又《智論》四十四云：小乘以欲、恚、惱覺爲麁，親里、國土等覺爲細；又唯善覺爲細，於

〔註72〕《華嚴經疏》卷 40，《大正藏》冊 35，頁 809 中。
〔註73〕《華嚴經疏》卷 40，《大正藏》冊 35，頁 809 下。
〔註74〕《華嚴經疏》卷 40，《大正藏》冊 35，頁 810 下。
〔註75〕《華嚴經疏》卷 33，《大正藏》冊 35，頁 752 下。
〔註76〕《華嚴經疏》卷 36，《大正藏》冊 35，頁 783 下。

摩訶衍準皆爾。」〔註77〕

二禪四項中，澄觀只引用定生喜樂，「若《智論》意，即從初禪定生，欲界無定，故初但云離；二禪雖離初禪煩惱，初禪有定故，又初禪離欲大障故。」〔註78〕欲界尚無定，到了色界的初禪中已有定，二禪因初禪定生，故名為定生喜樂。

2.四念處

四念處，是指觀身不淨、觀受是苦、觀心無常、觀法無我，而對治常、樂、我、淨等四顛倒的觀法。澄觀引身、受二念處，由粗至細次第對治四顛倒之相。「《智論》云：此身既爾不淨，眾生貪者，以其情塵，生諸受故，計之為樂，誰受此樂。」〔註79〕四念處，通於大小乘，《大智度論》是採大乘觀點：「《智論》亦爾，乃至不念身、受、心、法。」〔註80〕一切諸法因緣生故，無有自性，不念身、受、心、法，知四法無實性。

別觀身念：「今初觀身，自有內等三觀，此三，《智論》、《瑜伽》廣顯其相。……《智論》二十八，亦廣明此。五十三又云：自身名內，他身名外。」〔註81〕《大智度論》的觀身，有二種：一為內身、外身、內外身；另一為自身、他身。澄觀列舉《大智度論》的二例來說明觀身不淨：一約三人對治各別，一約一人起觀始終。〔註82〕循身觀為身念處之觀法：「《智論》云：尋隨觀察，知其不淨等。」〔註83〕遍尋自身中有種子、住處、自體、外相、究竟等五種不淨，審諦觀察本質身。

前面已對身念處做解釋，接著對其它三念處做說明：

> 後例餘三念處者，……《智論》之意，大同於此。論問云：於四念中，心唯是內，受、法唯外，身通內、外，云何於四皆有內等？答：受有二種：一、身；二、心。心受名內，身受名外；又意識相應受名內，五識相應受名外等。心雖是內，緣外法故名外，五識一向是外；又定心為內，散心為外。法雖是外，緣內法心數法，名內，緣

〔註77〕《華嚴經疏》卷36，《大正藏》冊35，頁784上。
〔註78〕《華嚴經疏》卷36，《大正藏》冊35，頁784中。
〔註79〕《華嚴經疏》卷37，《大正藏》冊35，頁791上。
〔註80〕《華嚴經疏》卷37，《大正藏》冊35，頁791中。
〔註81〕《華嚴經疏》卷37，《大正藏》冊35，頁791下。
〔註82〕參見《華嚴經疏》卷37，《大正藏》冊35，頁791下。
〔註83〕《華嚴經疏》卷37，《大正藏》冊35，頁791下。

外法心數法，及無爲心不相應行，是外。後三念處，亦合前二，以
爲內外。〔註84〕

四念處中，身念處通內、外觀，心念處只有內觀，受、法念處只有外觀。其
實四念處中，後三念處亦通內外觀：受念處分心受、身受，意識相應受、五
識相應受；心念處分緣內、緣外，定心、散心；法念處分緣內、緣外，內法
心數法、外法心數法及無爲心不相應行。

（五）《俱舍論》

澄觀《華嚴經疏・十地品》引用《俱舍論》有 20 次，其中具有系統性的
主要是四禪及十二緣起，茲說明如下：

1.四禪

四禪中，澄觀引用《俱舍論》的部分，偏重在釋名的通名、別名的解釋，
及初禪、四禪各引用一次。四禪的「禪」，即是禪那，意譯爲靜慮，表色界靜
能斷結，慮能正觀；欲界有慮無靜，雖能正觀，不能斷結；無色定有靜無慮，
雖能斷結，不能正觀。〔註85〕澄觀引用《俱舍論》，詮釋無色定之名：「《俱舍》
云：『無色謂無色。』若大眾部，及化地部，亦許有色，細故名無。《俱舍論》
中，廣破有色。」〔註86〕關於無色之定義，各家說法不同，如大眾部、化地
部即認爲「無色」應是無粗顯之色，而非無細微之色。《俱舍論》廣破色法，
則認爲無色定爲色法全然不存在之世界。四禪之別名，「《俱舍・定品》云：
初具伺喜樂，後漸離前支。」〔註87〕初禪仍具尋、伺、喜、樂四支，二禪離
尋伺二支，三禪離喜支，四禪離樂支，故稱後三禪漸離前支。

四靜慮有二種：一爲修得，「《俱舍論》云：是善性攝，心一境性，以善
等持爲自性故，若兼助伴，五蘊爲性。」〔註88〕四禪之體性，爲心一境性即
三摩地，爲善性所攝，故四靜慮皆以善等持爲其自性，以五蘊爲助伴。二爲
生得，以五蘊爲性，色界四禪發色界定，得防非止惡之戒體；至於無色體性，
已除色想，「《俱舍》云：無色亦如是，四蘊離下地。」〔註89〕亦以善性攝心

〔註84〕《華嚴經疏》卷37，《大正藏》冊35，頁792上。
〔註85〕參見《華嚴經疏》卷36，《大正藏》冊35，頁783中。
〔註86〕《華嚴經疏》卷36，《大正藏》冊35，頁783中。
〔註87〕《華嚴經疏》卷36，《大正藏》冊35，頁783中。
〔註88〕《華嚴經疏》卷36，《大正藏》冊35，頁783中。
〔註89〕《華嚴經疏》卷36，《大正藏》冊35，頁783中～下。

－172－

一境性，以善等持為自性，助伴唯除色蘊，故稱四蘊離下地的色界。

　　初禪四項中，澄觀只引用第二項有覺有觀，「《俱舍》云：尋伺心麁細。」〔註90〕《俱舍論》使用新譯名「尋伺」，初麁後細。四禪四項中，澄觀只引用第三項捨念清淨，「《俱舍》等明此禪中，離八災患。」〔註91〕八災患是指憂、喜、苦、樂四受，及尋、伺、出息、入息。第四靜慮非八災患所能動，故名不動定，但仍有捨受。

2.十二緣起

　　部派佛教，包括《阿毘達磨大毘婆沙論》、《俱舍論》，都將十二緣起的狀態，析分為四種緣起：「《俱舍》第九，四種緣起：一者、剎那；二者、連縛；三者、分位；四者、遠續。」〔註92〕四種緣起中，澄觀引用《俱舍論》的，只有剎那緣起、分位緣起。剎那緣起，「《俱舍》第九，明剎那十二因緣也。」〔註93〕即一剎那間心中具足十二支，例如由貪而行殺的念頭，在剎那間即具十二因緣。名色，「《俱舍》云：識俱三蘊，總稱名色。」〔註94〕三蘊，即是色、想、行，與識俱起，以受蘊為受支。六處，「《俱舍》云：住名色根，說為六處。」〔註95〕《俱舍論》屬小乘法，即第六識是識支體，故「眼等五識住名色根，說五根以名六處」。

　　分位緣起，即傳統的三世二重因果。「依《智論》、《俱舍》，生引俱開：初二過去、次八現在、後二未來，故成三世。現八之中：前五是果，酬於過去；後三是因，復招未來。則二重因果，各具三道，可得抗行。」〔註96〕《俱舍論》不說生引，以唯識的無明、行為能引，識等五支為所引，故云俱開。三世二重因果，是指過去二因、現在五果，現在三因、未來二果。亦即無明、行是過去世的因，識、名色、六入、觸、受是現在世的果，這是一重因果；愛、取、有是現在世的因，生、老死是未來世的果，這又是一重因果。過去世的無明、行，和現在世的愛、取、有皆是惑業，為能感的因；現在的識等五支，和未來的生、老死，為所感的苦果，這樣成為三世二重因果。因中含

〔註90〕《華嚴經疏》卷36，《大正藏》冊35，頁784上。
〔註91〕《華嚴經疏》卷36，《大正藏》冊35，頁785上。
〔註92〕《華嚴經疏》卷40，《大正藏》冊35，頁807中。
〔註93〕《華嚴經疏》卷40，《大正藏》冊35，頁807中。
〔註94〕《華嚴經疏》卷40，《大正藏》冊35，頁807中。
〔註95〕《華嚴經疏》卷40，《大正藏》冊35，頁807下。
〔註96〕《華嚴經疏》卷40，《大正藏》冊35，頁809下。

攝惑、業，果中即是苦果，故十二緣起攝於惑業苦三道。

二、五部論書對〈十地品〉之影響

　　以上已探討了澄觀明引次數最多且具有系統性之五部論書，接著說明此五部論書對於〈十地品〉之影響。若從作者來區分，五部論書中就有四部是屬於瑜伽行派的創始者彌勒、無著、世親所造。關於《瑜伽師地論》的作者，在漢譯中是彌勒所作，但在藏譯本卻是無著所作。〔註97〕《攝大乘論》爲無著所作；《成唯識論》的原型，即《唯識三十論頌》，爲世親所作；《俱舍論》亦爲世親所作。若以宗派來區分，五部論書中唯識的論書就佔了三部：《瑜伽師地論》、《攝大乘論》、《成唯識論》。其中，《瑜伽師地論》、《攝大乘論》爲法相宗所依據的十一論中的二部；〔註98〕《成唯識論》則是解釋《唯識三十論頌》之注釋書，爲法相宗所依據的重要論書之一。若以譯者來區分，五部論書中就有四部是玄奘所翻譯：《瑜伽師地論》、《攝大乘論》、《成唯識論》、《俱舍論》。《攝大乘論》這部論書中，澄觀所引用的部分包括論本與釋本共42 次，玄奘所譯的有論本、釋本共引用 25 次，眞諦之《梁釋論》釋本引用12 次，故以玄奘之譯本佔了絕大多數。從宗派、譯者這二個面向來區分，與「釋經方式的承襲」中所得到的結論相符，澄觀引用的經論主要的是唯識論書，而且以玄奘所翻譯的著作爲主。

（一）《瑜伽師地論》

　　《瑜伽師地論》爲彌勒菩薩說，玄奘翻譯，係瑜伽行派之基本論書，亦爲法相宗最重要之典籍，更爲我國佛教史上之重要論書。《瑜伽師地論》之漢譯本有數種，以玄奘所譯之一百卷最爲著名，本論內容分爲五個部分：〈本地分〉，廣說瑜伽禪觀境界十七地之義，爲百卷中之前五十卷，乃本論之主體。〈攝決擇分〉，顯揚十七地之深義，爲其次之三十卷。〈攝釋分〉，解釋諸經之儀則，爲卷八十一、卷八十二。〈攝異門分〉，闡釋經中所有諸法之名義差別，爲卷八十三、卷八十四。〈攝事分〉，明釋三藏之要義，爲最後之十六

〔註97〕參見平川彰著，莊崑木譯：《印度佛教史》，頁 316。竹村牧男著・蔡伯郎譯：《覺與空——印度佛教的展開》（台北：東大圖書股份有限公司，2003 年 5月），頁 177。

〔註98〕唯識宗之十一論：《瑜伽師地論》、《顯揚聖教論》、《大乘莊嚴經論》、《集量論》、《攝大乘論》、《十地經論》、《分別瑜伽論》、《辯中邊論》、《唯識二十論》、《觀所緣緣論》、《阿毘達磨雜集論》。

卷。〈本地分〉是全論的基本部分，把瑜伽師所觀的境界、所修的法門、所證的果位，區分爲十七地，以詳說三乘觀行的根本事相，因此本論又稱《十七地論》。

十七地中，尤以第十五之「菩薩地」最爲重要，爲本論之卷三十五至卷五十的部分，它是單行流通的經典。菩薩地經的異譯本：北涼·曇無讖譯《菩薩地持經》十卷、劉宋·求那跋摩譯《菩薩善戒經》九卷、唐·玄奘譯《瑜伽師地論·菩薩地》十六卷；梵文原本 Bodhisattvabhūmi，由日本學者荻原雲來於 1930～1936 年校訂出版，〔註99〕以及 N. Dutt 於 1966 年校訂出版。〔註100〕菩薩地經吸收了《華嚴經·十地品》，企圖在學術上把它加以系統化。所以在研究菩薩思想上，它是僅次於〈十地品〉之重要資料。〔註101〕所以，澄觀於《華嚴經疏·十地品》中，廣引《瑜伽師地論·菩薩地》，它是菩薩地經的異譯本，與〈十地品〉的關係密切。

澄觀引用〈本地分中菩薩地〉、〈攝決擇分中菩薩地〉，說明十法。「十法」，主要分布於《華嚴經疏》卷三十四至卷三十七，論述四種清淨攝十一地，而且每一種清淨，都攝十法，以助顯十地之殊勝性。至於「四禪」，則是引用〈三摩呬多地〉、〈聲聞地〉。根據《瑜伽師地論》「三摩呬多」一詞具有四義：靜慮、解脫、等持、等至，其中靜慮，是指四靜慮。〔註102〕澄觀是引用三摩呬多四義之第一義「靜慮」，即四靜慮或色界四禪，與〈聲聞地〉之聲聞乘所修之四禪互相結合。「四禪」，集中於《華嚴經疏》卷三十六，說明三地必須勤修八定中的四禪，才能得果。此外，「四空定」則是引用〈聲聞地〉的八定之「四無色」。「四空定」，亦集中於《華嚴經疏》之卷三十六。澄觀引用《瑜伽師地論》之四種清淨的十法，以及四禪、四空定，屬於三乘中的聲聞乘、菩薩乘，爲境行果中的「行」，是《瑜伽師地論》之實踐體系，也是其核心議題。

〔註99〕 Unrai Wogihara（荻原雲來），*Bodhisattvabhūmi: A Statement of Whole Course of the Bodhisattva (Being Fifteenth Section of Yogācārabhūmi)*, Tokyo, Japan: Sankibo Buddhist Book Store , 1971.

〔註100〕 N. Dutt, *Bodhisattvabhūmi, Being the XVth section of Asaṅgapada's Yogācārabhūmi*, Patna: K.P. Jayaswal Research Institute, 1966.（荻原雲來之寫本上殘缺頗多，而由藏譯本補足，但是 N. Dutt 本是羅睺羅在西藏發現的梵文本出版，有 266 葉，只缺一葉就是完本。）參見平川彰著，莊崑木譯：《印度佛教史》，頁 317。

〔註101〕 參見神林隆淨著，許洋主譯：《菩薩思想的研究·下》，頁 307。

〔註102〕 參見《瑜伽師地論》卷 11，《大正藏》冊 30，頁 328 下。

（二）《攝大乘論》

印度瑜伽行派的唯識學傳入中國，主要有三大翻譯家——菩提流支、眞諦、玄奘，從而形成地論學派、攝論學派、唯識宗，前二者稱爲「舊譯」，後者稱爲「新譯」。〔註103〕關於唯識古學與今學的分判，根據呂澂的分法，唯識古學以祖述無著、世親二家學說而推闡者，其代表人物爲十大論師之親勝、火辨、難陀三家；唯識今學則是演變二家學說而推闡者，其代表人物爲陳那、護法。安慧的歸屬，在〈論莊嚴經論與唯識古學〉一文中，是折衷於二者之間；〔註104〕到了《印度佛學思想概論》中，則明確表示其爲唯識古學的代表。〔註105〕演培也說，安慧爲唯識古學的代表，護法爲唯識今學的代表。〔註106〕所以，一般是將安慧視爲唯識古學的代表。至於中國唯識典籍中，菩提流支與眞諦之舊譯屬於古學，玄奘之新譯稱爲新學。

攝論學派所依據的論書是無著所造的《攝大乘論》，以及由世親注釋、眞諦翻譯的《梁釋論》，主要弘揚眞諦所傳的唯識學爲中心，其研習者稱爲攝論師。眞諦攝論學派的特色，即在八識之外，又建立了第九識阿摩羅識。亦即在第八識妄識之外，另立了第九識阿摩羅識是淨識、無垢識。眞諦所譯的《梁釋論》分爲十品，各別的論述《攝大乘論》的十種殊勝，按照佛教修行的境、行、果順序組織編排，分述如下：〈釋依止勝相品〉，又分爲眾名品、相品、引證品、差別品等四品，論述阿黎耶識與緣起；〈釋應知勝相品〉，論述三性與實相；〈釋應知入勝相品〉，論述唯識觀；〈釋入因果勝相品〉，論述六波羅蜜；〈釋入因果修差別勝相品〉，論述十地；〈釋依戒學勝相品〉，論述戒；〈釋依心學處勝相品〉，論述定；〈釋依慧學差別勝相品〉，論述慧；〈釋學果寂滅勝相品〉，論述無住處涅槃；〈釋智差別勝相品〉，論述佛之三身。在這十種勝相中，其核心在第一、二勝相，即阿黎耶識的論述，以及與此聯繫的三性學說，即眞妄、空有與染淨，皆是攝論學的關鍵所在。

澄觀引用《攝大乘論》論本、釋本中，具有系統性的「證理、八種過」，

〔註103〕參見釋聖凱：《攝論學派研究‧上》（北京：宗教文化出版社，2006年9月），頁1。

〔註104〕參見呂澂：《呂澂佛學論著選集》1（濟南：齊魯書社，1991年），頁73。

〔註105〕參見呂澂：《印度佛學思想概論》（台北：天華出版事業股份有限公司，2003年10月），頁232。

〔註106〕參見釋演培：〈唯識思想演變史略〉，《現代佛教學術叢刊》24，1978年元月，頁253。

主要以眞諦的《梁釋論》譯本爲主。「證理」是每一地釋文前通釋六門之一，說明此地所證得的眞如，分布於《華嚴經疏》卷三十三、三十六、三十九；「八種過」，則集中於《華嚴經疏》卷三十三，菩薩已證入初地菩薩位，八種殊勝超過凡夫。澄觀所引用《梁釋論》的部分，爲第五品〈釋入因果修差別勝相〉，主要論述十地，所以並不是攝論學的核心。

（三）《成唯識論》

法相宗以玄奘譯的《成唯識論》爲其根本聖典，這是一部解釋《唯識三十論頌》而屬於集註性質的論書。《唯識三十論頌》爲世親晚年精心撰寫的著作，但尚未註解長行便圓寂了。其後註解的人甚多，先後有二十八家之多，而最著名的爲十大論師，〔註107〕這十家的註書共有四千五百頌，玄奘在印度時就已經搜集齊全，其中護法的註書是當時僅存的孤本，得之不易，回國後擬將十家註書一一譯出。但後來採納窺基的建議，改用編纂辦法，以護法的觀點爲主，雜糅其餘九師之學說，故糅合十家之說於一書，而成《成唯識論》十卷。

玄奘之《成唯識論》，以承襲護法的註書爲基礎，屬於唯識今學的傳承。《成唯識論》依據《唯識三十論頌》的本文，分爲三個層次：唯識相、唯識性、唯識位，其來源爲《華手經・求法品》之法性、法相、法位三分。〔註108〕初分，卷一至卷八，解釋《唯識三十論頌》的第一頌至第二十四頌，明唯識相，即依他起性。包括：破斥外道和小乘對實我、實法的執著，論述三能變中的異熟、思量、了別境識，以及說明三性、三無性。第二分，卷九前部分，解釋《唯識三十論頌》的第二十五頌，明唯識性，即圓成實性。第三分，卷九後部分至卷十，解釋《唯識三十論頌》的第二十六頌至第三十頌，明唯識位，即修行五位：資糧位、加行位、通達位、修習位、究竟位。

澄觀引用《成唯識論》卷八的第十九頌，此頌主要解釋眾生生死相續不斷而輪迴流轉的原因，有四種觀點，其中二世一重因果、十二支義門分別，皆是第三種觀點，說明生死相續是由於惑、業、苦三道，而三道即是十二有支，亦即十二因緣。二世一重因果、十二支義門分別，集中於《華嚴經疏》卷三十九、四十的「現前地」，〈十地品〉之六地觀十二緣起，分爲十重緣起

〔註107〕十大論師：親勝、火辨、難陀、德慧、安慧、淨月、護法、勝友、勝子、智月。
〔註108〕參見《佛說華手經》卷6，《大正藏》冊16，頁168中。

觀，其中澄觀引用了有支相續門、三道不斷門、三際輪迴門、三苦聚集門等四門。在《成唯識論》中，第十七頌是本論之核心議題，即「一切唯識」，所以第十九頌不是其核心，但此論強調佛教的因果定律，其中十二因緣最能說明因果關係。〔註109〕

（四）《大智度論》

《大智度論》的作者，根據《大正藏》之記載，爲印度龍樹著，鳩摩羅什譯，係《大品般若經》的註釋書。近代學者如比利時的 Lamotte，日本的干潟龍祥、平川彰和加藤純章，對此定論提出否定，或予以修正。〔註110〕釋印順則從《大智度論》之翻譯及作者這二個面向，指出學者間之錯誤看法，並予以推翻，而贊成龍樹造論的古說，並否認羅什曾經增修，或者參與造論的說法。

龍樹爲印度中觀學派的創始者，以《中論》爲根本聖典，主要闡明空的義理，而以否定或遮詮的方式來表達；而《大智度論》則是站在「諸法實相」之肯定立場，闡揚初期大乘菩薩思想，以及六波羅蜜之宗教實踐，故二者截然不同。在《大品般若經》的初品中，《大智度論》使用了三十四卷的篇幅來註釋，可見《大智度論》將初品視爲核心。這三十四卷中，又以「菩薩摩訶薩當習行般若波羅蜜」的篇幅最多，從第十一卷至三十四卷，共有二十四卷。這二十四卷中，又以「六波羅蜜」所佔的篇幅最多，從十一卷至十八卷，共有八卷之多。所以，《大智度論》的核心爲習行諸般若波羅蜜法門，包括六波羅蜜、三十七道品、十八不共法、十八空等聲聞、菩薩法，而以六波羅蜜最爲殊勝。

澄觀引用《大智度論》，具有系統性的爲「初禪、二禪、四念處」。在《大智度論》卷二十，有解釋「四禪」，但澄觀卻引用卷十七、十八、三十九、八十六，〔註111〕來說明四禪中的初禪、二禪；在《大智度論》卷十九，解釋「三十七品」，四念處爲三十七道品的七類之一，澄觀引用卷十九、卷四十八。初禪、二禪、四念處，集中於《華嚴經疏》卷三十六、三十七的「發光地、焰

〔註109〕參見韓廷傑：《成唯識論》（高雄：佛光文化事業有限公司，2005 年 10 月），頁 809～810。

〔註110〕釋印順：〈《大智度論》之作者及其翻譯〉，《永光集》（新竹：正聞出版社，2004 年 6 月），頁 1。

〔註111〕澄觀在《華嚴經疏》所引用《大智度論》的卷數，與目前《大正藏》所編排的卷數不同。

慧地」，說明三地必須勤修八定中四禪的「初禪、二禪」，四地勤修三十七道品的「四念處」，才能得果。澄觀引用《大智度論》之初禪、二禪、四念，屬於習行諸般若波羅蜜法門，故爲本論書之核心。

（五）《俱舍論》

《俱舍論》，意譯爲對法藏論、聰明論，乃部派佛教教理之集大成，爲大毘婆沙論之綱要書，是世親早年尚未信仰大乘佛教時的著作。《俱舍論》之漢譯本有二譯：一爲眞諦所譯之《阿毘達磨俱舍釋論》二十二卷，世稱舊俱舍；一爲玄奘所譯之《阿毘達磨俱舍論》三十卷，則稱新俱舍，本文是指玄奘所譯的《俱舍論》。

《俱舍論》共有九品：〈分別界品〉、〈分別根品〉、〈分別世品〉、〈分別業品〉、〈分別隨眠品〉、〈分別聖賢品〉、〈分別智品〉、〈分別定品〉、〈破執我品〉。但第九品〈破執我品〉，實爲世親的另一論書，以下將從品名、文體二個方面來分析：品名方面，前八品的品名皆有「分別」，第九品卻爲「破」，故立名不同；文體方面，前八品舉頌來釋義，第九品只有長行，故文體不一致。而且《順正理論》是駁斥《俱舍論》的論著，也沒有〈破執我品〉。所以可以證明〈破執我品〉爲另一論書，而附在《俱舍論》流通的。〔註112〕茲分述八品如下：〈分別界品〉總說四諦法之自體，以蘊、處、界統攝諸法；〈分別根品〉依增上義說二十二根，說明色、心、心所及不相應行諸法的俱起，以及六因四緣；〈分別世品〉說明雜染世間法的果，相當於苦諦，以及解說十二緣起；〈分別業品〉說明雜染法的親因，相當於集諦的一部分；〈分別隨眠品〉說明雜染法的疏緣，相當於集諦的另一部分；〈分別聖賢品〉說明清淨的道及賢聖，相當於滅諦；〈分別智品〉說明淨法的親因，相當於道諦的一部分；〈分別定品〉說明淨法的疏緣，相當於道諦的另一部分，以及解說四禪、四無色定、三解脫門、四無量心等禪定。八品中，〈分別界品〉、〈分別根品〉，說明諸法之體用，爲總明有漏無漏，其餘六品，則別明有漏無漏。《俱舍論》的中心理論，即在於「澈觀迷悟因果之理，而達涅槃的無漏眞智」而已。全論所明，雖然千差萬別——有世界觀、人生觀、宗教、哲學，而它的根本義，卻只在於「四聖諦理」，一切諸法種種的解釋，都依這四諦理而生。〔註113〕所以，《俱

〔註112〕 參見釋印順：《說一切有部爲主的論書與論師之研究》，頁655。
〔註113〕 參見釋賢悟：〈俱舍論之組織與中心及其特色〉，《現代佛教學術叢刊》51，
　　　　　1979年元月，頁58。

舍論》的核心思想即三至八品，為四聖諦，說明迷悟因果。

澄觀引用〈分別定品〉說明四禪，〈分別世品〉說明十二緣起。四禪、十二緣起，集中於《華嚴經疏》卷三十六、四十「發光地、現前地」，於三地以通、別方式釋四禪，及勤修八定中的四禪；六地觀十二緣起，分為十重緣起觀，其中澄觀引用了一心所攝門、三際輪迴門等二門。澄觀所引用《俱舍論》的部分，為〈分別定品〉、〈分別世品〉，主要論述四禪、十二緣起，所以是其核心議題。

綜觀澄觀對於五部論書的引用情形，集中在四禪、十二緣起、四念處，即是每一地中要精勤修行才能得果，偏向於修行法門的部分，可見澄觀對於修行法門之重視。五部論書中，《瑜伽師地論》、《大智度論》、《俱舍論》三部論書皆是引用其核心議題，可見澄觀對每一部論書中心思想的掌握。

第三節　詞義的解釋

中國訓詁學萌芽於春秋戰國時期，到了兩漢時期湧現了一批訓詁大師及訓詁著述，可謂之興起時期。傳統的訓詁學不應只是經學的附庸，而應有更寬廣的視野，「我國傳統的訓詁學其主要目的是為經學服務的，因此它所研究的對象主要是儒家經典，它所解釋和考辨的主要是先秦兩漢的古字古詞。……訓詁學作為一種古代文獻語言學，它應該而且必須衝破為經學服務的樊籬，去擴大自己的研究範圍，開闢新的研究領域。」〔註114〕這個新的領域，是指漢魏六朝以後的方俗語詞以及佛經詞語的研究。漢魏六朝的文言文，承襲先秦兩漢的書面語詞，變化並不大；但此時由於佛教的傳入中國及漢譯佛典的出現，方俗語詞及佛經詞語大量出現，使得訓詁學的研究範圍從儒家經典擴大到佛教典籍。

隨文釋義的注疏，是中國傳統訓詁學的體式之一。澄觀的《華嚴經疏》是隨文釋義的注疏，運用了中國傳統的訓詁學對經典進行解說。「釋義」，是指對詞義的解釋。《華嚴經疏》也注重詞義的注解，「注疏雖然不是單純地解釋詞義（包括字義），但解釋詞義畢竟是注疏的主要任務。」〔註115〕因此，研究澄觀的注疏，有必要對詞義的解釋進行探討。

詞義的解釋，主要分為三個面向：詞義的訓解、佛教名相的解釋、依相

〔註114〕郭在貽：《訓詁學》（長沙市：湖南人民出版社，1986年），頁144。
〔註115〕周大璞：《訓詁學》（台北：洪葉文化事業有限公司，2000年6月），頁39。

對概念釋義，本文只引用《華嚴經疏・十地品》爲例，亦適用其它各品，茲分述如下：

一、詞義的訓解

澄觀在《華嚴經疏・十地品》中，大量地對詞義進行解釋，本文列舉十例做說明：

（一）卷舒業，舒則普照十方，卷則還入常光。（748 下）

（二）《論經》名：「厚集」，厚則深也，集即種也。（757 上）

（三）離邪婬，乖禮曰邪，染愛曰婬。（772 中）

（四）二者、共護，謂親族媒定。親謂父母，族即宗族，謂二親亡歿，六親所護，夫亡，子等所護。媒定，謂已受禮聘。（772 下）

（五）少而無父曰孤，老而無子曰獨。今眾生上遠慈尊，又無方便，下不利物，又闕善心，故云孤獨。（781 上）

（六）對治顛倒道，名四念處。四謂身受心法，念謂念慧，身等爲其念慧所安住處，故亦名念住。（791 上）

（七）論云：「是中命行不住故」，謂命行二字，是所無常法，不住二字，是無常義。相續名命，遷流名行；命舉於內，行通內外。（780 中）

（八）菩提是覺，分是因義，此三十七，爲諸乘覺因故，亦云道品。（790 下）

（九）言隨應者，隨機所應，宜以何法。隨力者，隨己智力所能，隨他智力所堪。（768 中）

（十）一、無惱者，即離惑習，無明不雜故。二、無憂者，離苦，苦依根本亡故，憂悲隨盡。（781 上）

以上十例中，前三例先列出欲解釋之詞，然後再對其字義做說明。如：第二例，先列出「厚集」一詞，再對「厚」、「集」釋義。四至六例，先對字義釋義，再對詞義做說明。如：第四例，先對「親」、「族」釋義，再說明「共護」、「媒定」之詞義。第七例，先對「命行」、「不住」的特性做說明，再對「命」、「行」的字義解釋。第八例，先說明「菩提」、「分」的意義，再對整句「三十七菩提分」做解釋，以及別名。第九、十例，則分別對「隨應」、「隨力」、「無惱」、「無憂」的詞義做解釋。

二、佛教名相的解釋

　　佛教名相，即是佛教常見的詞彙，由於佛教是由印度傳來的宗教，故漢譯佛典中有許多外來詞，是源自梵語系統的佛教音譯詞。意譯詞則是新創，或是借用漢地中本有的詞語，再賦與佛教的意義而成佛教術語，也就是梁曉虹所說的「佛化漢詞」，顏洽茂所稱的「灌注得義」。〔註116〕所以，佛教名相的解釋中，第一種先標音譯詞，後標意譯詞；第二種則是先標音譯詞、意譯詞，再解釋詞義。此外，澄觀也運用分析梵文複合詞的方法來解釋詞義，稱爲六合釋解義。最後，則是徵引各種佛教經論來解義。

（一）先標音譯詞，後標意譯詞

1. 蘇利耶者，此云月也；俱蘇摩者，悦意也，即是華名。（737 下）
2. 牟尼，此云寂默。（746 下）
3. 鞞陀黎者，此云種種持；由乾陀，此云雙持，迴文即云持雙也；尼民陀羅，此云持邊；斫迦羅，此日輪圍；計都末底，此云幢慧。（838 下）
4. 三摩鉢底者，論云「五神通」，此應譯者之誤。合云三摩呬多，以此云等引，五通即所引故。三摩鉢底，此云等至，非神通故。（788 上）
5. 梵云馱都，譯通界性。（825 下）

以上五例，皆是先標音譯詞，後標意譯詞，且皆未對詞義做進一步解釋。第一例，蘇利耶（sūrya），此云月也，是錯誤的。根據《一切經音義》云：「蘇利耶藏菩薩。蘇利耶者，此云日也。」〔註117〕《梵和大辭典》也意譯爲「日」。〔註118〕俱蘇摩（kusuma），意譯爲華，或花。《一切經音義》云：「俱蘇摩德藏菩薩。俱蘇摩者，花名也，具云俱蘇摩那。俱蘇，此云悅也；摩那，意也。其花色美，氣香形狀端正，見聞之者無不悅意，今此菩薩取之爲名。」〔註119〕第二例，牟尼（muni），意譯爲寂默，德行之號。第三例，鞞陀黎（vaiḍūrya）、由乾陀（yugaṃdhara）、尼民陀羅（nimiṃdhara）、斫迦羅（cakravāḍa）、計都末底（ketumati），皆是山王名。第四例，三摩鉢底或三摩

〔註116〕參見黃國清：《窺基《妙法蓮華經玄贊》研究》（桃園：中央大學中文研究所博士論文，2005 年），頁 189。
〔註117〕《一切經音義》卷 22，《大正藏》冊 54，頁 445 上。
〔註118〕荻原雲來編纂：《漢譯對照梵和大辭典》（東京：講談社，1986 年），頁 1498。
〔註119〕《一切經音義》卷 22，《大正藏》冊 54，頁 445 上。

跋提（samāpatti），意譯爲等至、正受；三摩呬多（samāhita），意譯爲等引、
勝定。根據《瑜伽師地論》的說法，三摩呬多包括：四靜慮、八解脫、三三
摩地、五現見三摩鉢底，所以三摩呬多之範圍，較三摩鉢底一詞之範圍爲
廣。〔註120〕窺基將等引、等至皆分爲二種，而且認爲二者大義少同，等引二
種：引等，由定力故引生身心中所有分位安和之性；等所引，入定前加行制
伏昏沈掉舉，達到身心平等的定位。等至二種：至等，在定位中身心具有安
和之相；等至，入定前加行用功，制伏昏沈掉舉，達到安和分位。〔註121〕事
實上，等引與等至，除了名稱、敘述稍有差異外，內容實無不同。第四例八
十《華嚴》之原文爲「此菩薩於諸禪三昧、三摩鉢底」，《十地經論》云：「三
摩跋提者，五神通。」〔註122〕根據《一切經音義》云：「三摩鉢底，此云等
至，謂由加行伏沈掉力，至其定位身心安和也。」〔註123〕以及《刊定記》
云：「三摩鉢底者，五神通，謂三摩鉢底，此云等至。等至即是定位身心安和
平等，由前加行伏沈掉力，令身心至此平等位，即從此定位起五神通，以果
名因故，謂等至爲五通也。」〔註124〕而且一般諸禪三昧之後所接續的詞爲「正
受」、〔註125〕「正受神通」、〔註126〕「神通境界」，〔註127〕皆與三摩鉢底、神
通有關。所以，澄觀所說「譯者之誤」，應無翻譯錯誤之問題，而且等引、等
至皆能從定位起五神通，第四例澄觀之說法有待商榷。第五例，馱都
（dhātu），其意譯爲界、性、根性、種姓，譯通界性。根據《一切經音義》云：
「馱都。梵語也，此云法界，界即體也。」〔註128〕澄觀雖曾擔任譯場的「潤
文大德」及「詳定」等職，但從以上之例子，可看出仍偶有差錯。

（二）先標音譯詞、意譯詞，後釋詞義

1. 三昧者，此云等持。平等持心，趣一境故，即三三昧，諸有心定。

〔註120〕《瑜伽師地論》卷11：「若略說三摩呬多地，……謂此地中略有四種：一者、
　　　　靜慮；二者、解脫；三者、等持；四者、等至。」《大正藏》冊30，頁328
　　　　下。
〔註121〕參見《成唯識論述記》卷6，《大正藏》冊43，頁432下～433上。
〔註122〕《十地經論》卷5，《大正藏》冊26，頁158中。
〔註123〕《一切經音義》卷22，《大正藏》冊54，頁441下。
〔註124〕《刊定記》卷10，《卍續藏》冊3，頁770下。
〔註125〕六十《華嚴》卷8、11，《大正藏》冊9，頁449下、468下。
〔註126〕《菩薩地持經》卷9，《大正藏》冊30，頁942下、949下。
〔註127〕八十《華嚴》卷79，《大正藏》冊10，頁435下。
〔註128〕《一切經音義》卷8，《大正藏》冊54，頁352上。

　　三摩鉢底，此云等至。由離沈掉，至一境故，局在定地，通無心
　　定，謂無想滅定等。（737 中）

2. 言阿賴耶，此云藏識。能藏一切雜染品法，令不失故，我見愛
　　等，執藏以為自內我故，此名唯在異生有學。阿陀那者，此云執
　　持。執持種子，及色根故，此名通一切位，此二即心之別名。（808
　　上）

3. 禪那西音，此云靜慮。靜謂寂靜，慮謂審慮。（783 中）

以上三例中，皆是先標音譯詞、意譯詞，後釋義。釋義，前二例是解釋詞義，
第三例則是解釋單字義。第一例，三昧（samādhi），或稱三摩地、三摩提；三
摩鉢底（samāpatti），或稱三摩跋提。三昧與三摩鉢底，皆是指心定於一處的
狀態，但其義略有差別。根據有部的說法，三昧通有心定、散定；三摩鉢底
範圍較廣，包括有心定、無心定，而不通於散定。第二例，阿賴耶（ālaya），
阿陀那（ādāna）。阿賴耶、阿陀那皆是依《成唯識論》的說法，阿賴耶為第八
識，具有能藏、所藏、執藏三藏；阿陀那為第八識的別名，因執持有情之身
體令不壞，且執持諸法之種子不失，故稱執持識。第三例，禪那（dhyāna），
其意譯為靜慮，又對「靜」、「慮」之字義作解釋。

（三）依六合釋解義

　　六合釋，即解釋梵語或巴利語之複合詞的六種方法。複合詞（compound），
是指兩個或兩個以上的詞根複合而成的一個詞，又稱合成語。六合釋之做
法，是先將複合詞加以分別解釋（離釋）再總合解釋（合釋），故稱六離合
釋、六釋。六合釋，即依主釋（tatpuruṣa）、持業釋（karmadhāraya）、有財釋
（bahuvrīhi）、相違釋（dvandva）、帶數釋（dvigu）、鄰近釋（avyayī-bhāva）。
澄觀在《華嚴經疏・十地品》所運用的六合釋有三例：

1. 真智即善，善即決定，持業受名。故論云：「善決定者，即是善決
　　定。」（742 上～中）

2. 論先問云：「何故名金剛藏？」此問意云：為以藏攝金剛，名金剛
　　藏？為以金剛而為藏耶？上即有財，下即持業。而論雙順二句，
　　順後句云：藏即名堅，其猶樹藏，謂如樹心堅密，能生長枝葉華
　　實，地智亦爾，能生因果，此就能藏名藏。次順上句云：又如懷
　　孕在藏，是故堅如金剛，如金剛藏，此謂子孕在胎藏中，善業所
　　持，堅不可壞，而得生長，此就所藏名藏。（737 下）

3. 約法，名十地會，即同品名。……而下經又名「集一切智智法
門」，亦兼因果。復有別譯名「漸備一切智德經」。……十是一周
圓數，十十無盡，皆帶數釋。後之二釋，皆是依主，一切智智之
法門故，漸備一切智之德故。（735 上～中）

第一例使用持業釋，又稱同格限定複合詞，即 A 限定 B，或 A 與 B 同格，A
可為形容詞、副詞，或同格名詞，B 常為名詞或形容詞。〔註129〕眞智即善，
善即決定，澄觀將 A 與 B 視為名詞，「A 即 B」是持業釋。第二例使用持業
釋、有財釋。有財釋，又稱所有複合詞，A 與 B 結合之後的複合詞具有形容
詞的意義（即「具有……的」），修飾 A、B 以外的事物。「藏」具有二義：以
金剛而為藏，如樹藏，是就能藏名藏，金剛即藏，「A 即 B」是持業釋；以藏
攝金剛，如懷孕在藏，是就所藏名藏，金剛所藏之處即有財釋。第三例使
用帶數釋、依主釋。帶數釋，又稱數詞限定複合詞，A 是數詞，如：十地
會，「十」即地會，為持業帶數。依主釋，又稱格限定複合詞，A 與 B 之間
有格的關係，如：集一切智智法門、漸備一切智德經，A 為名詞，對 B 有
格的限定關係，〔註130〕即成一切智智之法門，漸備一切智之德，此例為屬格
限定。

（四）徵引經論解義

澄觀廣引諸經論來解釋佛教名相，一方面以經論來做證明，一方面則是
驗證自己的思想無誤，使信眾更具有信心。茲分述如下：

1. 謂八地已上，念不退轉故。《彌勒問經》云：「自分堅固名不退，
勝進不壞名不轉。」（737 中）
2. 論經云：「不起覆見忍見。」《婆沙》云：「覆相妄語，名為覆見；
覆心妄語，名為忍見。」謂實見事，心謂見，言不見，此謂覆己
所見事相，此翻眞語。若實不見，心生見想，詭言不見，於事雖
實，於見有違，名為忍見。忍卻己所見故，此翻實語。（773 上）
3. 初禪，一即離欲惡不善法者，此明離障，以一即離貫於下三。然
諸論說大同小異，若《毘曇》離五欲故名為離欲，斷十惡故名為

〔註129〕六合釋，參見釋惠敏，釋齎因編譯：《梵語初階》（台北：法鼓文化事業股份
有限公司，2002 年 3 月），頁 112～113。
〔註130〕變格有八個格：主格、業格、具格、與格、從格、屬格、處格、呼格。釋惠
敏，釋齎因編譯：《梵語初階》，頁 28。

離惡，除五蓋故名離不善法。（783 下）

4. 住捨者，即是捨數。揀非捨受，故諸經論皆名行捨，行心調停，捨彼喜過。故《顯揚》云：「住捨者，於已生喜，不忍可故，平等正直，無動安住。」（784 中）

5. 五力，即前五根增長。魔梵惑等不能屈伏，故名爲力；又能損減不信等障，故復名力。《智論》云：「能破煩惱，得無生忍，故名爲力。」（792 下～793 上）

第一例，「不退轉」引《彌勒問經》來釋義，以自分、勝進來區隔不退、不轉二詞。自分是修行已達到某一境地，勝進是趣向更深的修行境地前進。第二例，「覆見」、「忍見」引《婆沙》來解釋，兩者皆是妄語。覆見是指見言不見，覆己所見事相，與眞語相反。忍見是指本實不見而心妄生見想，覆心所見，與實語相反。第三例，「離欲惡不善法」引《毘曇》來說明，是指離五欲、十惡、五蓋。第四例，「住捨」又名行捨，引《顯揚聖教論》來解釋其義，是三禪捨，遠離二禪之喜樂，住於非苦非樂之境地，此心具有平等、正直、無功用等三種作用。第五例，「五力」的「力」具有二義：不爲他伏、能伏於他。引《大智度論》來說明第二義，菩薩能破惡法得無生法忍，故稱以果釋力。

三、依相對概念釋義

相對概念，是指諸法之間具有對應關係，它是依靠一定條件而存在或變化。澄觀也常以相對概念來釋義，如能所、體用、可說不可說、行布圓融等，茲說明如下：

（一）依能所釋義

能所是指「能」與「所」的並稱，爲相對的概念，猶言主客觀。「能」是指能動的一方，「所」是指被動的一方；「能」是指某一動作之主體，「所」是指某一動作之客體（對象）。能與所具有相即不離與體用因果的關係，故稱爲能所一體。澄觀於《華嚴經疏‧十地品》中，大量使用能所來釋義。茲分述如下：

1. 勝法二字即是所詮，次六字是能詮。（755 上）

2. 第五天眼通，論名「生死智通」，約根約境異故。初、總顯能見，誰能見，天眼故。……次、「見諸」下，別顯所見。（788 上）

3. 今初有二十句，攝成十對。一一對中，皆上句明境界無量，爲所知所化；後句明佛德業無量，爲能知能化，菩薩入彼佛化，以用化生。（815 下）

4. 入何法耶？所謂智地，論云：「智慧地者，謂十地智，如本分中說」，即上不思議佛法也。上說能所證者，意令菩薩以能證智，入佛所證法，是此總意。（739 上）

5. 十法明門者，門即通入之義，故論經名「入」。明爲能入之門，法爲所入之處，故論云：「得證地智光明，依彼智明，入如來所說法中。」言證地智者，即四地證智也。（789 中）

6. 滅覺觀，是所離障，覺觀麁動，發生三識，亂於二禪。如淨水波動，則無所見故。初禪能治，爲此所治，則病盡藥亡。（784 上）

7. 今轉無常識，成妙觀察智，轉無常意，成平等性智，以爲能依。依彼本識如來藏性，眞如法身，以爲所依。（753 上）

第一例爲「能詮所詮」。《華嚴經》：「勝法微妙音，譬論字相應。」〔註131〕「微妙音、譬論字」是以音聲、教法來闡明爲能詮；勝法則是所闡示的內容爲所詮。第二例爲「能見所見」。《華嚴經》：「此菩薩天眼清淨過於人眼，見諸眾生生時死時、好色惡色、善趣惡趣，隨業而去。」〔註132〕天眼是能見物之眼，爲能見；天眼所見之物，如：生時死時、好色惡色、善趣惡趣，爲所見。第三例爲「能知能化所知所化」。《華嚴經》云：「入無量眾生界，入無量諸佛教化眾生業；入無量世界網，入無量諸佛清淨國土；……入無量諸菩薩方便行，入無量諸佛所說大乘集成事，令菩薩得入。」〔註133〕這十對，上句「無量境界」，爲所知者所教化者；後句「佛德業無量」，爲能知者能教化者。第四例爲「能證所證」。《華嚴經》云：「欲令汝爲一切菩薩說不思議諸佛法光明故。」〔註134〕能證指光明，即能證得十地智慧；所證指不思議諸佛法，入佛智地。亦即菩薩以能證之智，入佛所證的不可思議諸佛法的智慧地。第五例爲「能入所入」。《華嚴經》云：「佛子！菩薩摩訶薩第三地善清淨已，欲入第四焰慧地，當修行十法明門。」〔註135〕十法明門的「明」爲能入之門，「法」

〔註131〕八十《華嚴》卷34，《大正藏》冊10，頁181上。
〔註132〕八十《華嚴》卷35，《大正藏》冊10，頁188中。
〔註133〕八十《華嚴》卷37，《大正藏》冊10，頁196中。
〔註134〕八十《華嚴》卷34，《大正藏》冊10，頁179上。
〔註135〕八十《華嚴》卷36，《大正藏》冊10，頁189下。

為所入之處。明，是指光明，依三地的慧光能證得四地之智慧，故能入四地之門；法，依十法修行證入四地，故所入之處即四地焰慧地。第六例「能治所治」。初禪有覺有觀，亦即覺觀粗動發生眼耳身三識，故初禪為能治三識；二禪滅覺觀，即是所治，是所離障。第七例「能依所依」。所轉依，是指《成唯識論》所說「聖道轉令捨染得淨」，〔註136〕亦即聖道轉能夠捨除有漏的第六、七識染污種子，得到無漏的妙觀察智、平等性智等清淨種子。其中妙觀察智、平等性智等四智，為能依智。唯識真如，謂染淨法為唯識實性，是迷悟法所依，真如為所依法。

（二）依體用釋義

體用是指「體」與「用」的並稱，即諸法之體性與作用。體，即體性，不變之真理實相，無有分別；用，即作用，差別現象之具體表現。茲分述如下：

1. 約體用，歡喜善慧，約體為名，餘皆就用。（743 下）

2. 先明光本，上加於下，多用眉間之光，亦表將說中正之道。出清淨下，正明體用。於中文有六業：一、覺業，即光名體，謂是光照菩薩身已，自覺如來力加故，覺照光用，故曰焰明。二、百千下，因業，能生眷屬義故。三、普照下，卷舒業，舒則普照十方，卷則還入常光。今文略無卷業，若兼取下文，如日身中於空中住，義則通有。四、三惡下，止業。五、降伏業。論經云：「一切魔宮隱蔽不現」，今經闕此。六、又照一切下，敬業，顯現佛會，令物敬故。七、又照十方下，示現業，正為令眾見說聽者皆得佛加，堪說聽故，長行受身加之名，偏從此立。（748 下～749 上）

3. 於中半偈證體，半偈起用，半偈用不離體，半偈體用泯絕。（834 中）

第一例，十地名稱中，初地歡喜地、九地善慧地皆是約體性命名，其餘八地皆是約作用命名。第二例，世尊放眉間光照十方，放眉間光即是光體，業用有七種，稱為光體業用，以下七種皆具有體用兩者。《華嚴經》云：「出清淨光明，名菩薩力焰明」，〔註137〕即是覺業；「百千阿僧祇光明以為眷屬」，即是

〔註136〕《成唯識論》卷 10，《大正藏》冊 31，頁 55 上。
〔註137〕八十《華嚴》卷 34，《大正藏》冊 10，頁 180 中。

因業;「普照十方一切世界靡不周遍」，即是卷舒業;「三惡道苦皆得休息」，即是止業;《十地經》:「一切魔宮隱蔽不現」，〔註138〕即是降伏業;「又照一切如來眾會，顯現諸佛不思議力」，即是敬業;「又照十方一切世界，一切諸佛所加說法菩薩之身」，即是示現業。以上七種業用中，六種出自《華嚴經・十地品》，一種出自《十地經》。此外，第三種「卷舒業」，《華嚴經・十地品》沒有卷業，卷業出自《十地經》:「普照十方諸佛世界靡不周遍，照已還住本處」，〔註139〕還住本處即是卷業。第三例，《華嚴經》云:「佛住甚深眞法性，寂滅無相同虛空，而於第一實義中，示現種種所行事。所作利益眾生事，皆依法性而得有，相與無相無差別，入於究竟皆無相。」〔註140〕「佛住甚深眞法性，寂滅無相同虛空」，此半偈證體，如來住於甚深的眞實法性;「而於第一實義中，示現種種所行事」，此半偈起用，能示現種種事行;「所作利益眾生事，皆依法性而得有」，此半偈用不離體，利益一切眾生之事，皆是依據法性而有;「相與無相無差別，入於究竟皆無相」，此半偈體用俱泯，眾生相與涅槃相無差別，遠離一切無相，才能進入圓滿究竟的境地。

（三）依可說、不可說釋義

　　可說是指信仰、知解、修行、體悟一切普法者所能理解，它是可以用語言來詮釋的境界;不可說是指不可言說，眞理可證知，但無法用言語來詮釋的部分。茲分述如下:

1. 斯皆證智，言所不及，故不可說，如彼鳥迹，同於虛空。方便寄法，可以言顯，故云可說，如空中鳥迹，約鳥說異。是以一迹通有二分，即可說不可說也。（755下）
2. 依勝義諦，雖不可說;而言諸法自性，可說。（805下）
3. 將風畫復喻地智，地智所以不可說者，以即同果分，離言說相故，如風畫合空。若以果從因，則亦可說，以智從相，地有差殊，以旨從詮，可聞可說，是則無聞說之聞說也。（746下）

第一例，將十地分爲因果二分，則證智爲果分，方便寄法爲因分。空中之鳥迹，如同虛空，譬喻證悟無漏之正智，爲果分不可言說;空中有各種不同鳥之鳥迹，譬喻初三地寄世間法，四至七地寄出世間法，爲因分可說。所以用

〔註138〕《十地經論》卷2，《大正藏》冊26，頁130下。
〔註139〕《十地經論》卷2，《大正藏》冊26，頁130下。
〔註140〕八十《華嚴》卷39，《大正藏》冊10，頁205上。

空中之鳥迹，來表示可說與不可說之差別。第二例，約勝義諦、世俗諦來區分可說、不可說。世俗諦指五陰、十二入、十八界等法是「實有」而不是空，故可說；勝義諦是指「真空」而不是有，指所證得的法性，故不可說。第三例，地智為果分，離言說相，如風畫合空，以空喻所詮地智，故不可說。地相為因分，可以言說，則風畫喻三法，喻教、喻地相、喻地智；虛空亦喻三法，喻所詮、喻地智、喻果海。〔註141〕

（四）依行布、圓融釋義

菩薩從初發心至成佛之修行階位，可分為二門：初後相即，稱為圓融門；初後次第，稱為行布門。圓融門，是指初發心時，便成正覺；行布門，是指菩薩必須歷經十信、十住、十行、十迴向、十地、等覺、妙覺等漸次進修，才能到達佛地。茲分述如下：

1. 然上諸門，多依行布，若約圓融，一斷一切斷，一證一切證，一行一切行，一得一切得也。（756 中）

2. 言深種善根者，正是總句，論經名「厚集」，厚則深也，集即種也。若約圓融，則不定時數。若依行布，謂一僧祇，已積資糧，故云深種。（757 上）

3. 此十圓融，地地皆具。若約行布，則前前之名，應該後後，後後之稱，不該前前。如歡喜之名，義該十地，法雲之稱，不預前九。（744 上）

第一例，十地六門：來意、釋名、斷障、證理、成行、得果等，是行布門；若約總相圓融，斷障即一斷一切斷，證理即一證一切證，成行即一行一切行，得果即一得一切得。第二例，「深種善根」一詞，《十地經論》則為「厚集」。依行布門，從初發心到初地必須經過一阿僧祇之久的時間，發四弘誓願，廣修六度萬行，來積聚諸功德善行。依圓融門，則沒有固定的時間，十信滿就入聖位。第三例，約圓融門，十地中，地地皆具圓融；約行布門，十地之修行是由淺至深，有其先後次第，由初地歡喜地至十地法雲地，不應前後顛倒。

〔註141〕參見《演義鈔》卷 55，《大正藏》冊 36，頁 433 上。

第四節　譬喻的運用

譬喻，是佛陀說法時，常用的方式之一。在漢譯佛典中，通常是以具體事物擬喻抽象佛理，或以自然景觀、世俗人事現象等，譬喻佛法中之某些事實，使人易於理解教說之意義內容。漢譯佛典中，翻譯爲「譬喻」的梵語有四個字，upamā、dṛṣṭānta、udāharaṇa、avadāna，依其性質約可分爲三類：

一、譬喻是修辭學的三十辭格之一，〔註142〕它是一種「借彼喻此」的修辭法。〔註143〕「比」是《詩經》的六義之一，〔註144〕是「以彼物比此物也」，〔註145〕與修辭學上的譬喻法相同。譬喻其梵文爲 upamā，表示比較、相似、同一之意，如《法華經》中之火宅喻、藥草喻等譬喻故事。

二、譬喻是因明三支（宗因喻）中，譬喻支的「喻」，其梵文爲 dṛṣṭānta、udāharaṇa，係指論述某一教說之後，作爲「實例」或「例證」之陳述語。如《中阿含‧蜱肆經》中，蜱肆王邪見，鳩摩羅迦葉廣舉各種例證來教化他，以證明佛教輪迴的思想。〔註146〕

三、譬喻是十二分教之一，其梵文爲 avadāna，音譯爲阿波陀那，也是一種佛教的文學形式。阿波陀那經典，在佛法流傳過程中，逐漸形成獨立專書，〔註147〕其在內容本質上是沒有「譬喻」之義，然因其具有「與世間相似柔軟淺語」〔註148〕之特性，因此也常與本生、因緣等共同拿來做爲闡發教理的譬喻或例證。因此阿波陀那在用法上有著譬喻的效用，亦被漢譯爲「譬

〔註142〕黃慶萱將修辭學分三十個辭格來討論，辭格又可分爲二類：(1)本論上──表意方法的調整：感歎、設問、摹況、仿擬、引用、藏詞、飛白、析字、轉品、婉曲、夸飾、示現、譬喻、借代、轉化、映襯、雙關、倒反、象徵、呼告。(2)本論下──優美形式的設計：類疊、對偶、回文、排比、層遞、頂眞、鑲嵌、錯綜、倒裝、跳脫。《修辭學》（台北：三民書局，2009 年 6 月），目次 1～3。

〔註143〕譬喻的定義：「譬喻是一種『借彼喻此』的修辭法，凡二件或二件以上的事物中有類似之點，說話、作文時運用『那』有類似點的事物來比方說明『這』件事物的，就叫『譬喻』。」黃慶萱：《修辭學》，頁 321。

〔註144〕詩經的六義：風、雅、頌、賦、比、興。

〔註145〕朱熹：《詩集傳》（台北：學海出版社，2001 年 5 月），頁 4。

〔註146〕參見《中阿含經》卷 16，《大正藏》冊 1，頁 525 上～532 中。

〔註147〕阿波陀那梵文本代表經典：《譬喻百頌詩集》、《天業譬喻》、《菩薩本生鬘論》等。漢譯本代表經典：《賢愚經》、《六度集經》、《百喻經》、《撰集百緣經》、《菩薩本生鬘論》、《雜寶藏經》、《大莊嚴經論》、《菩薩本緣經》等。

〔註148〕《大智度論》卷 33，《大正藏》冊 25，頁 307 中。

喻」。〔註149〕

綜上所述，前二類在本質上均具有譬喻之性，稱為「本質的譬喻」。且兩者間互相兼攝溝通——通常是混合為一，同譯為「譬喻」，作為一般的譬喻、比況、例證之用。〔註150〕第三類則在用法上成為譬喻或例證的內容，稱為「用法的譬喻」。

澄觀在注疏《華嚴經》時，為了讓信眾易於了解佛教義理，也引用了許多譬喻法，本文只引用《華嚴經疏‧十地品》為例，亦適用其它各品。茲分為三項說明：解釋佛教名相、解釋佛教義理，及法喻合、法喻合結。

一、解釋佛教名相

澄觀在解釋佛教名相時，為了讓信眾理解，也常以譬喻法來表示，茲列舉六例說明：

（一）解脫月者，即請法上首，脫眾疑闇，使得清涼，如夜月故。（737下）

（二）熏謂熏灼，如外香氣；習謂習學，唯約有情。習必能熏，以成氣分，故云習氣。（830中）

（三）名謂非色四蘊，色謂羯邏藍等，此二與識相依而住，如二束蘆，更互為緣，恒時而轉，不相捨離。（767下）

（四）無量佛土普皆清淨者，即自在淨，如摩尼珠，美惡斯現，淨穢圓通，故云普皆清淨。（763下）

（五）識為種，即是識等五種，為後生死作親因故，如世種植，依田肥瘦，然其菽麥，隨自種生。（804中）

（六）三道皆言不斷者，謂從三煩惱，生於二業，從彼二業，復生七苦，七復生三，故如輪轉。（809中）

第一例「解脫月菩薩」為眾中之上首，為了除眾人之疑惑而得清涼，最先懇請金剛藏菩薩解說十地法，故以「夜月」來譬喻。第二例「熏」，或稱熏習，以香熏附於物則有香氣，故「如外香氣」來譬喻。第三例「名色與識相依而住」，名色是產生識的緣，識與名色展轉相依，譬如二束蘆葦相互支撐而直立，互不相離。第四例「摩尼寶珠」無有自色，乃隨所對物之色而現其淨穢之色

〔註149〕參見丁敏：《佛教譬喻文學研究》，《中國佛教學術論典》106（高雄：佛光山文教基金會，2004年7月），頁10。

〔註150〕參見丁敏：《佛教譬喻文學研究》，頁9。

相，故稱隨機現相，又稱自在相。「無量佛土普皆清淨」，就佛而言，此土無不清淨，故以「摩尼珠」譬喻自在圓通而爲清淨。第五例「識爲種」，指識、名色、六入、觸、受等五支，爲第八識種子的因，能親生後世生死之果，故稱自體緣起。「如世種植，依田肥瘦，然其菽麥，隨自種生」，共有二個譬喻。「田」指業因，有業因才有菽麥等識種；有識種即第八識種子的因，才能親生將來生死之果，亦即異熟果，故稱隨自種生。第六例「三道皆言不斷」，是指從三煩惱生於二業，從二業生於七苦，七復生於三。從三煩惱生於二業，指從無明生於行業，從愛取生於有業；從二業生於七苦，指從行業生識等五苦，從有業生生死二苦；七復生於三，指從識等五苦生愛取，從生死二苦生無明，如此生死流轉不息，故如輪子數轉。

二、解釋佛教義理

澄觀在《華嚴經疏》中，爲了詮釋一段經文，曾以七個譬喻來說明，茲先列舉《華嚴經》之原文：

又作是念：一切眾生，在於生死險道之中，將墮地獄、畜生、餓鬼，入惡見網中，爲愚癡稠林所迷，隨逐邪道，行顛倒行。譬如盲人，無有導師，非出要道，謂爲出要，入魔境界，惡賊所攝，隨順魔心，遠離佛意。我當拔出如是險難，令住無畏一切智城。〔註151〕

「又作是念」總共五段，是化欲求眾生，分爲前三後二：「初三、化現得五欲受用生過；後二、化未得五欲追求時過。」〔註152〕以上所引之經文是後二的最後一項，明追求後報，造有漏善業。澄觀詮釋眾生在生死險道之八事，迷於苦集道滅，各分二項來說明：

一、明有苦：謂心雖求出，而行順三塗。如臨深淵，故云「將墮」。
二、「入惡見網中」，此明迷苦：於苦果中，妄生樂想，爲惡見網縈。如世險道，葛藟交加。三、「爲愚」下，迷於集因：謂爲愚癡所覆，不知煩惱、不覺業空。若加深林，不見危險。四、「隨逐」下，明其造集：世寡正道，學即隨邪，復起邪業，爲行顛倒行。如險路多岐，動入豺狼之徑，雖疲行不已，欲進返迴。五、「譬如盲人」，顯無道體：無正慧眼，但得果貪著，愛欲所盲。故《法華》云：「著樂癡所

〔註151〕八十《華嚴》卷35，《大正藏》冊10，頁186上～中。
〔註152〕《華嚴經疏》卷35，《大正藏》冊35，頁776下。

－193－

盲」，即斯義也。如無目涉險，茫無所之。六、「無有導師」者，明
闕道緣：導師者，謂佛菩薩，既離明導，有二種失：一、當生惡道；
二、今世後世，雖處人天，放逸障見故，佛雖出世，有不見聞。如
盲無導師，若不陷深坑，則坐而不進。七、「非出要道，謂爲出要」
者，正迷於滅：希求涅槃，而趣異處，謂於梵天，乃至自在依正之
所，以爲涅槃，推斯邪解，以爲正見。如在險道，以塞爲通。八、「入
魔等」者，顯有滅障：五種妙欲，是魔境界，貪著爲入，六塵劫善，
謂之惡賊，被牽爲攝。〔註153〕

在生死險道之八事中，澄觀運用四諦之眞理，以及善用譬喻法來說明，八事
中只有最後一事沒有使用譬喻，故總共運用了七個譬喻。以下之說明，將依
因果關係來排列：世間的集因、苦果，出世間的道因、滅果。集諦，分爲集
因、造集兩種：集因，爲無明愚癡所障蔽，而入危險的深林，以「若加深林，
不見危險」來譬喻；造集，誤入歧途，學邪道，起邪業，行顛倒行，不知出
離，以「如險路多歧，動入豺狼之徑，雖疲行不已，欲進返迴」來譬喻。苦
諦，分爲有苦、迷苦兩種：有苦，造種種惡業，將墮入三塗，以「如臨深淵」
來譬喻；迷苦，爲惡見網所纏繞，無法出離，而受諸苦，以「如世險道，葛
藟交加」來譬喻。道諦，分爲無道體、闕道緣兩種：無道體，指盲於愛欲，
不具慧眼，以「如無目涉險，茫無所之」來譬喻；闕道緣，若無佛菩薩的引
導，不是墮入惡道，就是生在佛世，而不聞佛法，以「如盲無導師，若不陷
深坑，則坐而不進」來譬喻。滅諦，分爲迷於滅、有滅障兩種：迷於滅，指
苦集是塞，道滅是通，把邪解視爲正見，則將升天的非要道，視爲涅槃的出
要道，以「如在險道，以塞爲通」來譬喻；有滅障，指五欲六塵，如入魔境、
惡賊所牽，則遠離佛果。

在《華嚴經疏》中，澄觀爲了說明四種風輪的不同，就以四種譬喻做說
明：

四種風輪者，……且就義釋，即四時之風：春日和風，喻煩惱魔，
順愛心故；夏日炎風，喻於蘊魔，多熱惱故；秋日涼風，亦曰金
風，喻於死魔，果熟收殺故；冬日寒風，喻於天魔，敗藏人善故。

〔註154〕

〔註153〕《華嚴經疏》卷35，《大正藏》冊35，頁777上～中。
〔註154〕《華嚴經疏》卷40，《大正藏》冊35，頁814上。

－194－

澄觀以四種風輪，譬喻四魔。四種風，即是四時之風：春天的和風，如煩惱魔；夏天的炎風，如蘊魔；秋天的涼風，如死魔；冬天的寒風，如天魔。前三種屬內魔，係由自己身心所起的障礙，以三障攝三魔；天子魔屬外魔，擾亂修行人成就出世善根。六地菩薩，已能滅除無量眾生的煩惱熾火，故內外的四種魔道亦不能破壞。

又如，澄觀爲了說明初禪至三禪對「樂」的程度不同，乃引用山水作爲譬喻。「又初禪喜樂，如土石山頂而有池水；二禪喜樂，如純土山頂而有池水；三禪之樂，如純土山在大池內，樂遍身外，身在樂中。」〔註155〕山比喻相續，水比喻禪悅。其中土喻心，石喻身，水總喻樂。初禪的心樂，如水不滲入石頭中，爲石頭所障礙，故不具有身樂。二禪之樂已遍及身心，如水已遍入山中，不爲石頭所礙，但爲喜覆，如土覆水，身樂只是潛潤。三禪身樂遍增，如池水在外，水已遍及山內，妙樂遍及身外，身體亦沉浸在妙樂之中。〔註156〕

三、法喻合、法喻合結

以法喻合的方式來釋經，大概來自隋・智顗的《仁王護國般若經疏》，〔註157〕繼之又有吉藏、智儼、窺基、法藏、湛然、澄觀等亦承襲此方法。華嚴宗最早使用法喻合方式釋經的是智儼，他還將此方式擴充爲法喻合結，〔註158〕法藏、澄觀亦承襲之。以「法喻合」或「法喻合結」的方式來釋經，可能是根據古因明學的五支作法修改而成。〔註159〕五支作法，又稱五分作法，即由宗、因、喻、合、結之五支所組成的推理論式。在因明中，「宗」相當於命題，指立論者所主張，在釋經中「法」則是指引一段經論的內容；喻是譬喻，說明之例證；合是命題肯定後的應用，此法也是如此；結是結論之陳述，即法之重述。在法喻合中，澄觀又分爲法、喻；喻、合；法、喻、合

〔註155〕《華嚴經疏》卷36，《大正藏》冊35，頁784下。

〔註156〕參見《演義鈔》卷61，《大正藏》冊36，頁487下。

〔註157〕《仁王護國般若經疏》卷3：「第二、約無聽說，以明空相也，文中法、喻、合可見。」《大正藏》冊33，頁269上。

〔註158〕《搜玄記》卷4：「二、善分別下，明自在儀式，此文有四：法、喻、合、結也，餘文如論。」《大正藏》冊35，頁71中。

〔註159〕《探玄記》卷4：「前五偈中，初一法說，後四喻況；或可長爲五分：一宗，二因，三喻，四合，五結。……以結隨法，故在宗因後，明合隨喻，故在喻後說。」《大正藏》冊35，頁177下～178。

三種方式呈現。所以，約從隋代開始，祖師們就將印度因明之五支作法，改為中國的釋經法喻合，至唐代則擴充為法喻合結。

（一）法、喻

法喻合三說中，只使用前二種：法說、喻說。茲分述如下：

1. 約法喻，焰慧、法雲，法喻合目，餘皆就法。（743 下）
2. 言焰慧者，法喻雙舉。……《成唯識》云：「安住最勝菩提分法，燒煩惱薪，慧焰增故。」……《攝論》云：「由諸菩提分法，焚燒一切障故。」（789 上）
3. 海喻難度能度大果功德，即修所成德，能至大果故。謂大海難度，十德皆遍，故名能度；大海難成，由攬十德，能成智海，故云大果。此釋法喻兼含矣。（838 中）

第一例，十地之名稱中，第四地焰慧地、第十地法雲地，皆具有法說與喻說二種，其餘八地只具有法說一種。第二例，焰慧之釋名有三義，除了引用《成唯識論》之文，即《攝大乘論》之意，為喻說；其餘引用的經論，則為法說。四地菩薩以菩提分而為慧，而此慧並非真慧，而是生起智慧之火焰，燒除煩惱，故從喻立名。第三例，海喻即是喻說，十德即是法說。十德即是因，大海即是果。十德遍海，即能度，是因順於果；海攬十德，即大果，是果順於因。〔註160〕

（二）喻、合

法喻合三說中，只使用後二種：喻說、合說。茲分述如下：

1. 佛子！譬如日光下，明教智淨，先喻後合。（818 下）

《華嚴經》云：「（喻）佛子！譬如日光，星月等光無能及者，閻浮提地，所有泥潦，悉能乾竭。（合）此遠行地菩薩，亦復如是，一切二乘無有能及，悉能乾竭一切眾生諸惑泥潦。」〔註161〕在喻說中，日光勝過星月之光，月光清涼如般若，日光用廣如方便，能乾竭一切眾生煩惱淤泥。在合說中，遠行地菩薩如同日光，能超越二乘，使一切眾生煩惱諸惑消除。

2. 佛子！譬如大海下，歷數顯多中，先喻後合。（837 中）

《華嚴經》云：「（喻）佛子！譬如大海，能安、能受、能攝、能持一大龍王

〔註160〕參見《演義鈔》卷73，《大正藏》冊36，頁578下。
〔註161〕八十《華嚴》卷37，《大正藏》冊10，頁197下。

所霆大雨；若二、若三，乃至無量諸龍王雨，於一念間，一時霆下，皆能安、能受、能攝、能持。何以故？以是無量廣大器故。（合）住法雲地菩薩亦復如是，能安、能受、能攝、能持一佛法明、法照、法雨；若二、若三，乃至無量，於一念頃，一時演說，悉亦如是。是故此地，名爲法雲。」〔註162〕在喻說中，大海於一念間，具有能安、能受、能攝、能持一大龍王雨乃至無量諸龍王雨。在合說中，法雲地菩薩如同大海，亦能於一念間，能安、能受、能攝、能持一至無量佛之法明、法照、法雨。

（三）法、喻、合

以下三例中，則使用法喻合三說。分述如下：

1. 初調柔中三：一、調柔相；二、「佛子！此菩薩」下，別地行相；三、「佛子！是名」下，總結地名。初中三：謂法、喻、合。（778下）

《華嚴經》云：「（法）佛子！菩薩住此離垢地，以願力故，得見多佛，所謂見多百佛、多千佛、多百千佛、多億佛、多百億佛、多千億佛、多百千億佛，如是乃至見多百千億那由他佛。於諸佛所，以廣大心、深心，恭敬尊重，承事供養，衣服、飲食、臥具、醫藥，一切資生，悉以奉施，亦以供養一切眾僧，以此善根，迴向阿耨多羅三藐三菩提。於諸佛所，以尊重心，復更受行十善道法，隨其所受，乃至菩提，終不忘失。是菩薩於無量百千億那由他劫，遠離慳嫉破戒垢故，布施、持戒，清淨滿足。（喻）譬如眞金，置礬石中，如法鍊已，離一切垢，轉復明淨。（合）菩薩住此離垢地，亦復如是，於無量百千億那由他劫，遠離慳嫉破戒垢故，布施、持戒，清淨滿足。」〔註163〕法說，是指二地菩薩具有大願力，是見佛因，得見百千等數無量諸佛，又能於諸佛所，供養一切資生之具，以及修習十善戒，遠離前二地的慳嫉、破戒二種垢。喻說，在初地喻金，以火鍊除外垢，施、戒未淨；二地喻金置於礬石中煮，離二垢，令更轉淨，兼內淨體明。合說，是指二地菩薩也是如此，遠離前二地的慳嫉、破戒二種垢，布施、持戒清淨而圓滿具足。

2. 二、彰過分齊中二，……後答，即揀後異前答，有法、喻、合。（817下）

《華嚴經》云：「（法）金剛藏菩薩言：佛子！彼悉超過，然但以願求諸佛法

〔註162〕八十《華嚴》卷39，《大正藏》冊10，頁206下～207上。

〔註163〕八十《華嚴》卷35，《大正藏》冊10，頁186中～下。

故，非是自智觀察之力；今第七地自智力故，一切二乘所不能及。（喻）譬如王子，生在王家，王后所生，具足王相，生已即勝一切臣眾，但以王力，非是自力；若身長大，藝業悉成，乃以自力超過一切。（合）菩薩摩訶薩亦復如是，初發心時，以志求大法故，超過一切聲聞、獨覺；今住此地，以自所行智慧力故，出過一切二乘之上。」〔註164〕法說，是指六地菩薩的解脫，是仰仗佛力而得般若智慧；七地菩薩則是靠自覺慧觀察而得解脫，超過二乘人。喻說，是指王子生如來家，得真法喜修二利，名為王相，非是自力，而是仰仗佛力；〔註165〕等到長大成年，其自智思察而得，則是自力。合說，是指菩薩也是如此，於初發心，就勤求佛果，發心已超過二乘人；今住於七地，以殊勝行的方便智，修行已超過二乘人之上。

3. 今初修行德中，有法、喻、合。（838 中）

《華嚴經》云：「（法）佛子！此菩薩摩訶薩十地行相，次第現前，則能趣入一切智智。（喻）譬如阿耨達池，出四大河，其河流注，遍閻浮提，既無盡竭，復更增長，乃至入海，令其充滿。（合）佛子！菩薩亦爾，從菩提心，流出善根大願之水，以四攝法，充滿眾生，無有窮盡，復更增長，乃至入於一切智海，令其充滿。」〔註166〕法說，是指始從歡喜地，終至法雲地，依次第行相，就能進入佛智。譬說，是指阿耨達池為閻浮提四大河之發源地，其河水流遍整個娑婆世界也不會乾涸，反而更加增長，最後流入大海，充滿其中。合說，是指菩薩也如阿耨達池，依菩提心修四攝法，眾生受其教化而入一切智海。

（四）法、喻、合、結

在《華嚴經疏‧十地品》中，使用法喻合結的例子只有二例，其中一例將會在第七章第三節精勤修行之「十地：勤修受位行」做說明，故此處只列舉一例：

發趣果中二：初、正明發趣果；後、佛子是名下，總結地相。前中有四：一、法；二、喻；三、合；四、結。（769 中）

《華嚴經》云：「（法）佛子！菩薩摩訶薩住於初地，應從諸佛菩薩善知識所，推求請問於此地中，相及得果，無有厭足，為欲成就此地法故。……由

〔註164〕八十《華嚴》卷 37，《大正藏》冊 10，頁 197 中。
〔註165〕參見《華嚴經疏》卷 41，《大正藏》冊 35，頁 817 下。
〔註166〕八十《華嚴》卷 39，《大正藏》冊 10，頁 208 下。

此諸地智光明故，成於如來智慧光明。（喻）佛子！譬如商主善知方便，欲將諸商人，往詣大城，未發之時，先問道中功德過失，及住止之處，安危可不，然後具道資糧，作所應作。佛子！彼大商主，雖未發足，能知道中所有一切安危之事，善以智慧籌量觀察，備其所須，令無乏少，將諸商眾，乃至安隱到彼大城，身及眾人，悉免憂患。（合）佛子！菩薩商主，亦復如是，住於初地，善知諸地障對治，乃至善知一切菩薩地清淨，轉入如來地，然後乃具福智資糧，將一切眾生，經生死曠野險難之處，安隱得至薩婆若城，身及眾生，不經患難。（結）是故菩薩常應匪懈，勤修諸地殊勝淨業，乃至趣入如來智地。」〔註167〕法說，是指菩薩住此歡喜地，應向諸佛菩薩及善友，不厭其煩地推求請教從初地至十地的斷障、證理、得果，即是方便智、根本智、後得智，亦為無間、解脫、勝進等三道，成就十地之地法。善知十種地相，從初地至十地不斷修行，成就如同諸佛般的智慧光明。喻說，是指商主欲率領商人到一大城，有二種方便：一是不迷方便，未發之前，已多方推求請教道路的情形，及住宿的安危；二是資具方便，準備路途所需的資糧。〔註168〕商主未出發，已知路途安危之事，所以他能運用智慧，帶領商人平安到達那座大城，自身及眾人皆無憂慮煩惱。合說，是指初地菩薩如同這位商主，善知如何斷障、證理、得果入如來地，已具備福德智慧資糧，帶領一切眾生從生死險難處，安全抵達佛智大城。結說，是指初地菩薩不可懈怠，應勤修每一地的法門，才能證得佛果。

〔註167〕八十《華嚴》卷34，《大正藏》冊10，頁183上～中。
〔註168〕參見《華嚴經疏》卷34，《大正藏》冊35，頁770上。